Zur Geschichte der westfälischen Brauwirtschaft im 19. und 20. Jahrhundert

Gesellschaft für Westfälische Wirtschaftsgeschichte e. V.

Kleine Schriften Heft 34

Zur Geschichte der westfälischen Brauwirtschaft im 19. und 20. Jahrhundert

herausgegeben von Karl-Peter Ellerbrock

Gesellschaft für Westfälische Wirtschaftsgeschichte e.V.
Dortmund 2012

Titelbild: Ansicht der Dortmunder Löwenbrauerei vorm. Peter Overbeck auf einem Geschäftsbrief aus den 1880er Jahren (WWA, S 13)

Schriftleitung: Karl-Peter Ellerbrock
Redaktion und Lektorat: Elena Avramidis, Nancy Bodden

Märkische Str. 120 · 44141 Dortmund
Herstellung: Ardey-Verlag
ISBN 978-3-87023-290-0
www.ardey-verlag.de

Inhalt

Zum Geleit

Vor dem Hintergrund der massiven strukturellen Veränderungen in der Dortmunder Brauwirtschaft rettete das Westfälische Wirtschaftsarchiv (WWA) mit seiner Initiative zur Gründung des Dortmunder Brauerei-Archivs im Jahr 1997 wertvolle historische Überlieferungen der Dortmunder Brauereien. Auf dieser herausragenden Quellengrundlage sind jüngst wichtige Forschungsarbeiten entstanden, die der vorliegende Band präsentiert. Damit erfolgt ein wichtiger Schritt zur Schließung der großen Lücken in der deutschen Forschung.

Auf Initiative des WWA und der Gesellschaft für Westfälische Wirtschaftsgeschichte fand 2007 in Dortmund eine erste interdisziplinäre Tagung mit dem Titel „Biermarkt und Bierkonsum im 19. und 20. Jahrhundert" statt, um der wissenschaftlichen Öffentlichkeit den Wert dieser Bestände zu vermitteln. Neben der großen Bandbreite historischer Vorträge suchte die Tagung auch bewusst den Dialog mit der Wirtschaft – und dies mit Erfolg. So wurde die aktuelle Biermarktstudie der Unternehmensberatung KPMG lebhaft diskutiert, und Ulrich Kallmeyer, damals Vorstandsvorsitzender der Radeberger Gruppe, betonte in seinem Eröffnungsvortrag den Wert der historischen Forschung für die unternehmerische Praxis.

Ich hoffe, dass von der vorliegenden Publikation weitere Impulse und Anregungen für die Forschung ausgehen. Danken möchte ich der Radeberger Gruppe, namentlich Thomas Schneider, Geschäftsführer der Dortmunder Actien-Brauerei AG, für die gute Zusammenarbeit und die Unterstützung unserer Arbeit. Besonderer Dank gilt auch den WWA-Mitarbeitern Elena Avramidis und Nancy Bodden für die redaktionelle Begleitung dieser Publikation sowie Klaus Pradler, der das Brauerei-Archiv betreut.

Dortmund, im März 2012

Joachim Punge
Vorsitzender der Gesellschaft für Westfälische Wirtschaftsgeschichte

Nancy Bodden und Klaus Pradler

Das Dortmunder Brauerei-Archiv im Westfälischen Wirtschaftsarchiv

Wenn auch die „Goldenen Zeiten“ der traditionsreichen Dortmunder Brauwirtschaft längst Vergangenheit sind, so ist das historische Erbe des ehemals bedeutenden Brauerei-Standorts gesichert und steht der interessierten Öffentlichkeit und der wissenschaftlichen Forschung in Form von Akten, Geschäftsbüchern, Fotos, Plänen, Zeichnungen etc. zur Verfügung. Möglich wurde dies durch die Ende der 1990er Jahre ergriffene Initiative des Westfälischen Wirtschaftsarchivs (WWA), vor dem Hintergrund der massiven strukturellen Veränderungen der Dortmunder Brauwirtschaft wertvolle historische Überlieferungen zu retten und im Dortmunder Brauerei-Archiv unter dem Dach des WWA zusammenzuführen.

Anfang der 1970er Jahre befand sich die Bierstadt Dortmund mit acht Brauereien und rund 7,5 Mio. hl Jahresausstoß auf dem Höhepunkt ihrer Entwicklung. Die Verhältnisse änderten sich seit dieser Zeit aber grundlegend, denn die Veränderungen des Marktes zwangen die Unternehmen zu strategischen Allianzen und Fusionen: 1972 kam es zum Zusammenschluss der Dortmunder Union-Brauerei AG mit der Berliner Schultheiss-Gruppe, zu der schon die Dortmunder Ritter-Brauerei AG gehörte. Aus diesem Verbund ging 1988 der größte deutsche Getränkekonzern Brau und Brunnen AG mit Sitz in Dortmund hervor.[1] Eine zweite Gruppe bildete sich um die Dortmunder Actien-Brauerei AG, die zu diesem Zeitpunkt bereits Teil des Bielefelder Oetker-Konzerns war.[2] 1971 übernahm die Actien-Brauerei zunächst die Dortmunder Hansa-Brauerei AG. Nachdem die Privatbrauerei Dortmunder Kronen in den Jahren 1987 und 1992 die Dortmunder Stifts-Brauerei AG und die Dortmunder Privatbrauerei Thier gekauft hatte, wurde Kronen 1996 dann selbst von der Actien-Brauerei übernommen und damit ebenfalls in den Oetker-Konzern eingegliedert. Im Jahr 2004 übernahm Oetker schließlich Brau und Brunnen, löste den Konzern auf und übertrug das operative Geschäft auf die Radeberger Gruppe als Führungsgesellschaft seiner Biersparte.[3] Seit 2005 erfolgt die Dortmunder Bierproduktion unter dem Dach von Radeberger nur noch auf dem Gelände der Actien-Brauerei, wo heute noch insgesamt 22 Biersorten von sieben Dortmunder Traditionsmarken gebraut werden.[4] Seit 2010 wird auf dem Stadtgebiet auch wieder Dortmunder Bergmann-Bier hergestellt, nachdem Thomas Raphael vor einigen Jahren die Markenrechte erworben und zunächst außerhalb der Stadt gebraut hatte.[5] Die Bergmann-Brauerei, basierend auf einer 1796 von Wilhelm Dietrich Johann Bergmann gegründeten Hausbrauerei, war Anfang der 1970er Jahre von der Dortmunder Ritter-Brauerei übernommen und die Braustätte in Dortmund-Rahm 1972 geschlossen worden.

Die Dortmunder Brauwirtschaft hatte nicht nur innerhalb des gesamtdeutschen Brauwesens eine enorme Bedeutung, sondern ist auch ein besonders wichtiges Feld der regionalen Wirtschaftsgeschichte. Bei seiner Initiative zur Gründung eines Dortmunder Brauerei-Archivs wurde das WWA durch den Verband Dortmunder Bierbrauer (VDB) unterstützt. Dabei blieb der VDB Eigentümer der Archivalien, übertrug die Akten aber zur Aufbewahrung und Erschließung dem Archiv. Nach Auflösung des Verbands ist die Radeberger Gruppe als Rechtsnachfolger in diese Vereinbarung eingetreten und unterstützt die Erschließungsarbeiten.[6]

Das große Interesse an der Geschichte der Dortmunder Brauwirtschaft spiegelt sich in den vielfältigen Benutzeranfragen wider. So haben Mitarbeiter des WWA die Recherchen und die Dreharbeiten für die 45-minütige TV-Dokumentation „Wie (beinahe) das Bier aus Dortmund verschwand“, die 2009 im Westdeutschen Rundfunk ausgestrahlt wurde, begleitet und für die Produktion historische Quellen zur Verfügung gestellt. Einen besonderen Schwerpunkt in den letzten beiden Jahren bildeten Anfragen zum „Dortmunder U“, dem ehemaligen Gär- und Lagerkellerhochhaus der Dortmunder Union-Brauerei, das im Rahmen der Kulturhauptstadt RUHR.2010 zu einem „Zentrum für Kunst und Kreativität“ umgestaltet wurde.[7] Vor diesem Hintergrund wurden Teilbereiche der Foto-Überlieferung der

Dortmunder Union-Brauerei AG (F 188) bereits inhaltlich erfasst und digitalisiert. So konnte das Dortmunder Brauerei-Archiv umfangreiches Material über das 1926/27 errichtete Hochhaus zur Verfügung stellen – sei es für Architekten, Journalisten oder im Rahmen von Ausstellungen. Auch die historischen Abbildungen auf dem fast vier Meter hohen Modell des „Dortmunder U“, das im Deutschen Pavillon bei der Expo 2010 in Shanghai gezeigt wurde, stammten aus dem WWA-Fundus. Das Archiv hat außerdem eine eigene historische Dokumentation zur Geschichte des markanten Brauereigebäudes vorgelegt.[8] Eine enge Kooperation, insbesondere bei Sonderausstellungen, besteht mit dem Dortmunder Brauerei-Museum, das von 1981 bis 1996 auf dem Grundstück der Kronen-Brauerei untergebracht war und 2006 auf dem Gelände der Dortmunder Actien-Brauerei, dem heutigen Dortmunder Standort der Radeberger Gruppe, wiedereröffnet wurde. Die Neukonzeption der Dauerausstellung basierte u. a. auf dem Quellenstudium im Brauerei-Archiv.

Auf der Grundlage dieser Quellen sind in den letzten Jahren auch erste wissenschaftliche Abschlussarbeiten und Publikationen entstanden[9], und der vorliegende Band präsentiert weitere jüngere Forschungsergebnisse. Das beträchtliche Potenzial der Bestände ist damit aber noch lange nicht ausgeschöpft: Das Archiv hält Unterlagen bereit, die sowohl die Unternehmensgeschichten als auch die Branchengeschichte der Dortmunder Brauwirtschaft schwerpunktmäßig seit dem späten 19. Jahrhundert dokumentieren.

Der Bearbeitungsstand der genannten Archivbestände ist jeweils unterschiedlich. Die Unterlagen der Kronen-Brauerei (F 33) und des Verbands Dortmunder Bierbrauer (V 10) sind ebenso wie die Geschäftsberichte (S 7), die Firmenbriefköpfe (S 13) und Plakate (S 16) bereits inhaltlich erschlossen und über Findmittel themenbezogen recherchierbar. Die Quellen zur Actien-Brauerei (F 166), zu den Brauereien Stifts (F 144), Thier (F 122) und Hansa (F 177) sowie der Nachlass Felix Eckhardt (N 44) sind in Kurzform in Abgabelisten festgehalten und in diesem Rahmen benutzbar. Die Erschließungsarbeiten der im Jahr 2006 gesicherten Unterlagen der Brauerei Brinkhoff GmbH und ihrer Vorläufergesellschaften (F 188) und des Konzerns

Bestände im Dortmunder Brauerei-Archiv des Westfälischen Wirtschaftsarchivs

Firmenarchive

F 33	Privatbrauerei Dortmunder Kronen GmbH & Co.
F 122	Brauerei Thier GmbH & Co., Dortmund
F 144	Dortmunder Stifts-Brauerei AG
F 166	Dortmunder Actien-Brauerei AG
F 177	Dortmunder Hansa-Brauerei AG
F 188	Brauerei Brinkhoff GmbH vormals Dortmunder Union-Ritter Brauerei GmbH und Vorläufergesellschaften
F 199	Brau und Brunnen AG, Dortmund

Nachlässe

N 44	Felix Eckhardt (1896–1982), Direktor der Dortmunder Union-Brauerei AG[10]
N 66	Heinz Grewe (1923–2011), Marketingleiter der Dortmunder Thier-Brauerei[11]

Sammlungen

S 7	Geschäfts- und Jahresberichte
S 13	Firmenbriefköpfe
S 16	Plakate

Verbände

V 10	Verband Dortmunder Bierbrauer

Brau und Brunnen AG (F 199) sowie die Bearbeitung des im Jahr 2011 übernommenen Nachlasses von Heinz Grewe (N 66) haben begonnen und werden erst im Laufe der nächsten Jahre abgeschlossen sein.

Im Folgenden werden die inhaltlichen Schwerpunkte der einzelnen Firmenarchivbestände beschrieben, wobei die *Privatbrauerei Dortmunder Kronen GmbH & Co. (F 33)* aufgrund der dichten Überlieferung eine Sonderrolle einnimmt. Die umfangreiche Aktenüberlieferung beruht auf der langjährigen vertrauensvollen Zusammenarbeit der Firmeninhaber mit dem WWA. Bereits seit 1972 erfolgten mehrere Ablieferungen von Dokumenten, die teilweise bis ins 17. Jahrhundert zurückreichen.[12] Hervorzuheben ist vor allem die Fülle an familien- und besitzgeschichtlichem Material, das genealogische Fragestellungen zu den Inhaberfamilien Wenker und Brand zulässt und darüber hinaus den umfangreichen Haus- und Grundbesitz der Familie Wenker und der Vorbesitzer aufzeigt. Insgesamt lässt sich mit den Quellen der Weg des Familienunternehmens von einer handwerklichen Hausbrauerei zum industriellen Großbetrieb nachzeichnen. Wichtige Etappen waren beispielsweise der Erwerb des Stammhauses „Krone am Markt“ im Jahre 1729 durch die Eheleute Johann Wenker,[13] die Errichtung einer modernen Braustätte außerhalb der Stadt in den frühen 1870er Jahren und der Kauf einer Mälzerei im Düsseldorfer Hafen im Jahre 1913.[14] Auch das gegenwärtig stark gefragte Forschungsfeld der Unternehmensnachfolge lässt sich mit den Akten aus dem Kronen-Bestand sicherlich gut bearbeiten, zumal nach der Übernahme der Kronen-Brauerei durch die Dortmunder Actien-Brauerei im Jahre 1996 in großem Umfang weiteres Archivmaterial ins WWA gelangte. Diese Unterlagen stammen vorwiegend aus der Zeit nach 1945 und dokumentieren neben der familiengeschichtlichen Entwicklung alle wichtigen Unternehmensfelder. Dazu gehören auch Sitzungsprotokolle der Geschäftsführung und des Beirats aus den bedeutungsvollen 1980er und 1990er Jahren, als die Brauerei vor dem Hintergrund der stagnierenden bzw. tendenziell rückläufigen Produktionsentwicklung die Dortmunder Konkurrenzbrauereien Stifts und Thier erwarb. Der Kauf

Abb. 1: Einfahrt zum Gelände der Dortmunder Kronen-Brauerei, um 1950, Foto: Erich Angenendt (Quelle: WWA, F 188 Nr. 6002)

überforderte aber die Finanzkraft des eigenen Unternehmens, so dass die Kronen-Brauerei 1996 selbst von der Dortmunder Actien-Brauerei übernommen wurde. Während Roman Köster bereits den ersten Konzentrationsprozess innerhalb der Dortmunder Brauwirtschaft bis zur Mitte der 1920er Jahre untersucht hat,[15] eröffnet das Material aus dem Kronen-Archiv mit Besprechungsprotokollen, Kaufverträgen und Konzepten zu den Unternehmenszusammenführungen Einblicke in Teilbereiche der zweiten Konzentrationswelle und lässt Beweggründe und Entscheidungsgrundlagen nachvollziehen.

Bei der ersten Sichtung der Akten der *Brau und Brunnen AG (F 199)* wurde deutlich, dass Einzelheiten der strategischen Allianzen und Fusionen auch innerhalb dieses Konzerns nachvollzogen werden können – und das in größeren Dimensionen. Immerhin war Brau und Brunnen nach seiner Gründung im Jahre 1988 der größte deutsche Getränkekonzern.

Die Überlieferungen der *Privatbrauerei Thier GmbH & Co., Dortmund (F 122)* reichen vom späten 19. Jahrhundert bis in die 1990er Jahre, konzentrieren sich aber wesentlich auf die Zeit nach 1945. Der Archivbestand beinhaltet schwerpunktmäßig Unterlagen aus der Marketing-Abteilung der Brauerei. Waren die Werbe- und Verkaufsmaßnahmen der Dortmunder Brauereien bis zum Ende der 1950er Jahre rückständig, dokumentieren die von Thier erhaltenen Werbekonzepte, Verkaufsanalysen und Werbeplakate die mit dem Wandel zum Käufermarkt und dem Bedeutungsgewinn der Absatzorientierung einhergehende Intensivierung der Marketing-Tätigkeiten seit etwa Mitte der 1960er Jahre. Viele dieser Quellen informieren außerdem über die allgemeinen Marktverhältnisse und die Werbetätigkeit der Konkurrenzbrauereien, so dass gerade aus den Verkaufsanalysen und Marktuntersuchungen häufig Ergebnisse für alle Dortmunder Brauereien ersichtlich sind.

Den Biervertrieb und insbesondere die in der Brauwirtschaft seit Ende des 19. Jahrhunderts etablierte Bindung von Absatzstätten an sogenannte Bierlieferungsverträge veranschaulicht vor allem der Bestand der *Dortmunder Actien-Brauerei AG (F 166).* Im Gegenzug für die in den Lieferverträgen fixierte Abnahme einer bestimmten Biermenge gewährten die Brauereien den Gastwirten Darlehen zu günstigen Konditionen. Verzeichnisse der ausgezahlten Summen, Korrespondenzen mit den Bierkunden und große Mengen an Darlehensverträgen aus der ersten Hälfte des 20. Jahrhunderts sind von der Actien-Brauerei überliefert. Darüber hinaus sind in diesem Archivbestand, dessen Gesamtüberlieferung von 1868 bis zur Gegenwart reicht, die wenigen Quellen hervorzuheben, die das Biergeschäft während des Zweiten Weltkriegs dokumentieren. Während sich Aufstellungen über die Kriegsschäden und Übersichten zur Abgabe von Fahrzeugen an die Wehrmacht auch in anderen Beständen finden, sind von der Actien-Brauerei Berichte der Vertriebsabteilung aus dem Zeitraum 1940–1946 erhalten, die den Bierabsatz vor dem Hintergrund immer knapper werdender Rohstoffe und zunehmender staatlicher Regulierungen veranschaulichen. Daneben gewährt das Archiv der Actien-Brauerei Einblicke in die Unternehmensleitung durch die Überlieferung von Aufsichtsrats- und Hauptversammlungsprotokollen sowie durch Unterlagen von und über verschiedene Direktoren.

Auch bei der *Dortmunder Stifts-Brauerei AG (F 144)*, deren Überlieferung von 1900 bis 1986 mit einem Schwerpunkt nach 1945 reicht, sind neben Korrespondenzen der Direktion aus den 1970er Jahren in erster Linie Aufsichtsratsunterlagen hervorzuheben – darunter Sitzungsprotokolle seit 1911, die u. a. über Kredite, Darlehensforderungen, Anschaffungen und Betriebserweiterungen informieren. Leider wurde wohl um 1980 ein Großteil des Archivs der *Dortmunder Hansa-Brauerei AG* (F 177) im Zuge von Baumaßnahmen auf dem Betriebsgelände vernichtet, so dass im WWA nur ein kleiner Aktenbestand mit einer Laufzeit von 1900 bis zum Beginn der 1970er Jahre vorhanden ist. Dabei handelt es sich vor allem um Bilanzen, Protokolle der Generalversammlungen und um Jahresabschlüsse, die immerhin Kosten- und Bilanzanalysen zulassen.

Überhaupt sind Untersuchungen zum „ökonomischen Kern" der Unternehmen gut möglich: In seinem Sammlungsbestand *S 7* verwahrt das WWA neben den Geschäftsberichten aller Dortmunder Brauerei-Aktiengesellschaften die Jahresberichte von rund 90 in- und ausländischen Brauereien und Brauerei-Verbänden. Hinzuweisen ist hier vor allem auf die Geschäftsberichte des 1898 gegründeten Verbands Dortmunder Bierbrauer (VDB) aus den Jahren 1922/23–1937/38 und 1950/51–1973/74, die jeweils detaillierte Angaben zur lokalen Branchenstruktur enthalten und verschiedene Aspekte der Verbandspolitik beleuchten.[16] Diese Berichte ergänzt der umfangreiche Archivbestand zum *Verband Dortmunder Bierbrauer (V 10)* mit einer Laufzeit von 1945 bis 1984. Aus den Protokollen der Vorstandssitzungen gehen die Diskussionen der Dortmunder Brauereien zu verschiedenen Themenbereichen wie Eisvertrieb, Bierkästen und -flaschen oder Preis- und Wettbewerbsregelungen hervor. Die überlieferten Rundschreiben informieren über Gesetze und Bestimmungen beispielsweise in Bezug auf Biersteuern, EWG-Richtlinien oder Herkunftsbezeichnungen. Insgesamt werden in diesem Archivbestand die wesentlichen Probleme und Angelegenheiten deutlich, die für die Brauer in den drei Nachkriegsjahrzehnten relevant waren: der

Wiederaufbau der zerstörten Braubetriebe, die Auswirkungen der neuen Marktordnung, die Bedeutungszunahme des Flaschenbiers seit den 1950er Jahren oder die Intensivierung von gemeinsamen und individuellen Werbemaßnahmen. Abgerundet werden die genannten Bereiche durch Marktanalysen, Ausstoßstatistiken und die Korrespondenz mit anderen Brauer-Verbänden wie dem Deutschen Brauer-Bund und dem Verband Rheinisch-Westfälischer Brauereien.

Neben den Archiven der Dortmunder Unternehmen befinden sich im WWA auch historische Unterlagen aus anderen westfälischen Brauunternehmen, nämlich der Brauereien Hülsmann in Wanne-Eickel und Fiege in Bochum. Der Bestand der ehemaligen *Exportbierbrauerei Hülsmann, Wanne-Eickel (F 182)* deckt die Jahre 1888–1989 mit einem Schwerpunkt nach 1945 ab. Neben Geschäftsbüchern und Akten aus den Bereichen Produktion und Verkauf, Finanzierung und Verwaltung verdeutlichen die besonders zahlreich überlieferten Lagepläne und Bauzeichnungen von Grundstücken, Gaststätten und Mietshäusern die für Brauereien typische Fülle an Grundbesitz. Ebenso ist der Wiederaufbau nach 1945 z.B. von Gasthäusern und einzelnen Gebäuden auf dem Brauereigelände dokumentiert. Aus verschiedenen Nachkriegsplänen geht außerdem der Einbau bzw. Ausbau technischer Anlagen wie etwa die Erweiterung des Flaschenkellers in den 1960er Jahren hervor. Aus der Zeit um 1900 stammen einige Grundrisse und Schnitte verschiedener Bauwerke auf dem Betriebsgelände. Sie vermitteln einen Eindruck, wie z.B. Gärkeller, Kühlhaus oder Maschinenhaus zu Beginn des 20. Jahrhunderts aufgebaut waren.

Das Archiv der *Privatbrauerei Moritz Fiege, Bochum (F 138)* umfasst die Jahre 1819 bis 1995 und beinhaltet schwerpunktmäßig den Bereich Marketing aus den 1960er bis 1990er Jahren, woran sich beispielsweise die Werbestrategie des Unternehmens auf dem zunehmend gesättigten Biermarkt sehr gut herausarbeiten lässt. Deutlich werden die Entwicklungsschritte von Entwürfen und Druckvorlagen hin zu Anzeigen und Plakaten, ebenso der vielfältige Einsatz von Werbemitteln wie Großflächenplakatierung, Kfz-Lackierungen und die Produktion von Werbefilmen.

In vielen Brauerei-Beständen befinden sich neben den firmengeschichtlichen auch immer wieder familiengeschichtliche und private Quellen. Diese gewähren einen – oft sogar generationenübergreifenden – Blick auf die Brauerfamilien und die Unternehmerpersönlichkeiten, die die Geschicke der „Brauriesen“ lenkten. Eine Besonderheit ist in diesem Zusammenhang der Nachlass *N 44* von *Felix Eckhardt (1896–1982)*, dem ehemaligen Direktor der Dortmunder Union-Brauerei. Eckhardt gehörte dem Vorstand von 1938 bis 1968 an, ab 1959 als Vorsitzender. Bis zum Zusammenschluss mit Schultheiss im Jahr 1972 war er dann Aufsichtsrats-Vorsitzender des Dortmunder Unternehmens. Bei den Unterlagen handelt es sich neben persönlichem Schriftwechsel z.B. mit Familienmitgliedern vor allem um geschäftliche Korrespondenzen, die häufig durch persönliche Bemerkungen und Notizen den individuellen Standpunkt des Direktors deutlich machen – sei es bei der Frage nach Kapitalerhöhungen oder beispielsweise Anfang der 1970er Jahre bei der Fusion mit der Berliner Schultheiss-Gruppe.

Neben Akten, Geschäftsbüchern, Plänen und Zeichnungen verwahrt das WWA auch visuelle Quellen. Frühe Firmenansichten der Dortmunder Brauereien sind auf den Geschäftskorrespondenzen aus dem späten 19. Jahrhundert und beginnenden 20. Jahrhundert abgebildet, die das WWA in seiner Sammlung *Firmenbriefköpfe (S 13)* systematisch erfasst hat. Die Ansichten dokumentieren nicht nur die Architektur und den Wandel der Bauweise einzelner Gebäude und ganzer Betriebsanlagen, sondern sind auch Zeugnis der Selbstdarstellung der Unternehmen.[17]

Bei der bisher erfassten Foto-Überlieferung der *Dortmunder Union-Brauerei AG (F 188)* handelt es sich um ca. 1500 Einzelbilder und mehrere Fotoalben aus den Jahren 1884–1986 mit einem deutlichen Schwerpunkt in den 1950er Jahren. Die Motive zeigen Gaststätten und Fabrikansichten aus den verschiedenen Jahrzehnten, gewähren Einblicke in die einzelnen Abteilungen der Brauerei und dokumentieren die Kriegszerstörungen und den Wiederaufbau nach dem Zweiten Weltkrieg. Viele Fotografien aus dem Bestand F 188 sind in dieser Publikation abgedruckt. Hervorzuheben – und ebenfalls

Abb. 2: Fässerreinigung in der Dortmunder Kronen-Brauerei, 1950er Jahre, Foto: Erich Angenendt (Quelle: WWA, F 188 Nr. 6002)

in diesem Band abgebildet – sind auch die Arbeiten des bekannten Dortmunder Ateliers Angenendt, namentlich des Fotografen Erich Angenendt (1894–1962), der den Wiederaufbau und den technischen Fortschritt der Dortmunder Braustätten nach dem Zweiten Weltkrieg bis in die 1950er Jahren hinein auf besonders künstlerische Weise eindrucksvoll dokumentierte.[18] Einige Aufnahmen sind zwar durch die Darstellung in verschiedenen Jubiläums- und Festschriften bekannt, die Originale und zahlreiche weitere Motive wurden jedoch erst bei systematischen Sichtungen der Brauerei-Archivbestände entdeckt.

Auf die gemeinsame, aber auch die individuelle Bierwerbung der einzelnen Brauereien sowie auf Sponsoring-Aktivitäten und Festveranstaltungen weisen die Überlieferungen im Sammlungsbestand *Plakate (S 16)* hin. Viele Entwürfe für Werbeträger und Plakate sind auch im Nachlass *N 66 Heinz Grewe (1923–2011)* zu finden. Der langjährige Marketingleiter der Dortmunder Thier-Brauerei, er war dort von 1954 bis zu seiner Pensionierung im Jahre 1988 tätig, hat etliche

Abb. 3: Werbeplakat für Flaschenbier der Dortmunder Thier-Brauerei, 1950er Jahre (Quelle: WWA, F 122 vorl. Nr. 5512)

Vorlagen eigenhändig entworfen und gezeichnet. Das WWA verfügt weiterhin über Filmdokumente, die bis in die 1930er Jahre zurückgehen. Dabei handelt es sich vor allem um historische Werbefilme der Brauereien, die in Kooperation mit dem LWL-Medienzentrum für Westfalen in Münster sach- und fachgerecht verwahrt und auch in digitaler Form vorgehalten werden. Zuletzt wurden zwei Filme bei der Veranstaltung „IndustrieFilm Ruhr 2011" in Essen präsentiert. Die Werbefilme „Profil einer Stadt" (ca. 1964, 8 Min.) und „Dortmund von 0.00 bis 0.00" (ca. 1968, 11 Min.) stammen aus dem

Bestand der Dortmunder Stifts-Brauerei AG.[19] Einige Werbefilme für die zahlreichen Biersorten sind auch in der Dauerausstellung des Dortmunder Brauerei-Museums zu sehen und vermitteln den Zeitgeist der im Fernsehen und im Kino gezeigten Bierwerbung aus den 1960er bis 1990er Jahren.

Ergänzt werden die Bestände im Dortmunder Brauerei-Archiv durch eine Spezialbibliothek. Sie enthält Literatur zum regionalen und nationalen Brauwesen, eine große Anzahl an Firmen- und Jubiläumsfestschriften sowie branchenbezogene Fachzeitungen. Dazu zählen u. a. die „Tageszeitung für Brauerei“ (mit Ausgaben aus dem Zeitraum 1903 bis in die 1980er Jahre), die „Brauwelt. Zeitschrift für das gesamte Brauwesen und die Getränkewirtschaft“ (1948–2003) und das „Jahrbuch der Gesellschaft für die Geschichte und Bibliographie des Brauwesens“ (seit 1952). Der Bibliotheksfundus deckt außerdem die brauereispezifischen Fachbereiche ab und hält z. B. chemische und technische Handbücher sowie Spezialliteratur zum Brauprozess, zu betriebswirtschaftlichen Fragestellungen und zum Berufsbild des Brauers bereit.

Auf Initiative des WWA und seiner Fördergesellschaft, der Gesellschaft für Westfälische Wirtschaftsgeschichte, fand bereits 2007 in Dortmund eine interdisziplinäre Tagung mit dem Titel „Biermarkt und Bierkonsum im 19. und 20. Jahrhundert“ statt, bei der die wissenschaftliche Forschung auf die besondere Quellengrundlage im Dortmunder Brauerei-Archiv aufmerksam gemacht wurde. Die Erschließungsarbeiten sind mittlerweile weiter fortgeschritten. Hervorzuheben ist vor allem, dass die Archivbestände die Aktivitäten von Bierproduzenten verschiedenster Größe in einem konzentrierten, urbanen Raum abbilden. Damit wird neben den einzelnen Unternehmensgeschichten auch die Branchengeschichte der Dortmunder Brauwirtschaft greifbar. Die schwerpunktmäßige Überlieferung aus dem 20. Jahrhundert lenkt den Blick der historischen Forschung, die sich in den wenigen bisher veröffentlichen Studien vor allem mit der Industrialisierung der Branche im 19. Jahrhunderts befasst hat,[20] auf die wesentlichen Entwicklungen, die für die Brauwirtschaft im 20. Jahrhundert bedeutend wurden. Dazu gehören neben den bereits genannten Konzentrationsprozessen, den Auswirkungen der beiden Weltkriege und der nationalsozialistischen Marktordnung vor allem zwei Faktoren, die die Absatzwege der Brauereien stark veränderten: die zunehmende Nutzung des Kraftwagens zum Biertransport und die erhöhte Nachfrage nach Flaschenbier. Beide Entwicklungen sind bereits seit den 1920er Jahren zu verzeichnen und gelangten nach dem Zweiten Weltkrieg endgültig zum Durchbruch. Während die Auswirkungen des ansteigenden Flaschenbierkonsums und die damit einhergehende Herausbildung des Lebensmittelhandels als wichtige Absatzstätte bereits untersucht werden,[21] sind die Folgen der Verlagerung des Biertransports von der Schiene auf die Straße bisher weitgehend unerforscht. Überhaupt bietet sich die im WWA überlieferte Fülle an Geschäftsbuchaufzeichnungen, Kundenkarteien und Darlehensakten vor allem für absatzpolitische Untersuchungen an. Anhand der Quellen lassen sich beispielsweise der seit 1900 verstärkte Konkurrenzkampf der Brauereien um Gaststätten und die an die Bierlieferungsverträge gekoppelte Darlehnsgewährung nachweisen. Auch veranschaulicht das Archivmaterial die komplexen Vertriebswege der Brauereien, die die Absatzstätten in entfernten Gebieten nicht mehr direkt, sondern zunehmend über Bierverleger bzw. Großhändler belieferten.

Über die Werbestrategien der Dortmunder Brauereien insbesondere nach dem Zweiten Weltkrieg liegen bereits erste Studien vor.[22] Das Quellenmaterial im WWA hat darüber hinaus aber noch genügend Potenzial, um beispielsweise den Bedeutungsgewinn des Marketings vor dem Hintergrund zunehmend gesättigter Märkte oder die Auswirkungen der zunehmenden Gesundheitsorientierung stärker herauszuarbeiten.

Insgesamt bieten die Quellen eine breite Basis für weitere unternehmens- und wirtschaftsgeschichtliche Fragestellungen, aber auch für Untersuchungen aus den Bereichen der Kultur-, Technik- oder Sozialgeschichte. Sie können dazu beitragen, die Lücken in der Forschung zur Geschichte der deutschen Brauwirtschaft zu schließen.

Anmerkungen

1 Die Ritter-Brauerei zog 1969 von der Rheinischen Straße in die neu erbaute Braustätte nach Dortmund-Lütgendortmund. Nach dem Erwerb der Aktienmehrheit an der Ritter-Brauerei Mitte der 1990er Jahre gab die Dortmunder Union-Brauerei ihre bisherige Braustätte an der Rheinischen Straße auf und ließ fortan Union- und Ritterbier in Dortmund-Lütgendortmund herstellen.

2 1952/53 entstand in der Dr. August Oetker KG eine Geschäftssparte für Bier und alkoholfreie Getränke, nachdem die Aktienmehrheit der Binding-Brauerei in Frankfurt/M. erworben wurde. Dieser Geschäftsbereich wurde Binding-Gruppe genannt.

3 Der Name Radeberger Gruppe ersetzte im Jahr 2002 die Bezeichnung Binding-Gruppe.

4 Das Areal in Dortmund-Lütgendortmund des ehemaligen Konzerns Brau und Brunnen wird bis heute von Radeberger als Logistikstandort genutzt.

5 Christian Schmücker: In Dortmunds Traditionsbrauerei Bergmann gärt es wieder, in: Westdeutsche Allgemeine Zeitung, Lokalteil Dortmund vom 23.4.2010.

6 Vor jeder Einsichtnahme in die Archivbestände durch Dritte erfolgt über das WWA eine schriftliche, themenbezogene Anfrage an die Radeberger Gruppe, die formal ihre Einwilligung zur Benutzung geben muss.

7 Vgl. Andreas Broeckmann (Hg.): Dortmunder U – Zentrum für Kunst und Kreativität. Publikation in drei Bänden anlässlich der Eröffnung des Dortmunder U, Bönen 2010.

8 Vgl. Karl-Peter Ellerbrock: Das „Dortmunder U“. Vom industriellen Zweckbau zu einem Wahrzeichen der westfälischen Industriekultur, Münster 2010.

9 Vgl. das Themenheft „Bier. Zur Geschichte der Dortmunder Brauereien“ der Heimat Dortmund 3 (2003); Roman Köster: Die Konzentrationsbewegung in der Dortmunder Brauindustrie 1914–1924. Das Beispiel der Dortmunder Actienbrauerei, Essen 2003 (= Bochumer Schriften zur Unternehmens- und Industriegeschichte 10); Tanja Bessler-Worbs: Die Annäherung an den Verbraucher. Werbe- und Marketingkonzeptionen Dortmunder Brauereien von den 1920er bis zu den 1970er Jahren, in: Christian Kleinschmidt und Florian Triebel (Hg.): Marketing. Historische Aspekte der Wettbewerbs- und Absatzpolitik, Essen 2004 (= Bochumer Schriften zur Unternehmens- und Industriegeschichte 13), S. 135–157; Ellerbrock, „Dortmunder U“; Jürgen Kuckelke: Die Architektur der Brauereien in Dortmund, Magisterarbeit, Bochum 2001.

10 Felix Eckhardt gehörte dem Vorstand der Union-Brauerei von 1938 bis 1968 an, ab 1959 als Vorsitzender. Bis zum Zusammenschluss mit Schultheiss im Jahr 1972 war er dann Aufsichtsrats-Vorsitzender des Dortmunder Unternehmens.

11 Heinz Grewe war von 1954 bis zu seiner Pensionierung im Jahre 1988 bei der Thier-Brauerei tätig.

12 Vgl. Ottfried Dascher und Hans Vollmerhaus: Inventar zum Bestand F 33 Privatbrauerei Dortmunder Kronen 1614–1980, Dortmund 1980 (= Veröffentlichungen der Stiftung Westfälisches Wirtschaftsarchiv 12); vgl. auch den Nachtrag aus dem Jahr 1982: Klaus Pradler und Hans Vollmerhaus: Inventar zum Bestand F 33 Privatbrauerei Dortmunder Kronen 1614–1980, Nachtrag 1, Dortmund 1982 (= Veröffentlichungen der Stiftung Westfälisches Wirtschaftsarchiv 12).

13 Richterbrief vom 15. Januar 1734 über den am 1. März 1729 geschehenen Verkauf der ‚Crone' am Markt zu Dortmund an die Eheleute Joh. Wencker, WWA, F 33 Nr. 65.

14 Ankaufsverhandlungen mit den Erben Stein um die Friedr. Küppers Malzfabrik in Düsseldorf, WWA, F 33 Nr. 1702.

15 Vgl. Köster, Konzentrationsbewegung und den Beitrag von Roman Köster in diesem Band.

16 Vgl. WWA, S 7 Nr. 590; hervorzuheben sind auch die Geschäftsberichte des Verbands Rheinisch-Westfälischer Brauereien seit den frühen 1920er Jahren (WWA, S 7 Nr. 589), die die Angaben in den Dortmunder Berichten ergänzen.

17 Vgl. Ottfried Dascher: Fabrik im Ornament. Ansichten auf Firmenbriefköpfen des Dortmunder Raumes aus dem 19. und frühen 20. Jahrhundert. Eine Ausstellung aus Anlaß des 1100jährigen Jubiläums der Stadt Dortmund, Dortmund 1982.

18 Vgl. Karl-Peter Ellerbrock: Im Fokus des „Lichtbildners". Erich Angenendt und der Wiederaufbau der Dortmunder Brauwirtschaft in den 1950er Jahren, in: Heimat Dortmund 3 (2003), S. 55–60.

19 Vgl. auch Manfred Rasch u. a. (Hg.): Industriefilm 1948–1959: Filme aus Wirtschaftsarchiven im Ruhrgebiet, Essen 2003 und ders. u. a. (Hg.): Industriefilm 1960–1969: Filme aus Wirtschaftsarchiven im Ruhrgebiet, Essen 2011.

20 Vgl. Clemens Wischermann: Zur Industrialisierung des deutschen Braugewerbes im 19. Jahrhundert. Das Beispiel der Reichsgräflich zu Stolbergschen Brauerei Westheim in Westfalen 1860–1913, in: Zeitschrift für Unternehmensgeschichte 30 (1985), S. 143–180; Angela Zatsch: Die Brauwirtschaft Westfalens. Ein Wegbereiter modernen Getränkekonsums, in: Hans Jürgen Teuteberg (Hg.): Durchbruch zum modernen Massenkonsum. Lebensmittelmärkte und Lebensmittelqualität im Städtewachstum des Industriezeitalters, Münster 1987 (= Studien zur Geschichte des Alltags 8), S. 237–275; Karl-Peter Ellerbrock: Geschichte der deutschen Nahrungs- und Genußmittelindustrie 1750–1914, Stuttgart 1993 (= Zeitschrift für Unternehmensgeschichte Beiheft 76); Heinrich Tappe: Auf dem Weg zur modernen Alkoholkultur. Alkoholproduktion, Trinkverhalten und Temperenzbewegung in Deutschland vom frühen 19. Jahrhundert bis zum Ersten Weltkrieg, Stuttgart 1994 (= Studien zur Geschichte des Alltags 12); Mikuláš Teich: Biertrinker, Brauereiunternehmer und Staat. Deutschland

1800–1914, in: Hannes Siegrist, Hartmut Kaelble und Jürgen Kocka (Hg.): Europäische Konsumgeschichte. Zur Gesellschafts- und Kulturgeschichte des Konsums (18. bis 20. Jahrhundert), Frankfurt/M. 1997, S. 671–677; Holger Starke: Vom Brauerhandwerk zur Brauindustrie. Die Geschichte der Bierbrauerei in Dresden und Sachsen 1800–1914, Köln 2005.

21 Hingewiesen sei in diesem Zusammenhang auf das laufende Dissertationsprojekt der Autorin, das aus absatzpolitischer Perspektive die Bedeutung und die Auswirkungen des zunehmenden Flaschenbierkonsums für die Dortmunder Brauereien im Zeitraum 1950 bis 1980 untersucht.

22 Vgl. Bessler-Worbs; vgl. auch den Beitrag von Christian Böse in diesem Band.

Wilfried Reininghaus

Brauereien und Biermärkte in vorindustrieller Zeit – das Beispiel Westfalen

Traditionelle westfälische Braukunst ist beinahe ein Topos der Werbung für regionale Biermarken geworden.[1] Wer deshalb aber eine besondere Affinität wirtschaftsgeschichtlicher Forschungen in Westfalen zum vormodernen Braugewerbe vermutet, sieht sich getäuscht. Das Interesse an der Brauindustrie des 19. und 20. Jahrhunderts herrscht vor. Westfälische Biere und ihre Herstellung in älterer Zeit sind meines Wissens bisher nicht in einer Monographie abgehandelt worden.[2] Es gibt zwar nicht wenige ortsbezogene Abhandlungen, eine Zusammenfassung für die Region fehlt aber. Auf dem hier zur Verfügung stehenden Platz soll gar nicht erst versucht werden, diesem Defizit abzuhelfen. Aber es soll doch ein Überblick über die Braulandschaft Westfalen vor dem 19. Jahrhundert gegeben werden. Deshalb behandelt der erste Abschnitt der Untersuchung die Frage, was Bier in Westfalen während des Mittelalters und der Frühneuzeit überhaupt bedeutete. Zweitens werden wichtige Standorte der westfälischen Brauproduktion erläutert. Zum Schluss erfolgt ein Ausblick in das 19. Jahrhundert, weil zu vermuten steht, dass die große rechtliche Zäsur, die Einführung der Gewerbefreiheit, natürlich auch Auswirkungen auf die Bierherstellung hatte.

1 Historische Biersorten in Westfalen seit dem Mittelalter

Was bedeutete also Bier in Westfalen vor 1800? Wer den langen Produktionsprozess vom Mälzen über das Schroten und Maischen bis zum Gären kennt, der vermag sich leicht vorzustellen, welche Variationen von Bier es gegeben hat.[3] Je nach Beimengung der Zutaten Getreide (Gerste, Weizen oder Hafer), Wasser und Biergewürze entsteht ein anderes Bier. Brauer mussten erst einmal in den Besitz dieser notwendigen Rohstoffe gelangen und obendrein noch Energieträger beschaffen, um die Braukessel heizen zu können. Wegen der Beschaffung der Zutaten und des langen Produktionsprozesses gilt seit dem Mittelalter das Brauen als ein kapitalintensives Gewerbe, das Handel und betriebliche Organisation voraussetzte.

Für Westfalen und die angrenzenden nordwesteuropäischen Gebiete müssen wir uns vor allem mit den Sorten Grut-, Hopfen- und Keutbier auseinandersetzen. Grutbier ist nach herrschender Meinung die älteste in Westfalen gebraute Biersorte und ging dem mit Hopfen gebrauten Bier voran. Grut, lateinisch fermentum, steht als Sammelbegriff für zwei Kräuter, die dem Bier zur Gärung und Würzung beigegeben wurden. Das Gagelkraut wächst in der Moorheide und auch das rosmarinähnliche Brauerkraut Porsch oder Porst ist in Sumpfgegenden zu finden. Die einzelnen Kräuter wurden zu einem Brei verarbeitet, erhitzt, getrocknet und zu einem Pulver gemahlen, das man dem Braugemisch zusetzte.[4] Wohl wegen seiner Bedeutung für die Produktion des Massenkonsumguts Bier fiel das Grutrecht unter die Bannrechte der entstehenden Landesherrschaften, die sie im späteren Mittelalter weiterverpfändeten. Ursprünglich stand das Grutrecht dem König zu, denn Otto II. und Otto III. verliehen es im 10. Jahrhundert den Bischöfen von Lüttich bzw. Utrecht. Die obrigkeitliche Kontrolle über die Einfuhr und die Herstellung von Grut ist ein Hinweis auf die Bedeutung der Biergewürze, die begehrte Rohstoffe waren. Der Einkaufspreis für die Grut lag um 1390 in Dortmund um ein Dreifaches über dem für Malz.[5] Mehrere westfälische Städte übernahmen selbst in Eigenbetrieben die Herstellung der Grut. Der Bischof von Münster übertrug 1268 den Städten Münster, Beckum und Bocholt dieses Recht. Im Jahre 1347 erhielt es auch Coesfeld. In Dortmund ließ sich die Stadt 1296 von Adolf von Nassau das Grutrecht übertragen und 1332 noch einmal von Ludwig dem Bayern bestätigen. Künftig beaufsichtigten Grutherren als städtische Beamte in Dortmund, wie auch in Münster, die Beachtung der städtischen Rechte. Grut, wahrscheinlich Gagelkraut, begegnet uns als Handelsware in den Stadtrechnungen von Köln, Wesel, Duisburg und Deventer. Von Coesfeld wissen wir, dass der Rat den Einkauf von Porst in der Umgebung von Steinfurt und dann emsabwärts zwischen

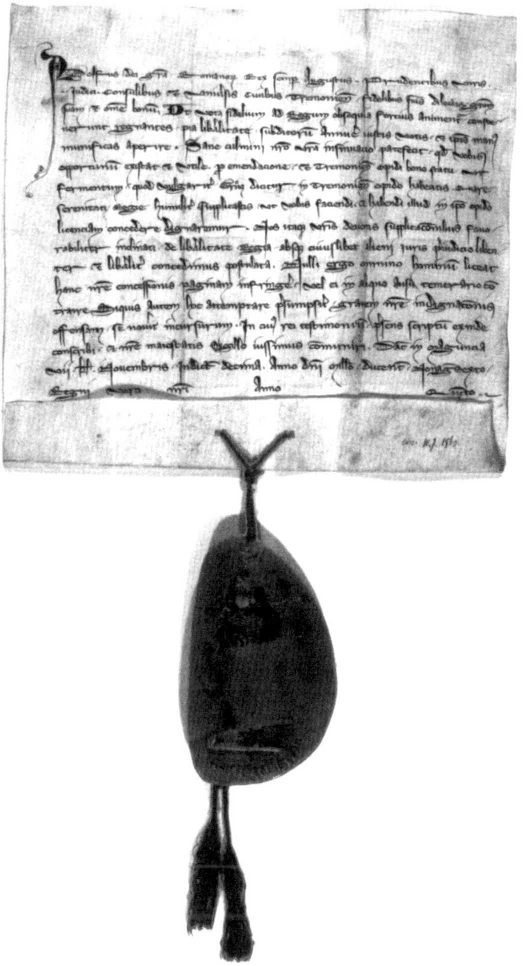

Abb. 1: Privileg König Adolfs von Nassau, in dem er der Reichsstadt Dortmund 1296 das Grutrecht übertrug (Quelle: Stadtarchiv Dortmund)

Rheine und Meppen im 15. und 16. Jahrhundert selbst in die Hand nahm. Dortmund bezog sein Porst aus Münster, das offenbar ein Umschlagsplatz für Biergewürze war. Das dortige Gruthaus bezog die Gewürze sogar aus Brabant.[6]

Die Nachfrage nach Grutbier ging durch den Siegeszug des Hopfenbiers im 16. und 17. Jahrhundert so weit zurück, dass der Beruf des Grüsingbrauers zu einem Auslaufmodell wurde. In Münster verschwand der Grüsing aus der Liste der Akzise 1590, in den Warendorfer Ratsprotokollen fand 1595 und 1606 noch einmal ein Grüsingbrauer Erwähnung, der aber kein anderes Bier brauen durfte. Die Geschichte des Hopfenbiers ist noch nicht ausreichend erforscht. Die Verwendung der Nutzpflanze Hopfen lässt sich zuerst in Frankreich nachweisen, z. B. 768 im Polyptychon des Klosters St. Germain-des-Près in Paris. Zum Bierbrauen genutzt wurde Hopfen aber erst später, insbesondere gegen Ende des 13. Jahrhunderts in den Hansestädten Bremen und Hamburg, deren Exporterfolge auf dem Hopfenbier beruhten, das – im Gegensatz zum Grutbier – über See transportfähig war. Ziel der Bierexporte der Hansestädte waren vor allem die Städte der nördlichen Niederlande, bevor diese anfingen, selbst ein beachtliches Braugewerbe auf der Grundlage von Hopfen zu entwickeln.

Westfalen scheint früher als das Rheinland Hopfenbier gebraut zu haben. 1381 wurde das westfälische Hopfenbier in Köln vom Erzbischof verboten. Wann und wo in Westfalen das Hopfen- neben das Grutbier trat, es ersetzte oder verdrängte, ist nicht geklärt. Dies liegt zum einen an der Brautechnik. Für Dortmund lässt sich 1390 anhand einer vielzitierten Stelle der Stadtrechnungen nachweisen, dass Hopfen und Porsch nebeneinander als Biergewürz Verwendung fanden.[7] Ein Zentrum des Hopfenanbaus lag sicher in Ostwestfalen um Höxter. Möglicherweise wurde Corvey auch hierin von seinem Mutterkloster Corbie in Nordfrankreich beeinflusst.[8] Seit wann es die um 1500 ausgedehnten Hopfenkulturen bei Höxter gab, lässt sich kaum nachprüfen. Zu denken gibt aber, dass wir „Hoppenberge" und ähnliche Flurnamen im Corvey'schen Einflussbereich bis hin nach Marsberg (1348) und Brilon (1449) häufig antreffen. Seit dem Spätmittelalter ist „Hoppenplöcker" in Lippe ein stehender Begriff für Klein- und Kleinstbauern.[9] Der Landfrieden von 1385 schützte besonders die Wein- und Hopfengärtner in Westfalen.[10] Es waren offenbar ländliche Bewohner, die ihre Haupteinnahmequellen im Hopfenbau besaßen. Denkbar ist also, dass sich die Hopfenbrauerei von der mittleren Weser aus in alle Himmelsrichtungen ausbreitete und zwar sowohl nach Norden in Richtung Bremen als auch innerhalb Westfalens von Osten nach Westen. Jedenfalls häufen sich im 15. und 16. Jahrhundert die Belege für den Hopfenanbau am Hellweg, aber nicht nur dort. Bis um 1800 war Geseke und Umgebung als ein Zentrum des Hopfenanbaus bekannt. Es lohnte, kleinste Grundstücke mit Hopfenstauden zu bepflanzen. Wir wissen von den Verboten, Festungsmauern und Burganlagen damit auszustatten. In die Landrechte des Münsterlands gingen im 16. Jahrhundert Anleitungen zur „pottung der hoppen und setzung der staken“ ein. Nach dem Dreißigjährigen Krieg lässt sich in einigen Orten ein massiver Hopfenhandel nachweisen, vor allem dort, wo Bier gebraut und nachgefragt wurde, aber kein Hopfen wuchs, z. B. in Hallenberg.[11]

Es gibt also gute Gründe, Westfalen als einen Wegbereiter des mittelalterlichen Hopfenbiers zu würdigen.[12] Die beste Überlieferung zu brautechnischen Einzelheiten finden wir allerdings genau dort, wo das westfälische Hopfenbier zunächst nicht willkommen war: in Köln. Das dort aus dem Jahr 1408 erhaltene Rezept zum Probebrauen von Grut- bzw. Hopfenbier ist – modern gesprochen – die älteste erhaltene Kostenrechnung anhand der erforderlichen Zutaten und Arbeitsaufwendungen.[13]

In den Kölner Gewerbeakten finden wir dann auch weitere Hinweise auf jene Biersorte, die für Rheinland und Westfalen im 15. Jahrhundert typisch werden sollte: das Keutbier. 1429 steht dieses neben Dünnbier und Dickbier als Varianten des Hopfenbiers.[14] Ob es auch Vorbild für westfälischen Keut war, wissen wir nicht, denn ähnlich präzise Rezepturen von hier sind aus dem Mittelalter nicht erhalten. Die Aussage, dass Keut ein hopfenloses Bier gewesen sei, kann jedenfalls so nicht bestätigt werden. Ein Rezept aus Münster von der Wende des 16. zum 17. Jahrhundert verrät: Auf sieben Becher Malz kamen vier Eimer Wasser und eine Handvoll Weizenmehl, die dann nach einem Tag Kochen mit Hopfen und Hefe und am dritten Tag mit weißem Zucker und Muskat angereichert wurden.[15]

Der älteste allgemeine Hinweis auf Keutbier findet sich für Dortmund 1472.[16] Werner Rolevinck verwendete das Wort synonym für Bier schlechthin und stellte dieses Getränk der Ärmeren dem Wein als Getränk der Reichen gegenüber.[17] In Dortmund und Werne stand Bier bis über das 16. Jahrhundert hinaus neben Keut. In Soest strengten die Bierbrauer 1539 einen Prozess gegen diejenigen an, die Keut brauten.[18] Die Städte als Träger der Gewerbepolitik achteten darauf, dass Bier und Keut nicht durcheinander gerieten und bei der Lagerung vermengt wurden. Im späten 16. Jahrhundert verdrängte Keut- endgültig das Grutbier. Im 18. Jahrhundert wird Keut seltener in den Quellen erwähnt. Als Exportartikel wird es in Hamm noch 1722 genannt.[19] Als lokale Variante des Hopfenbiers kam in Münster im frühen 16. Jahrhundert Gestbier auf.[20] Um zwölf Tonnen davon zu brauen, mussten nach einer dortigen Bierordnung von 1538 vier Malter Gerstenmalz und 9 Scheffel Hopfen verwendet werden. Gestbier war nicht lange haltbar und musste rasch verbraucht werden. In Münster blieb es bis in das 18. Jahrhundert als Frischbier erhalten.

Ob Keut ein westfälischer Vorläufer des Altbiers war – wie bei Wikipedia steht – soll dahingestellt sein.[21] Tatsächlich kommt „altes Bier“ genau unter dieser Bezeichnung in den Quellen vor, in Rüthener Stadtrechnungen 1451,[22] aber das war nur eine unter vielen Biersorten, die uns in Westfalen in der Vormoderne begegnen. Höxter verwendete z.B. noch 1381 Honig als Bierzutat, als Getreide offenbar knapp war.[23]

2 Standorte des Braugewerbes in Westfalen vor 1800

Die Bierherstellung hing von der lokalen Verfügbarkeit der Zutaten ab. Gerste, die in Westfalen das überwiegende Biergetreide war, Weizen, Hafer und Hopfen mussten je nach Rezeptur verfügbar sein, aber auch Energie. Von den Mindener Brauern hieß es, dass sie von der Hopfen- und Holzzufuhr auf der Weser abhängig seien.[24] Der Brennstoff Holz konnte durchaus zum Engpass werden. Er wurde deswegen auch genauso bewirtschaftet wie das Getreide und dort, wo dies kostengünstig möglich war, durch Steinkohle ersetzt. Bochum braute 1517 in Kesseln, die mit fossiler Energie beheizt wurden.[25]

Der nachfolgende Versuch einer Typisierung der Standorte in Westfalen vor 1800 behandelt zunächst städtische Brauereien, grob gruppiert nach Territorien. Anschließend werden ländliche und adlige Brauereien sowie Klosterbrauereien untersucht. Leitende Fragestellungen sind die nach der Organisation des Produktionsprozesses, nach der Zahl der Produzenten, der Richtung des Absatzes und den Produktionsmengen. Eigenbedarf und Ausschank hatten wohl in der Gesamtheit Priorität. Westfalen besaß insgesamt nicht übermäßig viele Standorte von Exportbrauereien. Es ist sicher kein Zufall, dass die meisten von ihnen in der Nähe von getreidereichen Landschaften lagen.

2.1 Dortmund und die Grafschaft Mark

Die eher beiläufige Erwähnung von Brauerinnen im Stadtrecht von ca. 1252 ist der erste Hinweis auf das Braugewerbe in Dortmund.[26] Es war allerdings im 13. Jahrhundert schon so wichtig, dass sich die Stadt von König Adolf von Nassau 1296 das Privileg ausstellen ließ, Grutbier brauen zu dürfen. Sie rang mit den Dortmunder Grafen um die Besteuerung des Biers als Regalrecht. Erst durch das große Privileg Ludwigs des Bayern 1332 wurde die reichsstädtische Autonomie auch im Brauwesen durchgesetzt. Die Stadt zog aus dem Braugewerbe erheblichen finanziellen Nutzen, denn sie kontrollierte den Monopol-Verkauf des Biergewürzes an die Brauer. Diese Finanzquelle war so ertragreich, dass sie in der Krisenzeit nach der Großen Fehde mehrfach verpfändet wurde. Mit dem Aufkommen des Hopfenbiers verlor das Gruthaus im 16. Jahrhundert seine Bedeutung, so dass der Rat 1542 das Grutmonopol aufgab.[27] Mit der Akzise auf Hopfen, Malz und Gerste hatte er jedoch längst Ersatz geschaffen. Zwar lassen sich Brauer unter den Zuwanderern des 14. Jahrhunderts nachweisen, auch ist ein Dortmunder Brauer in Köln 1464 als Bürger aufgenommen worden. In nachmittelalterlicher Zeit fehlt Dortmunder Bier aber unter den Exportbieren Westfalens. Die von Mallinckrodt errechnete Mindestproduktion von 5000 bis 6000 Ohm (ca. 750000 l), die um 1790 gebraut worden sein sollen, überstieg jedoch wahrscheinlich den Bedarf der mittlerweile kleinen Reichsstadt.

Abb. 2: Rekonstruktion des Dortmunder Brau- oder Gruthauses im Jahre 1610 (die Abbildung stammt aus Heinrich Scholle: Dortmund im Jahre 1610, Dortmund 1987, S. 179)

Zwei normative Texte belegen die Herstellung in Häusern. 1609 wurde das Brauen in eine Ordnung für das Backen aufgenommen; 1740 wurde bestimmt, dass nur in solchen Häusern Fremde übernachten durften, in denen die Berechtigung zum Verkauf von Bier und Brot bestand.[28] Das Bierbrauen konzentrierte sich im 18. Jahrhundert auf Gasthöfe und Wirtschaften, von denen die „Krone“ am Dortmunder Markt die bekannteste ist. Heinrich Wencker, einer der Besitzer, war 1742 Mitglied der Bäckergilde.

Der Ruf von Unna als Bierstadt übertraf im 16. Jahrhundert den von Dortmund erheblich.[29] Der Absatz von Unnaer Bier lässt sich in dieser Zeit auf allen westwärts gelegenen Märkten dokumentieren. Wie der Lüner Lippezoll von 1574 nachweist, wurden die Fässer über den Fluss in Richtung Niederrhein und Niederlande transportiert. In Wesel war im 16. Jahrhundert das Unnaer Bier das am häufigsten verzapfte Fremdbier. Es wurde weiterhin bis in das frühe 17. Jahrhundert in klevischen Zolltarifen am Rhein notiert. 1550 gehörte das Unnaer Bier zu den Bieren, für die in Köln Einfuhrakzise bezahlt werden musste. 1561 wurde es im Antwerpener Hansekontor verkauft. Zu den Anfängen des Braugewerbes in Unna lassen sich nur wenige Spuren finden. Brauende Haushalte mussten 1346 Bierpfennige an den Landesherrn zahlen. 1352 verpfändete Graf Engelbert III. von der Mark erstmals Anteile an dieser Steuer, die Unna im 15. Jahrhundert ganz an sich brachte. Die seit 1419 von der Stadt erhobene Biersteuer machte die Steuer vom Malzverbrauch abhängig. Die 1427 eingeführte „Beirtunnensise“ bezog sich auf ausgeführtes Bier; sie betrug zwei Pfennig pro Tonne Bier. Mit dem Dreißigjährigen Krieg dürfte die größte Zeit der Bierstadt Unna vorbei gewesen sein. Während des

Abb. 3: Die Krone am Markt bis 1865 (die Abbildung stammt aus der Festschrift zum 200-jährigen Jubiläum der Brauerei Kronenburg, Dortmund 1929, o. S.)

gesamten 18. Jahrhunderts lassen sich rund 40 Braustellen nachweisen. Darunter befanden sich mehrere Mitglieder der Oberschicht, vor allem Gastwirte.

Hamm überflügelte im 18. Jahrhundert Unna in der Brauproduktion. Während in Unna nur 11 366 Scheffel Malz verbraucht wurden, waren es in Hamm ca. 17 500 Scheffel. Der Bericht des preußischen Kommissars Motzfeld erhob Bier neben Leinwand zum zweiten wichtigen Exportartikel, doch während die Leinwand bis nach Westindien ging, führte der Bierabsatz nur in die benachbarten Provinzen.[30] Damit war vor allem die Hellwegzone gemeint. In Werl schien das Hammer Bier schon im 17. Jahrhundert ein übermächtiger Konkurrent zu sein. Insbesondere in Münster kommt Hammer Keut immer wieder als eine ungeliebte Importkonkurrenz seit 1688 vor. 1725 erschien eine lateinische Abhandlung über den Hammer Keut, ein von Einwohnern Münsters geliebtes Getränk.[31] 1739 verwehrte Münster u.a. Hamm jegliche Einfuhr von Bier in die Stadt.[32] Die Quellenlage zum älteren Brauwesen in Hamm ist ausgesprochen schlecht, so dass wir kaum Hinweise darauf finden, seit wann und wie hier Bier hergestellt wurde. Wir wissen lediglich, dass die Privilegien der klevischen Herzöge um 1444 und 1516 die städtischen Brauer vor der ländlichen Konkurrenz schützten.[33]

Gemessen am jährlichen Malzverbrauch lagen die übrigen Städte in der Grafschaft Mark 1722 hinter Hamm und Unna deutlich zurück.[34] Mehr als 3000 Scheffel Malz verbrauchten die Brauer in Iserlohn (7448), Altena (5839), Bochum (5457), Schwelm (4944), Hattingen (3973¾), Lünen (3930), Kamen (3556) und Herdecke (3144). Der relativ hohe Verbrauch in diesen Städten hatte jeweils andere Ursachen. Die Brauer in Iserlohn, Altena, Schwelm und Hattingen deckten die Nachfrage der Gewerbetreibenden und Bergleute in ihrer unmittelbaren Nachbarschaft ab, während die in Bochum, Kamen und Lünen am Hellweg das Getreide der agrarischen Umgebung verwerteten. Die jeweilige Brauordnung unterschied sich von Stadt zu Stadt und hatte schon im Mittelalter individuelle lokale Ausprägungen erfahren.[35] Durchgängig war Brauen in der Grafschaft Mark keine Angelegenheit von zünftig organisierten Spezialisten, sondern ein Hausgewerbe.

Der Absatzradius jenseits der eigenen Stadt war nicht sehr groß, sondern auf einen überschaubaren Nahbereich konzentriert. Im Laufe des 18. Jahrhunderts ging überall die Menge der Brauberechtigten zurück. Ihre Zahl sank zwischen 1722 und 1804 in Altena von 49 auf 9, in Iserlohn von 36 auf 9, in Bochum von 23 auf 14.[36] Soest bildete kein umfangreiches Braugewerbe für den Export aus, wenngleich es im 16. Jahrhundert eine nicht unbeträchtliche Zahl von Hausbrauern gegeben haben muss. 1616 wird Soester Bier manchmal als Import in Warendorf erwähnt.[37] Das Verbot, 1660/62 zu Lasten der Eigenversorgung Bier auszuführen, dürfte zwar konjunkturelle Hintergründe gehabt haben, gleichzeitig hatten die Soester Brauer jedoch mit Konkurrenz auf der Börde zu kämpfen.

Die märkisch-lippische Samtstadt Lippstadt bildete – im Gegensatz zu den Städten in Lippe – keine Brauerzunft. Die Zahl der häuslichen Brauer blieb bis in das frühe 19. Jahrhundert hoch. 1804 wurden beim Brandkataster 14 eigene Brau- und Brennhäuser erfasst. Daneben bestanden 19 weitere Braustätten. Dem entsprach die 1788 ermittelte Zahl von 29 Brauern. Die historischen Tabellen erfassten 1782 zunächst zwölf und 1790 dann 14 Vollerwerbs-Brauer.[38]

2.2 Fürstbistum Münster und Vest Recklinghausen

In Münster ging zwischen 1265 und 1278 das Grutmonopol vom Bischof auf die Stadt über.[39] Wurde zunächst nur ein Drittel der Einkünfte daraus der Stadt übertragen, erwarb der Rat 1278 endgültig sämtliche Einkünfte aus der Grut gegen eine jährliche Rente von 40 Mark an das Domkapitel und kontrollierte seither die Bierbrauereien in seiner Stadt umfassend. Zu Zeiten der Herstellung von Grutbier beschaffte der Münsteraner Rat die Biergewürze und gab sie an die privaten Brauer aus. Weiterhin ließ er selbst Getreide und andere notwendige Rohstoffe einkaufen. Zugleich betrieb die Stadt ein eigenes Brauhaus direkt hinter dem Rathaus. Die Akzise auf gebrautes Bier und die Einnahmen aus dem Weiterverkauf von Biergewürzen verschmolzen zu einer Einnahme. Aus dem Grutmonopol erwuchs seit dem späten 13. Jahrhundert ein zentrales Steuerungsinstrument der städtischen Finanzen, das sogenannte Grutamt.[40] Die Grutherren übten zugleich die Kontrolle über die Bierproduktion der Privatbrauer und das importierte Bier aus. Mit dem Übergang vom Grut- zum Keutbier nahm der Einfluss des Rats auf das Braugewerbe zu, denn Keutbier konnte auch exportiert werden und unterlag damit dem Anspruch städtischer Qualitätskontrollen. Zu Beginn des 16. Jahrhunderts überstieg die Menge des hergestellten Keutbiers endgültig die Menge des Grutbiers. Die Vorschriften des Rats zum Keutexport aus der Mitte des 16. Jahrhunderts spiegeln seine Sorge wider, dass mit dem Namen Münster als Biermarke Missbrauch getrieben würde. Man habe erfahren, dass „etzliche dieses stiffts Munster ingesessne an verscheiden orten [sich] understehen sollen, nach ihren eigen gefallen koit zu brauwen, zu verkaufen und hin und wieder zu verfuhren unter schein und namen Munster koitz“[41]. Aber die Brauer aus Münster selbst hätten „koit uf sicheren preis nach ihrem gutbedunken, ungesatet und unprobirt von uns, gebrauwet, verkauft und verfuhren [...], dadurch nit allein die frembden, so solche koite an sich bringen und kaufen, leiderlich und pald vernachteilet, sundern auch unser stat Munster koite zum veracht und bösen namen und nachreden kommen und geraten kunten“. Künftig sollte nicht mehr am Rat zu Münster vorbei Bier exportiert werden. Das von Brauern im eigenen Haus gebraute Bier sollte acht Tage in städtischen Bierkellern lagern und dann probiert werden. Es durfte nur dann exportiert werden, wenn es den Ansprüchen an die teuerste Biersorte genügte. Das auf dem Fass eingebrannte Stadtwappen bestätigte dabei die Qualität, während das minderwertige Bier im Stadtkeller blieb und dort zu einem geringeren Preis verzapft werden musste. Die Ausgabe und Verfügbarkeit von Bier zu einem Niedrigpreis zugunsten des „gemeinen Mannes“ war dem Rat ein ständiges Anliegen, sorgte aber zugleich für einen latenten Konflikt mit den Brauern, die die besseren Biersorten und die dafür zu erzielenden höheren Preise favorisierten.

Deutlich wird, dass sich die Brauer im 16. Jahrhundert am städtischen Anspruch rieben, das Braugewerbe zu überwachen. Die Brauer bildeten damals in Münster keine eigenständige Zunft, obwohl sie sich gewerblich spezialisiert hatten. 1591 gab es allein 60 Keutbrauer. Zu den Bäckern waren ausdrücklich Grenzen gezogen. Bäckergesellen war es strikt verboten, das Braugewerbe zu erlernen oder als Bierträger zu arbeiten. Allenfalls bei der Festlegung der Taxpreise zog sie der Rat hinzu und beschloss die „sate und ordenungen mit den bruwern und tappern" mit deren „verwilligung".[42] Im Laufe des 16. Jahrhunderts nahmen die Konfliktpunkte zwischen Rat und Brauern zu. Endgültig entzweite sie die Einrichtung eines zweiten Bierkellers. Neben dem bisherigen Keller am Markt im Kirchspiel Lamberti wurde 1587 ein weiterer bei Überwasser eingerichtet. In den Stadtkellern wurde die beste Biersorte der Stadt gelagert, die reihum von den Münsteraner Brauern hergestellt wurde. Bereits 1448 hatte sich die Stadt den Verkauf des besten Biers reserviert.[43] Eigenes Bier mussten die Brauer aus den Kellern zu fixierten Preisen zurück erwerben. Gegen diese Praxis erhoben die Brauer 1590 massiven Protest, denn sie sahen sich in der freien Verfügung über ihr eigenes Bier massiv beeinträchtigt.[44] Ihre Argumente richteten sich sowohl dagegen, „daß unser koit dermaßen uf die kellere verwahrlost wird, daß es got erbarmen mach", als auch gegen die mangelnde Verfügbarkeit zur rechten Zeit, wenn die Nachfrage nach Bier groß war. Immer dann, wenn große Gesellschaften „binnen und buten dieser stat" Keut verkaufen wollten – und zwar zu höheren Preisen als der Magistrat vorgab – konnten die Brauer ihr Bier wegen des Kellermonopols nicht angemessen vermarkten. Sie sorgten sich daher wegen des Exports, denn bisher hatten „die frembden etzliche 100 tunnen koitz aus dieser stat geholen nach Emden, Osnabrug, Teklenburg, Rhede, Ravensberg und sunst allenthalben ostwerts ausgefuhrt". Jetzt drohte, dass die Fremden nach „Warendorp" ziehen und „uf ander orte" ihr Bier holen. Die Eingabe der Brauer von 1590 ist im Übrigen der einzige Beleg zum Absatzradius des Münsteraner Biers. Die Märkte lagen im Norden und Osten der Stadt. Im Westen konnte man wahrscheinlich gegen die niederländischen Biere nicht konkurrieren.

Im November 1600 fiel das städtische Schankmonopol für die besten Biersorten.[45] Zwar blieb die Pflicht, für den Stadtkeller zu liefern, weiter bestehen, aber den eigenen Bedarf mussten die Brauer nicht mehr dort decken. Der Rat erhob allerdings eine Schanksteuer für

Abb. 4: Beim Anrühren der Maische, Kupferstich von E. Eichel, 1779 (die Abbildung stammt aus M. Hoffmann: 5000 Jahre Bier, Nürnberg 1956, Bildteil nach S. 120)

die besseren Biersorten. Dennoch entwickelte sich das Braugewerbe in Münster bis zum Beginn der 1620er Jahre positiv. Die aus den Steuereinnahmen errechnete Produktion in Höhe von 53 532 Tonnen (73 000 hl) stellte eine Marke dar, die in Münster vor 1800 nie wieder erreicht wurde. Durch immer neue Steuern wurden Bierproduktion und -konsumtion während und nach dem Dreißigjährigen Krieg verteuert. Dies trug zu einer Verschlechterung der Qualität des Keuts und zum Verlust der Absatzmärkte bei.

Der Übergang der Bierakzise auf den Landesherrn nach der Niederlage der Stadt 1661 entzog die Bierproduktion der städtischen Aufsicht. Nach einem kurzen Interim, als die Bierakzise privat verpachtet war, übernahm die Bäckerzunft sie 1677. Die selbstständigen Brauer traten ein Jahr später dieser Zunft bei, die nunmehr das Steuerfixum für jedes einzelne Mitglied festlegte. Die professionellen Brauer standen in Konkurrenz zu den Hausbrauern, denen die Bierherstellung für den eigenen Verbrauch unverändert offen stand. Voraussetzung für die Hausbrauerei war die Entrichtung des sogenannten Brauschillings, der jedoch immer weniger einbrachte und schließlich in eine Reallast auf alle Häuser umgelegt wurde. 1713 fiel die Bierakzise von der Bäckerzunft an die Stadt zurück, die jedoch über die Einnahmen enttäuscht war. Sie gingen wegen der rückläufigen Bierproduktion im 18. Jahrhundert ständig zurück. Immer mehr Mitglieder der Bäckerzunft gaben das Brauen auf und im Jahre 1786 gab es nur noch 73. Parallel zum Niedergang des Münsteraner Braugewerbes stiegen die Importe, auch von Brauereien in der unmittelbaren Nachbarschaft der Stadt,[46] trotz aller Verbote und Besteuerung. Neben Münster erhielten auch Bocholt, Ahlen und Beckum noch im Laufe des 13. Jahrhunderts ganz oder teilweise das Grutrecht vom Bischof. Coesfeld folgte im Jahre 1347. Vergleichbare Entwicklungen durchliefen auch die übrigen Städte, auch wenn sich nicht überall der Erwerb des Grutrechts nachweisen lässt. Überall erhoben die Städte die Akzise auf Bier, die in Bocholt zu einem Drittel dem Landesherrn als Ausgleich für die Übertragung des Grutrechts zufiel. Auch in Werne partizipierte der Landesherr noch 1511 an einer Art Gewerbesteuer, die bei Brauern als Bierpfennig erhoben wurde.

Im kölnischen Vest Recklinghausen verlief die Entwicklung abweichend. Erzbischof Heinrich verpfändete zwar 1318 der Stadt Recklinghausen die Grut für zwölf Jahre, zog sie dann aber wieder an sich und verschrieb sie zunächst Adligen, bevor sie die Stadt Recklinghausen dann 1446 erneut für weitere 80 Jahre erhielt. 1546 wurde die Grut für 600 Gulden ausgelöst und durch eine Bierakzise ersetzt. Hausbrauer mussten sie zahlen, sobald sie an Fremde ausschenkten.[47] Im 15. Jahrhundert hatten die Städte im Fürstbistum Münster uneingeschränkt Hoheit über das Braugewerbe in ihren Mauern gewonnen. Werne markierte 1443 die Tonne, die nach Prüfung durch die Stadt an die Bürger verkauft wurde, „mit der stadt teken“.[48] Die Ausfuhr war begrenzt auf vier Tonnen Bier pro Brauer, es sei denn, „dat binnen Werne beers genog were“. Die Fortschreibung dieser Passagen aus dem Werner Stadtrecht von 1511 berücksichtigte mittlerweile Keut als zweite Sorte und regelte das zu verbrauchende Korn. Die Ausfuhr wurde auf fünf bzw. sechs Tonnen Keut bzw. Bier heraufgesetzt. Wer in Werne 1511 aktuell braute, musste mit einem „Wisch“ darauf aufmerksam machen. Der „Wisch“ kann ein Hinweis auf das sogenannte Reihebrauen sein, das als Einsatz transportabler Braupfannen oder Nutzung von festen Braupfannen in einer vom Rat vorgegebenen Reihenfolge zu definieren ist. Coesfeld stand dem Reihebrauen im 16. Jahrhundert kritisch gegenüber und hat es um 1600 abgeschafft.[49]

Ausführlich sind wir über die Einwirkungen des Rats auf das Braugewerbe in Warendorf durch die edierten Ratsprotokolle des 16. und 17. Jahrhunderts unterrichtet.[50] Mehrere Aktionsfelder sind daraus ablesbar. Erstens wurde die Einfuhr fremder Biere[51] nicht verhindert, sondern durch Akzisen angemessen verteuert. Für Feste wurde gerne auf auswärtiges Bier zurückgegriffen. Zweitens interessierte die Ausfuhr von Bier den Rat sehr selten. Er stoppte sie immer dann, wenn wie 1623 oder 1661 nach schlechten Ernten Getreide knapp wurde. Drittens wirkte der Rat dagegen massiv auf innenpolitische Fragen der Bierversorgung ein. Vor allem für die ärmere Bevölkerung mussten ausreichende Mengen Bier zu niedrigen Preisen verfügbar sein. Viertens mussten die besseren Sorten im Stadtkeller gelagert werden, für den 1661 eine eigene Ordnung erlassen wurde.[52] Das führte wie in Münster zum Protest der Brauer, die sich durch den Kellerwirt gemaßregelt oder behindert fühlten. Sie versuchten, ihn so oft wie möglich zu umgehen. Fünftens stellte der Rat Regeln für den Absatz auf und unterschied zwischen dem Verkauf aus dem Stadtkeller und dem Verkauf über die Straße bzw. aus den Häusern. Die teuerste Sorte gab es nur im Stadtkeller und sie war von der Menge her limitiert. Sechstens reglementierte der Rat tendenziell die Einflussgrößen auf die Verkaufspreise. Die Brauordnung von 1548 schrieb deshalb die Mengen und Preise für Malz, Weizen, Holz und Hopfen vor, ferner die Miete für die Braupfanne sowie Lohn und Kost für die Brauknechte. Steigende Kornpreise induzierten eine Anpassung der Bierpreise nach oben. Siebtens kontrollierte der Rat die Qualität des Biers durch Proben und setzte hierfür 1603 zwei Aufseher ein, für die seit 1609 der Begriff „Schmakeherrn" als städtisches Amt überliefert ist. Achtens nahm der Rat auf den Produktionsprozess selbst wenig Einfluss. Reihebrauen ist zwar dem Wortlaut nach nicht bekannt, doch scheint 1603 bei der Einführung des Aufseheramts festgelegt worden zu sein, dass jeweils zeitgleich ein Brauer im westlichen und einer im östlichen Stadtviertel brauen sollte. Auch war das private Malzdörren 1644 verboten. Ob es kommunale Malzdarren als Regiebetrieb gab, wissen wir freilich nicht. Hierfür spricht, dass noch 1745 der ankommende Hopfen städtischer Kontrolle unterlag.[53]

2.3 Herzogtum Westfalen, Fürstbistum Paderborn, Corvey

Brauen war im Herzogtum Westfalen ursprünglich durchgängig ein städtisches Hausgewerbe. Es stand jedem Haushalt frei. In Olpe hieß es 1795 ausdrücklich, dass „Bierbrauerey nicht zünftig" sei, „sondern vielmehr eines jeden freyen willkür überlassen seye".[54] Nur in Werl bestand seit spätestens 1640 eine Brauergilde, die sich um 1680 aber schon wieder aufgelöst hatte, weil sie der auswärtigen Konkurrenz vor allem aus Hamm und Unna nicht standhielt.[55] Häufig waren allerdings wie in Arnsberg die Brauer über die Bäckerzunft mittelbar zünftig. Das individuelle Brauen schränkte im Laufe der Jahrhunderte gemeindlich bestimmte Produktionsformen ein. Einzelne Kommunen unterhielten eigene Braukessel oder Brauhäuser und ließen daneben nur sehr begrenzt häusliches Brauen zu: Hallenberg im Jahre 1558, Eversberg 1602, Freienohl 1649 und Meschede 1684. Hallenberg legte 1662 fest: „Ein jeder burger, wer malz hat, mag hier im gemeinen brauhaus brauen und sein bier selbst verzapfen." Er musste „braugelt zu unterhalt des brauhauses geben".[56] Ursache könnte die Vermeidung von Feuergefahr beim Brauen gewesen sein, aber auch der Wunsch der städtischen Obrigkeit, den Bierverbrauch fiskalisch zu nutzen. 1448 waren in Brilon für jedes ein- oder ausgeführtes Fuder Bier sechs Pfennig Akzise zu zahlen; noch höher lag die Versteuerung von Hopfen mit ½ Gulden pro Sacken.[57] Weiterhin sorgten die Städte für einen angemessenen Preis des Biers, das als Grundnahrungsmittel nicht zu teuer sein durfte. Im Herzogtum Westfalen wurde vor 1800 kein Bier für den Export gebraut, vielmehr kam vor allem Bier aus Hamm, Unna, Paderborn und Korbach – trotz aller zwischenzeitlich bestehenden Verbote.

In Paderborn besaß die Bierbrauerei ein solches wirtschaftliches Gewicht, dass bereits frühe Auseinandersetzungen zwischen Bischof und Stadt die Kontrolle über das Brauen – und das Backen – zum Gegenstand hatten. 1279 verzichtete der Bischof zugunsten der Stadt auf die Aufsicht über die Herstellung von Bier und Brot auf dem Wochenmarkt. Als Ausgleich kassierte der Bischof die bescheidene Abgabe von 3 Mark jährlich.[58] Auf der Grundlage des am Getreidemarkt verfügbaren Korns wuchs Paderborn spätestens im 15. Jahrhundert zu einer bedeutenden Bierstadt heran, deren Exporte nach ganz Westfalen, weserabwärts und von dort über See, aber auch nach Hessen gingen. Heinrich Harius, Lehrer an der Domschule, führte 1578 die Qualität des Paderborner Biers auf das Wasser der Paderquellen zurück. Ob es wirklich „das wunderbarste Bier“ war, „daß es in Deutschland gibt“,[59] muss an dieser Stelle nicht geprüft werden. Paderborn produzierte neben dem Frischbier für den raschen Verbrauch auch das haltbare „Kopenbier“. Die Bedeutung der Bierexporte lässt sich an Zahlen des frühen 17. Jahrhunderts ablesen, als jährlich 4000 bis 6000 Fässer Bier an auswärtige Kunden verkauft wurden – mehr als die Hälfte aus dem Hochstift heraus. Ähnliche Werte bietet die Geleitzollrolle von 1559/60, als 38,3 % des Zolls (ohne das Getreide) auf Bier entfielen. Die Stadt profitierte davon, weil sie sowohl auf Malz eine Akzise erhob als auch von jedem gebrauten Fass ein Biergeld verlangte. Mit Hopfen- und Biermessern überwachte sie die Produktion, die keinen zünftigen Regeln unterlag. Die Zahl der Braustätten betrug 1618 rund 200. Sie sank nach 1650 drastisch, wenngleich die sechs hauptamtlichen Brauer, die 1735 registriert wurden, angesichts der Hausbrauerei wenig Aussagewert besitzen. 1769 gab es allein zwölf bürgerliche Hausstätten mit eigenen Brauhäusern, die fast alle Angehörige des gehobenen Bürgertums waren.[60]

Wenig bekannt ist über die Bierproduktion von Warburg, die – ähnlich wie in Paderborn – durch den örtlichen Getreidemarkt gute Bedingungen vorfand. Um 1400 wurde Warburger Bier in Osnabrück als Exportbier erwähnt. 1802 waren noch 30 Bürger als Besitzer von Braustätten registriert.[61] Auch in Brakel förderte der Getreide- und Hopfenmarkt die Bierproduktion.[62] Im späten 14. Jahrhundert kam der Beruf des Brauers als Spezialist vor. Die Stadt achtete strikt darauf, dass die Bierherstellung nicht einmal Außenbürgern erlaubt war. Das nach 1571 ausgesprochene Verbot, Korn aus dem Hochstift zu exportieren, kam sicher auch den Brauern zugute, die 1592 in Brakel eine eigene Zunft bildeten. Die zünftige Organisation in Brakel bildete regional keine Ausnahme, sondern war in mehreren der kleineren

Abb. 5: Das Innere eines Brauereikellers, um 1775 (die Abbildung stammt aus Diderots Enzyklopädie: die Bildtafeln 1762–1777, Bd. 1, Nachdruck, Augsburg 1996, S. 356)

Städte des Hochstifts Paderborn zu finden.[63] In Nieheim besaßen die Brauer seit 1580 einen Amtsbrief. In Lügde gehörten 1805 insgesamt 78 brauberechtigte Bürger dem Braueramt an.[64] In Vörden entstand das Braueramt an der Wende des 16. Jahrhundert. Es stand unter dem Patronat der auf Burg Vörden residierenden Familie von Haxthausen, die 1784 gemeinsam mit dem Brauamt beim Geheimen Rat in Paderborn gegen einen Wirt in Vörden vorging, der nicht der Zunft beitreten wollte.

Auf der Grundlage der reichen Hopfenproduktion rund um die Stadt galt Höxter in Mittelalter und Frühneuzeit als eine Bierstadt, Brauen und Bierhandel aus eigener Perspektive als „nervus et spiritus commercium civitatis".[65] Das Bier aus Höxter besaß allerdings einen regional begrenzten Markt und stieß nicht in entfernte Räume vor wie das Paderborner. Gegenüber höherwertigen Qualitäten wie dem Einbecker konnte es nicht konkurrieren. Braurecht konnte jeder Bürger erwerben. Insbesondere nutzten die Reicheren und wirtschaftlich Aktiveren diese Erwerbschance. Heinrich Rüthing wies unter 37 namentlich ermittelten Brauern in der Zeit um 1500 sieben Bürgermeister nach. Die Stadt beaufsichtigte das Brauwesen, setzte Werk-, Brau- und Kellermeister ein. 1382 führte sie vorübergehend – vermutlich als Folge einer Missernte – mit 80 Viertel Hartkorn eine Höchstgrenze für das jährlich zu verbrauchende Korn ein und ließ 21 Brauer dies beschwören.[66] 1421 verbot sie ihren Bürgern den Import jeglichen fremden Biers, vor allem aus Hofgeismar. Zünftig organisiert war das Brauen in Höxter nicht. Allerdings formierte sich gegen die städtische Brauordnung von 1669 eine Interessenorganisation der Brauer.[67]

2.4 Minden-Ravensberg, Lippe

Seit 1488 besaß Bielefeld ein umfassendes gewerbliches Privileg in der Grafschaft Ravensberg. In den Dörfern des Amts Sparrenberg durften sich u. a. keine Brauer niederlassen.[68] Nur in den Wigbolden Halle, Borgholzhausen und Werther waren je zwei zugelassen. Dieses bis in das 18. Jahrhundert immer wieder erneuerte Privileg verhalf dem Braugewerbe in Bielefeld aber nicht zu einer solchen Position wie in Minden und Paderborn. Es blieb vergleichsweise bescheiden und konzentrierte sich auf den Eigenbedarf, wenngleich unter den Brauberechtigten Mitglieder der Oberschicht zu finden waren. Die Stadt übte eine strenge Aufsicht über das Brauen aus. Der Kämmerer verlieh die Braupfannen, sogenannte Probherren aus dem Rat und der Bürgerschaft kontrollierten die Qualität des Biers. Der Landesherr hielt seit dem späten Mittelalter einen 10%igen Anteil an der Bierakzise, dem Sneringgeld, der dem Stadtrichter zugute kam.

Während sich in Bielefeld im 17. Jahrhundert die Brauer der Bäckerzunft anschlossen, kam es 1781 für die Akzisestädte Halle, Versmold, Borgholzhausen, Werther und Enger zu einer gemeinsamen Zunftgründung der Brauer, Bäcker und Honigkuchenbäcker.[69] In Lübbecke erließ der Rat im 16. Jahrhundert eine Willkür für die Brauer.[70] In Herford konstituierte sich 1555 eine Brauerzunft.[71]

In Minden standen die Brauer bis zum Ende des Alten Reichs außerhalb der Zünfte. Der Erwerb der Braugerechtigkeit war seit dem frühen 14. Jahrhundert nicht von einer Zunftmitgliedschaft abhängig, sondern vom Zahlen des „pannengelds".[72] Minden stieg zu einer der führenden westfälischen Bierstädte der Vormoderne auf. Der Humanist Bocerus rühmte 1563 am Bier seiner Heimatstadt, es sei „nicht der geringste Ruhm" der Mindener, „daß die flüssige Gabe der Ceres, edel durch reichen Gebrauch, die geziemende Ehre sich wahret. Glücklich durch tiefen Schluck und durch gesundes Getränke geben sie weithin Teil an dieser Gabe den Nachbarn".[73] Die Gründe für die tatsächlich belegte Dominanz im nordöstlichen Westfalen sind schwer nachzuvollziehen. Die Verfügbarkeit von Getreide und Hopfen aus dem Umland sowie die Transportmöglichkeit über die Weser schufen nur einen positiv wirkenden Rahmen, mehr nicht. Minden könnte als Bischofssitz sein Umland stärker dominiert und so die Basis für einen weit über das Bistum hinaus reichenden Absatz geschaffen haben. Bis in das 18. Jahrhundert war den Brauern aus Minden erlaubt, bei adligen oder anderen Landwirten der Umgebung Getreide im Vorkauf zu erwerben.[74] Nachdem im 16. Jahrhundert der Export des Mindener Biers sogar den Ostseeraum erreicht hatte und der Erwerb der Braugerechtigkeit teurer geworden war,[75] sahen 1633 die Mindener ihr Monopol bedroht. Sie zogen gegen die bischöfliche Kanzlei bis vor das Reichskammergericht, um die zollfreie Ausfuhr des Mindener Biers zu sichern.[76] Die Stadt selbst bekam die Krise durch sinkende Einnahmen zu spüren und versuchte entgegenzusteuern.[77] Sie erließ mit Unterstützung der brandenburgischen Verwaltung 1695 und 1700 Brauordnungen, ohne der Misere abzuhelfen. 1711 wurde die Brauerei in den Ämtern Petershagen und Hausberge zugunsten von Minden eingeschränkt. Zugleich richtete Minden ein Brauamt ein, hinter dem sich aber keine Zunft verbarg, sondern ein von der Stadt ernannter Aufseher über die Bierproduktion. Qualitätsfördernd sollte 1723 die Senkung der Zahl der Brauberechtigten von 296 auf 150 wirken. Dieser tiefgreifende Schnitt war verbunden mit einer Ausdehnung des Brauamts zu einem Braudirektorium, dem fünf Mitglieder des Magistrats, zwei Brauer sowie zwei Vertreter der Stadtviertel angehörten. Sie sollten festlegen, wer brauen durfte, und gute Braumeister zur Unterstützung der Hausbrauer einstellen. Ausgeführt werden durfte das Bier nur, wenn es mehrere Tage im Keller gelagert worden war. Das Regelwerk von 1723 half wenig, der Absatz der Mindener Brauhäuser ging weiter zurück, zumal sich die Begrenzung der Zahl der Brauer nicht durchhalten ließ. 1783 waren schon wieder 259 Bürgerhäuser brauberechtigt.[78]

In Lippe genoss im Ausgang des Mittelalters das Brauen in den Städten Vorrecht gegenüber dem Brauen auf dem Land.[79] Die Städte erwarben das Akziserecht durch Verpfändung des Landesherrn, Salzuflen z. B. 1485. Das sogenannte Siebzigjährige Privileg schrieb 1560 ein Brauverbot für Krüge außerhalb der Städte fest und verbot zugleich die Einfuhr von fremdem Bier; ausgenommen waren nur elf Verkaufsstellen in Detmold, Blomberg, Bösingfeld, Lage und in sieben Dörfern. Durchgesetzt werden konnte weder das eine noch das andere. Das ländliche Brauen ließ sich ebenso wenig verbieten wie der Import aus Minden, Hameln oder Höxter. Dennoch blieb das Bierbrauen in den Städten bis 1800 ein verbreitetes Gewerbe unter den städtischen Einwohnern, die in allen lippischen Städten im Laufe des 16. Jahrhunderts Brauämter als zünftige Organisationsform bildeten. Bürgermeister setzten Brauordnungen auf, überwachten das Reihebrauen und prüften die Qualität des Biers. Beim Reihebrauen wanderten in Horn die Gerätschaften. Wer jeweils braute oder gebraut hatte, steckte einen Strohwisch auf und signalisierte damit die Verkaufsbereitschaft, hatte aber auch den Ratskeller zu beliefern. Die Geschichte der Brauämter in den einzelnen Städten und Flecken weist viele Abweichungen im Detail auf. Lemgo verband die 1590 erneuerte Brauordnung von 1560 mit der Wahlfreiheit zwischen Broyhan oder Keut und bezog die Mälzer mit in das Brauamt ein. In Horn, wo das Brauamt in die Zeit vor 1616 zurückging, beanspruchten die Brauer, das vornehmste Gewerbe zu sein. Zu Beginn des 18. Jahrhunderts waren mehr als 180 Bürger im Brauamt organisiert. Das Horn'sche Bier galt als Markenprodukt und wurde nicht nur in ganz Lippe, sondern auch darüber hinaus getrunken. Nach 1750 verlor die Horner Oberschicht die Neigung zum Brauen und „ließ die Braupfanne vorübergehen". Detmold erneuerte 1627 die Brauerordnung von 1590. Hier galten feste Relationen zwischen Malzverbrauch und Bierproduktion. Wenn aus 13 Scheffeln Malz zwölf Tonnen Bier gebraut wurden, galt es als gutes Bier. Auch in Blomberg (Gründung eines Brauamts 1611) war das Reihebrauen mit der Begrenzung des Malzverbrauchs verbunden. Der Wilbasener Markt vor den Toren der Stadt genoss Sonderrechte und hatte vor 1720 ein eigenes Brauhaus. Salzuflen richtete 1581 ein Brauamt ein, das aus 50 Scheffeln Gerstenmalz acht Fass Broyhan brauen ließ. Die lippischen Flecken unterschieden sich von den Städten dadurch, dass sie die Akzise an den Landesherrn abführen mussten. In einzelnen Flecken besaß der Landesherr des Weiteren eine starke Position, weil das Brauhaus wie in Alverdissen und Lage ihm gehörte und damit das freie Brauen der Einwohner ver- oder behindert wurde. Dennoch setzte sich mit Ausnahme von Alverdissen der Wunsch der Einwohner durch. In Barntrup wurde das 1604 gegründete Brauamt ausdrücklich mit der Organisation und Einhaltung des Reihebrauens beauftragt. In Bösingfeld begrenzte das 1605 gegründete Braueramt die Zahl der Mitglieder auf zwölf, ohne die Beschränkung durchhalten zu können. In Lage dauerte es von 1665 bis 1704, ehe ein Brauamt entstand, das weiterhin nicht unumstritten war. In der Samtstadt Schwalenberg stimmten beide Landesherren 1661 der Gründung eines Brauamts zu, das auch ein eigenes Brauhaus unterhielt. In Varenholz gab es kein Brauamt, seit 1640 aber eine Brauordnung. Jedem Einwohner war es freigestellt zu brauen.

2.5 Brauen auf dem Lande

Wie zu einzelnen Städten nachgewiesen, wurden die Braurechte der Bürger seit dem späten Mittelalter vielfach angefochten. Auf dem Land erwuchs die größte Konkurrenz, denn die Landbevölkerung ließ sich das Brauen auf Dauer nicht von den Städten verbieten. Dies war nicht nur ein westfälisches Phänomen, sondern ein Phänomen des gesamten deutschen Sprachraums. Die Ausbreitung der ländlichen Brauereien war Teil des Wachstums des Landhandwerks in der frühen

Neuzeit. Sie ging eindeutig zu Lasten der städtischen Brauer, denen nach dem Dreißigjährigen Krieg Märkte wegbrachen. Entsprechend zahlreich sind die Belege für die Abwehrkämpfe, die die Städte und zum Teil die Landesherrn mit ihnen gegen die Landbrauer bestritten. Letztlich war dieser Kampf erfolglos, denn die wichtigsten Zutaten zum Bier, das Getreide und der Hopfen, waren ländliche Produkte und konnten dort unmittelbar weiterverarbeitet werden. Sowohl das Mälzen als auch der Handel mit Malz kommen gelegentlich in den Quellen vor; beides dürfte weit verbreitet gewesen sein.[80] Weiterhin belegen zahlreiche erhaltene Sachdokumente die Omnipräsenz des ländlichen Brauens in Westfalen bis in das 20. Jahrhundert hinein.[81] Exemplarisch soll am Beispiel der vier Territorien Herzogtum Westfalen, Grafschaft Mark, Grafschaft Lippe und Fürstentum Paderborn der Umgang mit dem ländlichen Brauen behandelt werden.

Im Herzogtum Westfalen musste sich Werl bereits seit 1433 mit unerwünschten Brauereien in seiner Bannmeile herumschlagen. Nach der Verlegung des Hellwegs durch Werl wurden in jenem Jahr die Wirte im Amt Werl gezwungen, ihr Bier aus der Stadt zu holen. Sie sollten den gleichen Preis wie die Städter zahlen. Vor allem die Einwohner von Büderich hielten sich mit kräftiger Unterstützung ihres Amtmanns nicht an diese Vorschriften. Dies führte 1482 sogar zu einem gewalttätigen Werler Überfall auf Büderich. Das so gesetzte Zeichen wirkte allenfalls für eine Generation. 1532 musste der Landesherr erneut die gewerblichen Tätigkeiten im Amt Werl, u. a. das Brauen, verbieten. Trotzdem hielten die Klagen zunächst an, wurden dann weniger, um nach dem Dreißigjährigen Krieg wieder anzuschwellen. 1658 zählte man seitens der Stadt Werl im Amt 34 neue „Wirtschaften" gegenüber sieben alten.[82] Beinahe jedes Dorf besaß eine Wirtschaft. Die meisten dieser Wirtschaften dürften selbst Bier gebraut und es nicht aus der Stadt bezogen haben. Das Werler Verzeichnis nannte regelmäßig „becker und breuwer" als einen ländlichen Doppelberuf. Ähnliche Beschwerden führte auch die Stadt Soest, die zwar generell Gewerbe von der Börde weitgehend freihielt, den Bierausschank in den Dörfern aber nicht verhindern konnte. Im sauerländischen Teil des Herzogtums Westfalen entwickelten sich

Landbrauereien ungehindert. Die Steuerregister wiesen 1664 allein im Amt Bilstein neben 55 Besitzern von Braukesseln auch Wirte aus, die hauptsächlich für den Eigenbedarf Bier herstellten.[83] Überall dort, wo verstärkt Bier nachgefragt wurde, konzentrierten sich auch Hausbrauereien. In Olsberg wurden 1619 rund 1000 Scheffel Malz verbraut.[84] Im nahen Briloner Eisenberg benötigten die Bergleute wegen ihrer schweren und heißen Arbeit Bier und erhielten Sonderzulagen in Bier ausgezahlt.

Auch in der Grafschaft Mark waren die Städte der Hellwegzone besonders intensiv dem Wettbewerb der ländlichen Brauer ausgesetzt. Hamm und Unna führten einen fast 200 Jahre dauernden Kampf gegen die Bewohner der sie umgebenden großflächigen Ämter.[85] 1516 hatte Hamm vom klevischen Herzog das Privileg erhalten, den Bewohnern des Amts Hamm das Bierbrauen für den Verkauf zu untersagen. Sie mussten ihren Bedarf ausschließlich in Hamm decken. Unna wehrte sich gegen dieses Edikt, denn es konnte nun nicht mehr im Amt Hamm sein Bier verkaufen, und erwirkte gegen einen Betrag von 300 Goldgulden ein ähnliches Privileg für das Amt Unna. Das Privileg von 1518 enthielt die Formulierung, dass die Wirte im Amt Unna gegen die Erstattung der Pfandsumme das Braurecht wieder an sich bringen konnten. Erst 1603 legten die Adligen und die Vertreter der Dörfer im Amt Unna Beschwerde gegen das Privileg ein, weil die Amtswirte sich selbst bei Hochzeiten und Jahrmärkten zu überhöhten Preisen in Unna einkaufen mussten. 1604 erklärten sich die Amtswirte bereit, die Pfandsumme abzulösen, und setzten sich damit 1606 gegen die Stadt Unna durch, zumal sie versicherten, das zum Brauen benötigte Getreide nur in landesherrlichen Mühlen verarbeiten zu lassen. Die Stadt Unna kam 1649 erneut zum Zuge – trotz der Proteste des Landadels, die die Amtswirte protektionierten. Eine Zusatzzahlung von 2000 Rtlr. hatte Kurfürst Friedrich Wilhelm auf Seite Unnas gebracht. 1663 bekamen dann aber wieder die Amtswirte den Zuschlag, um dann 1693 wieder von der Stadt abgelöst zu werden. Das Privileg war aber mit der Auflage verbunden, einen angemessenen, auf den Preis der Braugerste ausgerichteten Bierpreis im Amt Unna zu verlangen. Unna exekutierte sein Recht selbst an

Abb. 6: Bierbrauer beim Füllen der Fässer, Kupferstich von Caspar Luiken, 1694 (die Abbildung stammt aus Christian Weigel, Abbildung der gemeinnützlichen Hauptstände, Regensburg, 1698)

den Grenzen des Amts und zwang sogar das Kloster Scheda, in Unna Bier zapfen zu lassen. Die Amtswirte liefen Sturm gegen Unna, das mehrfach Braukessel beschlagnahmen ließ.

In der landesherrlichen Gesetzgebung ist das Landhandwerk in der Grafschaft Mark im Gegensatz zu anderen Territorien lange nicht zusammenfassend behandelt worden.[86] Die Notwendigkeit, das Metallgewerbe im Süderland weitgehend nur außerhalb der Städte betreiben zu können, mag dazu beigetragen haben, keine Präferenz für die Städte zu verlangen. Erst mit dem Versuch in den 1720er Jahren, das Dorfhandwerk wie in den brandenburgischen Stammlanden auf fünf Handwerke zu beschränken, gingen die preußischen Behörden diese Frage an. Gleichzeitig beabsichtigten sie, das Steueraufkommen auf die Städte zu ziehen, wo die Landbewohner ihren Konsum decken sollten. Gerade für den Einkauf des Biers sollten diese Bestimmungen gelten. Wegen der weitläufigen Ämter und der dort faktisch durchgesetzten gewerblichen Betriebe war der administrative Vorstoß zum Scheitern verurteilt. Handel und Gewerbe auf dem Land waren nicht zu verbieten. Im Amt Altena gab es 1717 genau 161 Wirte, Brenner und Brauer.[87] 1765 wurden Krüge und Branntweinverkaufsstellen auf dem Lande legalisiert, sofern sie Akzise zahlten. Die Steuerreform von 1791 setzte die seit 1716 gültige Akziseverfassung außer Kraft.[88] Das platte Land erhielt gegen Zahlung von Gewerbesteuern die Gewerbefreiheit. Lediglich in einer Bannmeile von einer Stunde Entfernung von der Stadt durften keine Brauereien und Brennereien angelegt werden.

In der Grafschaft Lippe lässt sich dank der guten Überlieferungslage die Verbreitung der ländlichen Krüge und Wirtschaften besonders gut belegen.[89] Die ältesten Nachweise stammen aus dem frühen 16. Jahrhundert (Humfeld 1514, Schötmar 1518, Hillentrup 1519). Als Konkurrenten der städtischen Brauer wurden die Krüge, die meistens ihr eigenes Bier brauten bzw. Branntwein herstellten und nicht in den Städten einkauften, angefeindet. Das Siebzigjährige Privileg von 1560, ein Grundgesetz der vormodernen lippischen Wirtschaftspolitik, sprach ein Brauverbot für die Krüge aus, an das sich jedoch niemand hielt. Die Wiederholung des Privilegs 1668 änderte daran nichts. Ein 1677 aufgestelltes Verzeichnis aller Krüge in der Grafschaft zeigte, dass es Krüge überall gab und dass der Fiskus sogar durch die Tranksteuer oder Pacht davon profitierte.[90] Die seit 1605 fälligen Steuern auf das Bier (sechs Groschen pro Tonne inländischem bzw. neun Groschen pro Tonne ausländischem Bier) lösten die Krüge im Laufe des 17. Jahrhunderts durch Pachtkontrakte mit der lippischen Rentkammer ab. Die Kontrakte nahmen den Charakter einer Konzession an, die in jedem dritten Jahr erneuert werden musste. Nach den Forschungen von Roland Linde bestanden in Lippe im späten 17. Jahrhundert bereits knapp 100 Krüge, 1714 dann 111 und im Jahre 1791 schließlich 121. Im Amt Varenholz, das am weitesten von Städten entfernt lag, gab es die größte Dichte an Krügen, die sogar Bier nach Lippe-Schaumburg exportierten. Die scheinbare Stabilität im 18. Jahrhundert täuschte über dramatische Veränderungen hinweg. In der Agrarkrise von 1771/73 mussten mehrere Krüge ihren Betrieb einstellen, bevor eine neue Aufwärtsentwicklung begann, die bis 1815 anhielt.

Das Fürstbistum Paderborn schlug eine ähnliche Politik wie Lippe ein.[91] Wie hier lassen sich landesherrliche und private Krüge unterscheiden, die von der Hofkammer Konzessionen erwerben mussten. Die Pacht eines landesherrlichen Krugs bezog das Gebäude, die Einrichtung und den dazugehörigen Grund und Boden mit ein. Weiterhin gab es ländliche Krüge im Besitz von Klöstern, des Adels, der Dorfgemeinde sowie von Städten. Im Einzelnen besaßen die Krüge sehr unterschiedliche Rechte, die neben dem Brau- und Brennrecht auch den Handel mit Bier und Branntwein sowie mit weiteren Waren umfassen konnten. Das Paderborner System der Konzessionierung ländlicher Krüge schuf zwar keine Braufreiheit, erleichterte aber durch niedrige Konzessionsgebühren für Privatkrüge den Zugang zu diesem Gewerbe. Bemerkenswert war die starke Präsenz der ländlichen Oberschicht unter den Brauern, vor allem die Ortsvorsteher, die sogenannten Brauerrichter.

2.6 Adlige Brauereien

Die ländlichen Brauereien besaßen in den Adligen der einzelnen Territorien die größten Fürsprecher, sei es, weil sie eigene Krüge einrichteten, sei es, weil sie sich selbst gegen die landesherrliche Bevormundung und Besteuerung wehrten. Zur adligen Ökonomie Alteuropas gehörte in Theorie und Praxis die eigene Brauerei und Brennerei.[92] Mehr noch als in Österreich waren in Böhmen die Bierbrauereien ein Grundelement adliger Herrschaften.[93] Für Westfalen fehlen weitgehend detaillierte Untersuchungen zu adligen Unternehmern in der frühen Neuzeit.[94] Aus den Rechnungsbüchern ihrer Ökonomien lässt sich ablesen, dass das adlige Gut zum einen Sammelpunkt der grundherrlichen Abgaben und Dienste, zum anderen Zentrum der Eigenwirtschaft war.[95] Sie zielte auf Deckung des Bedarfs der Angehörigen des Hauses und gründete auf zahlreichen Rechten in seiner Umgebung. Neben Korn- und Ölmühlen gehörten Brauerei und Brennerei zu den Nebenzweigen der Ökonomie. Die Brauereien verwerteten Getreide aus grundherrlichen Abgaben[96] und wurden infolgedessen nach dem Ende der Grundherrschaft im 19. Jahrhundert weitgehend aufgegeben.[97] Dieses allgemeine Bild bedarf der Ergänzung durch Detailstudien, doch wird es durch Einzelbeobachtungen bestätigt. Im 15. Jahrhundert treffen wir auf der Burg des erzbischöflichen Freigrafen in Dorsten die Bierproduktion als Eigenwirtschaft in der Großküche an. Sie beruhte auf einem wöchentlichen Zukauf von Malz und Hopfen.[98] Im späten 16. Jahrhundert verteidigten Adlige in Ascheberg (1595) und Heessen (1579) aus „ihren" Dörfern Brau- und Zapfgerechtigkeiten gegen landesherrliche Ansprüche.[99] Haus Langen kaufte 1590 von einem seiner grundherrlich abhängigen Kötter eine Braupfanne, einen Kessel und mehrere Bottiche zum Brauen und Mälzen.[100] Haus Lüdinghausen reklamierte gegenüber der Stadt die Befreiung von der städtischen Biersteuer, während die Stadt Soest das Brauen in den adligen Häusern Vellinghausen (1658) und Nehlen (1729) bemängelte, ohne dass dort Akzise gezahlt wurde.[101] Zugleich wehrten sich einzelne Dörfer gegen die adligen Häuser in ihrer Nachbarschaft. So klagten die Bierbrauer aus Herbern 1658 vor dem Reichskammergericht gegen Ferdinand von Nagel zu Iltlingen und Hermann von Merveldt, weil diese – zum Wohl der eigenen Hausbrauereien – ihnen untersagen wollten, in ihrem Dorf Bier zu brauen und auszuschenken.[102] Umgekehrt entbrannten Konflikte zwischen den Territorialregierungen und Adligen, weil deren Braubetrieb – vergeblich – eingeschränkt werden sollte. Brandenburg-Preußens Offensive gegen Braubetriebe in nicht-akzisefähigen Orten traf in den 1720er Jahren auch den Adel, der für die Wirtshäuser in seinen Herrschaften nördlich der Ruhr den uneingeschränkten

Freizapf forderte.[103] Gleiches klagte Rabe Friedrich von Kanne zu Bruchhausen 1735 gegen die Corveyer Regierung ein.[104]

2.7 Brauereien der Klöster

Sowohl die Städte als auch ländlichen Herrschaften rieben sich an den Brauereien der Klöster. Für die Eigenwirtschaft und Versorgung der Klosterinsassen waren sie unentbehrlich. Zur Grundausstattung einer Kloster- und auch Spitalsökonomie gehörten deshalb Brauhäuser, die aus Feudalabgaben Getreideüberschüsse verwerteten. Ganz selbstverständlich sprach Bruder Göbel aus Kloster Böddeken 1509 von „unsse brupanne".[105] Bei der Bestandsaufnahme anlässlich der Säkularisation nach 1802 stellte sich heraus, dass viele Brauhäuser im 18. Jahrhundert neu errichtet worden waren. Das Zisterzienserinnenkloster Welver hatte z. B. 1711 ein heute noch stehendes, massives Back- und Brauhaus bauen lassen.[106] 1709 ließ sich der Vredener Stiftsherr Johann Bernard Abbing ein eigenes Brauhaus errichten.[107] In welchem Maße die Klöster auf den Markt drängten und über die Deckung des eigenen Bedarfs externe Kunden belieferten, ist in der Forschung kaum untersucht worden.[108] Für das Reformationszeitalter scheint die Produktion der Klosterbrauereien den Stadtbürgern ein Dorn im Auge gewesen zu sein. In Dortmund verbot der Rat 1525 den Priestern, Gerste zu kaufen, um mehr als für den eigenen Verbrauch benötigt zu mälzen.[109] Im gleichen Jahr richteten sich Unruhen in Münster gegen die gewerbliche Tätigkeit der Geistlichkeit und Klöster, u. a. gegen den Getreideeinkauf, der Grundlage des Brauens.[110] 1590 wurden die Beschwerden erneuert. Vor 20 oder 30 Jahren wäre auf dem Domhof und in den Klöstern nur „kavent für das volk" gebraut worden, also ein Leichtbier, nicht aber der Keut. „Jetzo aber melten und bruwen nitz allein alle, die uf dem domhof und in den kloistern, sondern auch alle geistlichen und deren concubinen und nit allein den koit für sich selbst gebrauchen, sondern haben 5, 6 und mehr kostergengers und geben doch kein accisen."[111] Nach dem 16. Jahrhundert rieben sich Klöster und lokale Brauereien weiterhin aneinander. Die Abtei Marienfeld hat ihre Braugerechtigkeit wohl

Abb. 7: Teil einer Bierbrauerei, Holzschnitt von Amos Comenius, 1658 (die Abbildung stammt aus M. Hoffmann: 5000 Jahre Bier, Nürnberg 1956, Bildteil nach S. 104)

aggressiv genutzt. Der von ihr abhängige Johann Möller aus Greffen wurde 1616 zur Rechenschaft gezogen, weil er verbotenerweise Bier nach Warendorf verkauft hatte. 1686 verwahrten sich die Einwohner von Harsewinkel gegen die Zumutung, die Braupfanne des Klosters benutzen zu müssen und nicht selbst brauen zu dürfen. Die Harsewinkeler hatten dabei die Landesherrschaft auf ihrer Seite.[112] Es hat aber den Anschein, als ob die Klosterbrauereien im Jahrhundert vor der Säkularisation eher zurückhaltend gegenüber dem Verkauf an Dritte gewesen sind. Vinckes häufig kolportierte Tagebuchaufzeichnung von 1793 über die Mönche von Hardehausen – „Fette Mönche und gutes Bier daselbst" – ist ambivalent, denn im nächsten Satz erwähnt er den Gastwirt im Kloster, der auch ihn als Reisenden bediente.[113] In Kloster Hardehausen wurde offenbar für den Eigenverbrauch der Mönche wie für den Verbrauch von Durchreisenden gebraut.

3 Zusammenfassung und Ausblick in das 19. Jahrhundert

Brauen war eine gewerbliche Tätigkeit, die im hohen und späten Mittelalter die Städte für sich beanspruchten. Sie mussten sich in zwei Richtungen durchsetzen. Erstens kauften sie ihren Herren, dem König in Dortmund, den Grafen und Bischöfen, das Recht zur Bierherstellung ab. Wegen der Kostbarkeit der Zutaten für das Grutbier fiel das Brauen unter deren erweiterte Regalien. Merkposten in Form kleinerer Abgaben erinnerten z. T. noch bis zum Ende des Alten Reiches an die ursprüngliche Hoheit über das Brauen. Zweitens sicherten die Städte im ausgehenden Mittelalter ein Braumonopol gegen ihr Umland ab. Sie wollten die Bewohner des platten Landes zwingen, Bier, das außerhalb des häuslichen Konsums verbraucht wurde, in der Stadt einzukaufen. Wegen der Verfügbarkeit der meisten Zutaten des Biers, besonders nach dem Übergang vom Grut- zum Hopfenbier, ließ sich das städtische Monopol auf dem Land aber nie vollständig durchsetzen. Allen Interventionen der Territorialstaaten zugunsten der Städte zum Trotz breiteten sich die dörflichen Braustätten seit dem 17. Jahrhundert ständig aus.

Das innerstädtische Brauwesen unterlag einer strengen Aufsicht durch die städtische Selbstverwaltung.[114] Sie hatte mehrere Motive. Bier als Grundnahrungsmittel des vorindustriellen Zeitalters unterstand der städtischen Fürsorge. Wie Brot musste es hinreichend vorhanden sein, um die Versorgung der Bevölkerung zu gewährleisten. In Zeiten, in denen das Getreide knapp war, griffen Rat und Bürgermeister ein und verhinderten Preissteigerungen zu Lasten der Ärmeren. In Normalzeiten dominierte das fiskalische Interesse am Bier, dessen Konsum dazu beitrug, die städtischen Kassen zu füllen. Die dominierende städtische Aufsicht verhinderte im Regelfall die Gründung von Zünften, zumal sich die Brauer nicht als spezialisierte Handwerker von der übrigen Bevölkerung abhoben, vielmehr jeder Hausbesitzer brauen konnte. Die wenigen Brauerzünfte in Ostwestfalen und Lippe waren Interessenverbände von Eigentümern der Braustätten, die aber auch nicht ständig brauten. Das verbreitete Instrument des Reihebrauens ließ nur eine periodisch wiederkehrende Gewerbetätigkeit zu. Überschüsse der städtischen Brauereien gingen in den Export. Notwendige Voraussetzung war ausreichend am Markt vorhandenes Getreide aus der Nachbarschaft. Einzelne Städte wie Unna, Hamm, Paderborn und Minden profilierten sich über längere Zeit wegen ihrer Exporte als Bierstädte. Allerdings fiel der Absatzradius im Vergleich zu Städten wie Bremen und Einbek eher bescheiden aus und lag in einem Radius von nur wenigen Tagesreisen.

Bier hatte es immer schon mit konkurrierenden Getränken zu tun. Die Oberschichten präferierten im Mittelalter zunächst Wein. Ihr Umstieg auf Bier dürfte vom klimabedingten Rückzug der Weinanbaugebiete aus nördlichen Gefilden gefördert worden sein. Das Branntweinbrennen blühte im oder unmittelbar nach dem Dreißigjährigen Krieg auf. Vieles spricht dafür, dass es die Söldnerheere mit nach Westfalen brachten. Die Nachfrage des „gemeinen Mannes“ sorgte für eine rasche Verbreitung der Kornbrennereien mit ländlichem Schwerpunkt. Trinken in Gesellschaft bedeutete im 18. Jahrhundert häufig das Trinken von Schnaps. Kaffee und Tee hingen nicht von einheimischen Rohstoffen ab und waren deswegen zunächst von den begüterten Bevölkerungsschichten favorisierte Getränke. Sie wurden im 18. Jahrhundert Güter, die massenhaft konsumiert wurden, deswegen aber auch keine Freunde unter den Merkantilisten fanden. Zum Beispiel sprach Dortmund aus diesen Gründen 1766 und 1767 ein Verbot gegen Kaffee- und Teegenuss aus.[115]

Eine Ursache für den Umstieg auf Schnaps und Kaffee lag in der schlechten Qualität des Biers, das nur selten von professionellen Brauern hergestellt wurde. Schon die Intelligenzblätter des ausgehenden 18. Jahrhunderts versuchten, neue Rezepte zu propagieren,[116] und auch die Publizistik des Vormärzes empfahl Rezepte für die „Bereitung eines wohlschmeckenden und gesunden Hausbieres“.[117] Wenn man so will, stand auch die Übernahme der bayerischen Braumethode in Dortmund und anderen Orten in Westfalen nach 1845 im Zeichen dieser Suche nach einem besseren Bier.

Aus Sicht Westfalens wird man noch eine andere Zäsur relativieren müssen. Die Einführung der Gewerbefreiheit fiel im Braugewerbe weniger dramatisch aus, als es nach außen hin den Anschein hat.

Während in Lippe das Reihebrauen und die Brauerzünfte bis in die 1860er Jahre fortbestanden, hoben zwischen 1809 und 1811 die napoleonischen Staaten auf dem Gebiet der späteren preußischen Provinz Westfalen die Zulassungsbeschränkungen für die Ausübung von Gewerben auf.[118] Gegen Zahlung einer Patentsteuer konnte jedermann sein Gewerbe betreiben und musste nicht Mitglied einer Zunft sein. Diese Gesetze der Übergangszeit und nicht die im Rest-Preußen im Oktober 1810 verfügte Aufhebung des Bier- und Branntweinzwangs war Grundlage der unbeschränkten Gewerbefreiheit im westfälischen Braugewerbe nach 1811.[119] An dieser Politik hielten die preußischen Behörden in Westfalen trotz aller Kritik aus unterschiedlichen Kreisen fest. Während in Schlesien bereits 1811 die ländlichen Gutsbesitzer und die Städte erreichten, dass die Freigabe des Brauens und Brennens wieder zurückgenommen wurde, reagierten Vincke und andere hohe preußische Beamte in Westfalen nicht auf Petitionen gegen die Gewerbefreiheit. Steuerlich war durch das Gesetz vom 2.2.1819 das Brauereigewerbe in Preußen der Braumalzsteuer unterworfen.[120] Sie entfiel für das private Brauen in beweglichen („nicht eingemauerten") Kesseln und erstreckte sich nur auf Brauhäuser mit feststehenden Kesseln. Eine Novellierung des Gesetzes beseitigte den Unterscheid zwischen privaten und kommerziellen Brauereien. Preußen betrieb eine im innerdeutschen Vergleich äußerst moderate Bierbesteuerung. Sie wurde 1869 auf den gesamten Norddeutschen Bund übertragen und lag erheblich niedriger als in Süddeutschland.

Der Einfluss der Gewerbe- wie der Finanzpolitik auf die tatsächliche Verbreitung der Brauereien in Stadt und Land im 19. Jahrhundert sollte nicht überschätzt werden.[121] Die beobachtete Ausbreitung der ländlichen Braustätten in Westfalen bis 1830 sowie der relative Bedeutungsschwund lagen im Trend des 17./18. Jahrhunderts. Sie orientierte sich am Wachstum und an den Bedürfnissen einer mehrheitlich auf dem Lande lebenden Bevölkerung und korrigierte letztlich nur das von den Städten seit dem hohen Mittelalter beanspruchte Monopol. Nach 1840 setzte überall in Preußen, im Osten stärker als im Westen, ein Rückgang der ländlichen Brauereien gegenüber den städtischen ein, der noch weiterer Forschung bedarf.[122] Vieles spricht dafür, in der Brauwirtschaft einen Epochenschnitt von der Technik abzuleiten, nämlich von der Einführung der bayerischen Braumethode und dem Bedarf einer industriell geprägten Bevölkerung, und nicht von der Gewerbe- und Finanzpolitik.

Anmerkungen

1 Vgl. Volker Jakob: Westfälisches Bier, Münster 2006.

2 Vgl. aber die Zusammenfassung bei Bruno Kuske: Wirtschaftsgeschichte Westfalens in Leistung und Verflechtung mit den Nachbarländern bis zum 18. Jahrhundert, 2. Aufl., Münster 1949, S. 35–43; Angela Zatsch: Die Brauwirtschaft Westfalens. Ein Wegbereiter modernen Getränkekonsums, in: Hans Jürgen Teuteberg (Hg.): Durchbruch zum modernen Massenkonsum. Lebensmittelmärkte und Lebensmittelqualität im Städtewachstum des Industriezeitalters, Münster 1987 (= Studien zur Geschichte des Alltags 8), S. 237–275, behandelt überwiegend das 19. Jahrhundert.

3 Vgl. Ernst Schubert: Essen und Trinken im Mittelalter, Darmstadt 2006, S. 206–237, vor allem S. 208; Christine von Blanckenburg: Die Hanse und ihr Bier. Brauwesen und Bierhandel im hansischen Verkehrsgebiet, Köln/Weimar/Wien 2001; Hans Huntemann: Bierproduktion und Bierverbrauch in Deutschland vom 15. bis zum Beginn des 19. Jahrhunderts, Diss. Göttingen 1970; Wolfgang Herborn: Bierbrauen im Mittelalter, in: Uta Lindgren (Hg.): Technik im Mittelalter 800 bis 1400. Tradition und Innovation, 3. Aufl., Berlin 1998, S. 451–464; R. van Uytven und E. Plümer: Artikel Bier und Brauwesen, in: Lexikon des Mittelalters, Bd. 2 (1983), Sp. 135–140; W. Behringen: Artikel Bier, in: Enzyklopädie der Neuzeit, Bd. 2 (2005), Sp. 182–190.

4 Vgl. Franz Irsigler: „Ind machden alle lant beirs voll". Zur Diffusion des Hopfenbierkonsums im westlichen Hanseraum, in: Günther Wiegelmann und Ruth-E. Mohrmann (Hg.): Nahrung und Tischkultur im Hanseraum, Münster/New York 1996, S. 377–398, hier S. 378; Aloys Schulte: Vom Grutbiere. Eine Studie zur Wirtschafts- und Verfassungsgeschichte, in: Annalen des Historischen Vereins für den Niederrhein 85 (1908), S. 118–146.

5 Vgl. Paul Lenz: Die Entwicklung des Dortmunder Brauwesens, in: Beiträge zur Geschichte Dortmunds und der Grafschaft Mark 33 (1926), S. 129–169, hier S. 143.

6 Vgl. Josef Greve: Das Braugewerbe der Stadt Münster bis zum Ende der fürstbischöflichen Herrschaft im Jahre 1802, Leipzig 1907, S. 27.

7 Vgl. Dortmunder Finanz- und Steuerwesen, Bd. 1: Das vierzehnte Jahrhundert, bearbeitet von Karl Rübel, Dortmund 1892, S. 185–189. Aus methodischen Gründen darf dieser Beleg nicht als Erstbeleg verwendet werden.

8 Hinweis auf Hopfen in den Statuten des Abtes Adalhard von Corbie nach Migne PL 105, S. 542; Irsigler, S. 381 Anm. 19.

9 Vgl. Heinrich Stiewe: Kleinkötter, Hoppenplöcker und Straßenkötter. Zum Hausbau der ‚kleinen Leute' in Lippe, in: Uta Halle, Frank Huismann und Roland Linde (Hg.): Dörfliche Gesellschaft und ländliche Regierung. Lippe und das Hochstift Paderborn in überregionaler Perspektive, Bielefeld 2001, S. 146–174, hier S. 148 f.

10 Vgl. Suibert Seibertz: Urkundenbuch zur Landes- und Rechtsgeschichte des Herzogthums Westfalen, Bd. 2, Arnsberg 1843, S. 656 Nr. 870.

11 Zu den Belegen für Hopfenanbau vgl. u.a. Alfred Bruns: Die Historie von Bier und Branntwein im Sauerland, in: Brauen und Brennen im kurkölnischen Sauerland, hg. vom Schieferbergbau- und Heimatmuseum Schmallenberg-Holthausen, Fredeburg 1991, S. 9–52; Hallenberger Quellen und Archivverzeichnisse, Bd. 2, bearbeitet von Alfred Bruns, Münster 1991, S. 731; Stadtarchiv Soest A 3399, A 3430, A 3442, A 5129, Inventar des Stadtarchivs Soest, Bestand A, bearbeitet von Wilhelm Kohl, Münster 1983, S. 25, S. 256 f. und S. 335; Westfälische Landrechte, Bd. 1: Landrechte des Münsterlandes, bearbeitet von Friedrich Philippi, Münster 1907, S. 43 und S. 133.

12 Der Befund von Zatsch, S. 247, für das frühe 19. Jahrhundert, der Hopfenanbau in Westfalen sei aufgrund der Bodenbeschaffenheit und des Klimas unbedeutend gewesen, kann so nicht aufrechterhalten werden. Sollte tatsächlich nach 1800 kein Hopfen mehr in Westfalen angebaut worden sein, muss dies andere Gründe (z.B. Arbeitsteilung mit anderen Gebieten) gehabt haben.

13 Vgl. Die Kölner Zunfturkunden nebst anderen Kölner Gewerbeurkunden bis zum Jahre 1500, Bd. 2, bearbeitet von Heinrich von Loesch, Bonn 1907 (ND Düsseldorf 1984), S. 63 f. Nr. 250.

14 Vgl. Ebd., S. 68.

15 Vgl. Robert Krumbholtz: Die Gewerbe der Stadt Münster bis zum Jahre 1661, Leipzig 1898, S. 502 f.

16 Vgl. Lenz, S. 138

17 Vgl. Werner Rolevinck: De Laude antiquae Saxoniae nunc Westphalie dictae/Ein Buch zum Lobe Westfalens des alten Sachsenlandes, Münster 1953, S. 174 f.

18 Vgl. StadtA Soest A 5976; Kohl, S. 390.

19 Vgl. Alois Meister (Hg.): Die Grafschaft Mark. Festschrift zum Gedächtnis der 300jährigen Vereinigung mit Brandenburg-Preußen, Bd. 2: Ausgewählte Quellen und Tabellen zur Wirtschaftsgeschichte der Grafschaft Mark, Dortmund 1909, S. 118 f.

20 Vgl. Greve, S. 38 und S. 78 f.

21 Vgl. http://de.wikipedia.org/wiki/Altbier (Zugriff 10.3.2007).

22 Vgl. Ulrich Grun und Friedhelm Sommer: Bier und Branntwein in Rüthen, in: Brauen und Brennen, S. 189–194, hier S. 191.

23 Vgl. Paul Wigand: Denkwürdige Beiträge für Geschichte und Rechtsalterthümer, Leipzig 1858, S. 166.

24 Vgl. Gertrud Angermann: Volksleben im Nordosten Westfalens zu Beginn der Neuzeit, Münster/New York 1995, S. 167.

25 Vgl. Karl Brinkmann: Geschichte des Brauwesens und der Brauindustrie in Bochum, in: Bochumer Heimatbuch 6 (1954), S. 24–33. Vgl. hierzu aus einem Steinkohlenrevier Dirk Neuber: Energieüberschussregion Schaumburg. Die Rolle der Steinkohle in der Vor- und Frühindustrialisierung, in: Hubert Höing (Hg.): Strukturen und Konjunkturen. Faktoren der schaumburgischen Wirtschaftsgeschichte, Bielefeld 2004, S. 213–235, hier S. 230.

26 Zum Dortmunder Brauwesen vgl. Lenz; Norbert Reimann: Braukunst und Bier in der Reichsstadt Dortmund, in: 250 Jahre Familienbesitz. 550 Jahre Brautradition. Eine Jubiläumsschrift der Privatbrauerei Dortmunder Kronen, Dortmund 1979, S. 7–20; Markus Hellemanns: Das Brauwesen im mittelalterlichen Dortmund, in: Heimat Dortmund 3 (2003), S. 3–5.

27 Die Funktion des Gruthauses in der ehemaligen Gruetstraße (heutige Brauhausstraße) ist stadtgeschichtlich noch wenig erforscht. Es kann nicht ohne Weiteres in ein „Ratsbrauhaus" umfunktioniert werden, so Heinrich Scholle: Dortmund im Jahre 1610, Dortmund 1987, S. 177 und S. 179. Monika Fehse: Dortmund um 1400. Hausbesitz, Wohnverhältnisse und Arbeitsstätten in der spätmittelalterlichen Stadt, Bielefeld 2005, S. 59 u. ö. hat ein weiteres Gruthaus in der Stubengasse ausfindig gemacht.

28 Vgl. Anton Fahne: Statutarrecht und Rechtsalterthümer der freien Reichsstadt Dortmund, Köln/Bonn 1855, S. 137.

29 Vgl. Willy Timm: Bier aus Unna. Die Geschichte des Brauwesens in der Stadt Unna, Unna 1993.

30 Vgl. Meister, S. 118 (Hamm), S. 153 (Unna).

31 Vgl. Krumbholtz, S. 202* Anm. 1 zu Wilhelm Neuhaus' „Oratio de Keuta Hammonensis, vulgo Hammschen Koit, potu olim Monasteriensibus adamato".

32 Vgl. Greve, S. 79 f. und S. 86.

33 Vgl. Alfred Overmann: Die Stadtrechte der Grafschaft Mark 2: Hamm, Münster 1903, S. 99–101.

34 Belege bei Meister.

35 Beispiele bei Brinkmann und Wilfried Reininghaus: Das Privilegienbuch der Stadt Schwerte (um 1400), in: Der Märker 33 (1984), S. 3–13, hier S. 8 (Braubestimmungen im Stadtrecht von 1397).

36 Vgl. zum Jahr 1722 Meister, zum Jahr 1804 Das „Taschenbuch Romberg". Die Grafschaft Mark in der preußischen Statistik des Jahres 1804, bearbeitet von Wilfried Reininghaus und Jürgen Kloosterhuis, Münster 2001, S. 237–240.

37 Vgl. Schmieder, Ratsprotokolle 1601–1618, S. 403 Nr. 4797 und S. 416 Nr. 4817.

38 Vgl. Hartwig Walberg: Die Topographie lippischer Städte aus Verfassungs- und sozialtopographischer Sicht, Diss. Münster 1980, S. 123 f.

39 Zum Braugewerbe in Münster vgl. Greve; Krumbholtz, S. 198*-211*; zusammenfassend: Peter Johanek: Handel und Gewerbe, in: Franz-Josef

Jakobi (Hg.): Geschichte der Stadt Münster, Bd. 1, Münster 1993, S. 635–682, hier S. 665.

40 Vgl. Ilse Eberhardt: Die Grutamtsrechnungen der Stadt Münster von 1480 und 1533. Edition und Interpretation, Münster 2002.

41 Krumbholtz, S. 483 (auch für das Folgende).

42 Ebd., S. 486 § 7 (1565).

43 Vgl. ebd., S. 33 f.; Greve, S. 34.

44 Vgl. Krumbholtz, S. 491–495 (daraus die folgenden Zitate).

45 Vgl. Greve, S. 58–66.

46 Vgl. Karlheinz Pötter: Der Speicher von 1549 und die Hofanlage von Haus Kump, Münster 2006 (= Westfälische Kunststätten 104), S. 6.

47 Vgl. Die Urkunden des Bistums Münster von 1301–1325 (= Westfälisches Urkundenbuch XIII), bearbeitet von Robert Krumbholtz, Münster 1913, S. 872 f. Nr. 1508; Das Vestische Lagerbuch von 1660, bearbeitet von Werner Burghardt, Münster 1995, S. 379–381 zur Akzise; Rolf Gosdek: Bottroper Bier, Bottrop 1978.

48 Vgl. Werner Stadtrechte und Bürgerbuch, bearbeitet von Alfred Bruns, Münster 1988, S. 34 f.

49 Vgl. Friedrich-Wilhelm Hemann: Die Coesfelder Wirtschaft und ihr Raum im Mittelalter und in der frühen Neuzeit, in: Norbert Damberg (Hg.): Coesfeld 1197–1997. Beiträge zu 800 Jahren städtischer Geschichte, Bd. 2, Münster 1999, S. 993–1114, hier S. 1112 Anm. 338.

50 Vgl. Die Ratsprotokolle und Kämmereirechnungen der Stadt Warendorf 1571–1599, bearbeitet und herausgegeben von Siegfried Schmieder, Warendorf 1994; desgl. 1601–1618, Warendorf 1995; desgl. 1619–1648, Warendorf 1996; desgl. 1649–1665, Warendorf 1997; desgl. 1666–1684, Warendorf 1998.

51 Genannt wurden die Orte Paderborn, Unna, Soest, Telgte, Wiedenbrück und Sassenberg.

52 Vgl. Die Stadt und Gilderechte der Stadt Warendorf, bearbeitet und herausgegeben von Siegfried Schmieder, Warendorf 1993, S. 140 f.

53 Vgl. ebd., S. 130 f.

54 Bruns, Historie, S. 29.

55 Hierzu Wilfried Reininghaus: Zünfte im Herzogtum Westfalen, in: Westfälische Zeitschrift. Zeitschrift für vaterländische Geschichte und Altertumskunde, Bd. 157 (2007), S. 233–285.

56 Hallenberger Quellen, S. 535.

57 Vgl. Inventar des Stadtarchivs Brilon, Bestand A, bearbeitet von Alfred Bruns, Münster 1970, S. 47 Nr. 62a.

58 Vgl. W. Richter und C. Spancken: Geschichte der Stadt Paderborn, Bd. 1, Paderborn 1899, S. 164 f.; XVIII-XX Nr. 12/13; Heinrich Schoppmeyer: Die spätmittelalterliche Bürgerstadt (1200–1600), in: Jörg Jarnut (Hg.): Paderborn. Geschichte der Stadt in ihrer Region, Bd. 1, Paderborn 1999, S. 199–473, hier S. 340 f. zur Bierproduktion vor 1600.

59 Dina van Faassen: Ländliche Krugwirtschaften im Hochstift Paderborn, in: Halle/Huismann/Linde, S. 175–194, hier S. 181.

60 Vgl. Roland Linde: Vom Westfälischen Frieden bis zum Ende des Fürst-

bistums (1648–1802), in: Frank Göttmann (Hg.): Paderborn. Geschichte der Stadt in ihrer Region, Bd. 2: Die Frühe Neuzeit, Paderborn 1999, S. 267–495, hier S. 384–386.

61 Vgl. Heinrich Schoppmeyer: Warburg in Mittelalter und Neuzeit, in: Franz Mürmann (Hg.): Die Stadt Warburg. Beiträge zur Geschichte einer Stadt, Bd. 1, Warburg 1986, S. 199–296, hier S. 242 f. und S. 273.

62 Vgl. Heinrich Schoppmeyer: Brakel 836–1803. Geschichte und Struktur, in: Brakel 829–1229–1979, Brakel 1979, S. 49–132, hier S. 84 und S. 117.

63 Vgl. Wilfried Reininghaus: Handwerk und Zünfte im Paderborner Land und Höxter, Paderborn 1991, S. 7–9.

64 Vgl. Landesarchiv Nordrhein-Westfalen Staatsarchiv Münster (= STAMS) RKG L 871 mit der Klage des Brauamts Lügde gegen den Wirt Gallerol auf Unterlassung des Zapfens fremden Biers.

65 Heinrich Rüthing: Höxter um 1500. Analyse einer Stadtgesellschaft, Paderborn 1986, S. 167; für das Folgende ebd., S. 167–170.

66 Vgl. Wigand, S. 166; das Folgende ebd., S. 167.

67 Vgl. Inventar des Archivs der Stadt Höxter, bearbeitet von Wolfgang Leesch, Münster 1961, S. 47. Die dort nachgewiesenen Archivalien sind bisher in der Forschung nicht aufgearbeitet.

68 Vgl. Bernhard Vollmer (Hg.): Urkundenbuch der Stadt Bielefeld, Bielefeld 1937, S. 590–593 Nr. 1041; hierzu Reinhard Vogelsang: Geschichte der Stadt Bielefeld, Bd. 1, Bielefeld 1980, S. 85; ebd., S. 58, S. 66, S. 176 und S. 193 Nachrichten zum Bielefelder Braugewerbe.

69 Vgl. Friedrich-Wilhelm Hemann: Akzisestädte in Westfalen als Beispiele eines neuzeitlichen Städtetypus, in: 275 Jahre Stadtrechte 1719–1994: Bünde, Enger und Preußisch Oldendorf, Bielefeld 1994, S. 7–60, hier S. 45.

70 Vgl. Friedrich-Wilhelm Hemann: Zur Entwicklung von Lübbecke im Mittelalter, in: Friedrich Bernward Fahlbusch (Hg.): Beiträge zur westfälischen Stadtgeschichte, Warendorf 1992, S. 59–134, hier S. 87.

71 Vgl. Angermann, S. 85.

72 Vgl. Martin Krieg (Hg.): Das Mindener Stadtbuch von 1318, Münster 1931, S. 55 Anm. 17; Monika M. Schulte: Macht auf Zeit. Ratsherrschaft im mittelalterlichen Minden, Warendorf 1997, S. 47 Anm. 205.

73 Johannes Bocerus: De origine, antiquitate et celebritate urbis Mindae. Ursprung, Alter und Bedeutung der Stadt Minden [1563], Minden 1998, S. 84 f. Z. 531–536.

74 Vgl. Leopold Kulke: Tausend Jahre Markt in Minden, Minden 1977, S. 28.

75 Vgl. Angermann, S. 303.

76 Vgl. STAMS RKG M 1180.

77 Das Folgende nach Th. Lampmann: Die Stadt Minden in ihrem Verhältnis zum brandenburgisch-preußischen Staate 1648 bis 1723, in: Mindener Jahrbuch 3 (1927), S. 1–83, hier S. 61 f.

78 Vgl. Hans Nordsiek: „Getreue Unterthanen“. Das preußische Fürstentum Minden zur Zeit Friedrichs des Großen, Minden 1986, S. 77.

79 Zu den Brauereien in lippischen Städten vgl. Landesarchiv Nordrhein-Westfalen Staats- und Personenstandsarchiv Detmold (= STADT) D 27 Keuter

Nr. 73; Roland Linde: Ländliche Krüge. Wirtshaus-Kultur in der Grafschaft Lippe im 18. Jahrhundert, in: Beiträge zur Volkskunde und Hausforschung 7 (1995), S. 7–50; ders.: Stand, Ehre, Zunft. Die Hornschen Bürger in der Frühen Neuzeit, in: Jens Buchner (Hg.): Stadtgeschichte Horn 1248–1998, Horn-Bad Meinberg 1997, S. 244–283; Johannes Arndt: Das Fürstentum Lippe im Zeitalter der Französischen Revolution 1770–1820, Münster/New York 1992, S. 296–298; Walberg.

80 Vgl. Lampmann, S. 31; Martin Vormberg: Die Bier- und Branntweinproduktion im Kirchhundemer Land, in: Brauen und Brennen, S. 57–81, hier S. 69; Maria Rörig: Endorf. Geschichte einer Landgemeinde im Sauerland, Sundern 1981, S. 101.

81 Vgl. Hinrich Siuts: Bäuerliche und handwerkliche Arbeitsgeräte in Westfalen, Münster 1982, S. 208–212; Gertrud und Wilhelm Elling: Hausrat & Arbeitsgerät im Westmünsterland, Vreden 2002, S. 239–248.

82 Vgl. StA Werl B 39,13.

83 Vgl. Vormberg.

84 Vgl. Fritz Droste: Bierbrauen in Dörfern der Stadt Olsberg im 17. Jahrhundert, in: Brauen und Brennen, S. 195 f.

85 Vgl. Timm, S. 13–24.

86 Vgl. hierzu Wilfried Reininghaus: Zünfte, Städte und Staat in der Grafschaft Mark. Einleitung und Regesten zu Texten des 14. bis 19. Jahrhunderts, Münster 1989, S. 32–36; ders.: Die Wirkung der Steuern auf Wirtschaft und Gesellschaft in der Grafschaft Mark im 18. Jahrhundert, in: Eckart Schremmer (Hg.): Steuern, Abgaben und Dienste vom Mittelalter bis zur Gegenwart. Referate der 15. Arbeitstagung der Gesellschaft für Sozial- und Wirtschaftsgeschichte vom 14. bis 17. April 1993 in Bamberg, Stuttgart 1994, S. 147–169.

87 Vgl. Emil Dösseler: Die Wirte, Bierbrauer und Fuselbrauer im Amte Altena 1717, in: Der Märker 7 (1958), S. 363–365.

88 Vgl. Stefan Gorißen: Die Steuerreform in der Grafschaft Mark 1791. Ein Modell für die Stein-Hardenbergschen Reformen?, in: Stefan Brakensiek u. a. (Hg.): Kultur und Staat in der Provinz. Perspektiven und Erträge in der Regionalgeschichte, Bielefeld 1992, S. 189–212.

89 Vgl. Linde, Krüge.

90 Vgl. STADT L 92 Nr. 4. Der Bestand bietet im Übrigen eine ausführliche Übersicht über die Gesamtheit der Krüge im Land.

91 Vgl. van Faassen.

92 Vgl. Otto Brunner: Adeliges Landleben und europäischer Geist. Leben und Werk Wolf Helmhards von Hohberg 1612–1688, Salzburg 1949, S. 239 und S. 284.

93 Vgl. Jaroslav Cechura: Adelige Grundherrn als Unternehmer. Zur Struktur südböhmischer Dominien vor 1620, München/Wien 2000, S. 47–52, S. 103–107 und S. 158 f.

94 Der Band von Manfred Rasch (Hg.): Adel als Unternehmer im bürgerlichen Zeitalter, Münster 2006, ist vor allem dem 19. Jahrhundert gewidmet.

95 Vgl. Heinz Reif: Westfälischer Adel 1770–1860. Vom Herrschaftsstand zur regionalen Elite, Göttingen 1979, S. 64.
96 Hierzu die Belege aus den Besitzungen der Familie von Romberg in Brünninghausen und Bladenhorst: STAMS GA v. Romberg A 6995, A 7387, A 8236, A 9191.
97 Vgl. Reif, S. 222.
98 Vgl. Ursula Bäumker: „… men gaff allemenne genoech ind reedliken". Zur Truppenverpflegung während der Soester Fehde (1448/49), in: Wiegelmann/Mohrmann, S. 211–242, hier S. 236.
99 Vgl. STAMS RKG G 17 u. R 276.
100 Vgl. Telgter Urkundenbuch. Regesten zur Geschichte der Stadt Telgte und des Hauses Langen, bearbeitet von Werner Frese, Münster 1987, S. 335 Nr. L 386.
101 Vgl. Liane Schmitz: Zur Geschichte von Lüdinghausen und Seppenrade 800–2000, Lüdinghausen 2000, S. 199; Kohl, S. 390 f.
102 Vgl. STAMS RKG H 1015; Herbern zählte 1804 sieben Brauer, Josef Farwick: Herbern. Geschichte eines Dorfes im Münsterland, 2. Aufl., Dülmen 1999, S. 259.
103 Vgl. Emil Dösseler: Die Wirtschaft der Grafschaft Mark unter Brandenburg-Preußen 1609–1806, in: Altenaer Beiträge 1 (1961), S. 7–77, hier S. 39 f.
104 Vgl. STAMS RKG K 59.
105 Vgl. Heinrich Rüthing (Hg.): Die Chronik Bruder Göbels. Aufzeichnungen eines Laienbruders aus dem Kloster Böddekene 1502 bis 1543, Bielefeld 2005, S. 88, ähnlich S. 94; vgl. auch Greve, S. 9 zu Klöstern und Spitälern in Münster.
106 Vgl. Gaby Lindenmann-Merz: Kloster Welver. Der Umgang mit den Klausur- und Wirtschaftsgebäuden des ehemaligen Zisterzienserinnenklosters infolge der Säkularisation, in: Westfalen 82 (2004), S. 95–120, hier S. 108 f.
107 Vgl. Bernhard Witt: Bezahle was du schuldig bist. Ein Rechnungsbuch des Stiftsherrn Johann Bernard Abbing als Quelle zur Vredener Orts- und Sozialgeschichte, Vreden 1980, S. 78 f.
108 Vgl. Wilfried Reininghaus: Wirtschaftsbetriebe von Klöstern und Stiften in Westfalen im 18. Jahrhundert, in: Ulrike Gärtner und Judith Koppetsch (Hg.): Klostersturm und Fürstenrevolution. Staat und Kirche zwischen Rhein und Weser 1794–1803, Dortmund 2003, S. 66–72, hier S. 72.
109 Vgl. Lenz, S. 141.
110 Vgl. Wilfried Reininghaus: Die Beziehungen der Bettelorden zu Handwerkern in westfälischen Städten vor dem Dreißigjährigen Krieg, in: Westfälische Zeitschrift 155 (2005), S. 37–50, hier S. 41.
111 Krumbholtz, S. 494; Greve, S. 10.
112 Vgl. STAMS RKG M 429 (1616), H 430 (1686).
113 Vgl. STAMS NL Vincke A I Nr. 4.
114 Treffende Beobachtungen bei Heinrich Tappe: Auf dem Weg zur modernen Alkoholkultur. Alkoholproduktion, Trinkverhalten und Temperenzbewegung in Deutschland vom frühen 19. Jahrhundert bis zum Ersten Weltkrieg,

Stuttgart 1994 (= Studien zur Geschichte des Alltags 12), S. 68–73, vor allem S. 70.

115 Vgl. Lenz, S. 142. Allgemein hierzu Wolfgang Schivelbusch: Das Paradies, der Geschmack und die Vernunft. Eine Geschichte der Genußmittel, München/Wien 1980, S. 25 ff.; Annerose Menninger: Genuss im kulturellen Wandel. Tabak, Kaffee, Tee und Schokolade in Europa (16.–19. Jahrhundert), Stuttgart 2005.

116 Beispiele für Lippe bei Linde, Krüge sowie Keuter.

117 Lenz, S. 161.

118 Vgl. hierzu und für das Folgende Wilfried Reininghaus: Staat, Handwerker und Arbeiter in der Provinz Westfalen 1815–1870, in: Karl Teppe und Michael Epkenhans (Hg.): Westfalen und Preußen. Integration und Regionalismus, Paderborn 1991, S. 197–206, hier S. 198 f.

119 Vgl. Kurt von Rohrscheidt: Vom Zunftzwange zur Gewerbefreiheit. Eine Studie nach den Quellen, Berlin 1898 (ND Glashütten 1976), S. 248–272; Barbara Vogel: Allgemeine Gewerbefreiheit. Die Reformpolitik des preußischen Staatskanzlers Hardenberg (1810–1820), Göttingen 1983, S. 176–179; Zatsch, S. 245 verkennt, dass dieses Gesetz bei seiner Einführung nicht für Westfalen galt.

120 Vgl. Wolfgang Leesch: Geschichte der Finanzverfassung und -verwaltung in Westfalen seit 1815, 2. Aufl., Münster o. J., S. 42–47; Johann Gottfried Hoffmann: Die Lehre von den Steuern, Berlin 1840, S. 261–294 zur Biersteuer.

121 Eine andere Einschätzung hat Zatsch, S. 245.

122 Zahlen bei Gustav Schmoller: Zur Geschichte der deutschen Kleingewerbe im 19. Jahrhundert, Halle 1870, S. 409 f.

Karl-Peter Ellerbrock

Faktoren und Strukturen der Industrialisierung der deutschen Brauwirtschaft im „langen 19. Jahrhundert": Neue Perspektiven der Forschung

Die erste Industrialisierungswelle in den 1850er Jahren war an der deutschen Brauwirtschaft noch weitgehend vorbeigegangen. Um 1860 schien selbst in den dynamisch wachsenden Ballungszentren des Ruhrgebiets der Übergang zum modernen Industriebetrieb noch in weiter Ferne, wie der Bericht der Dortmunder Handelskammer von 1865 dokumentiert: „Seit Deccennien war die Bierproduktion in Dortmund stationär geblieben und ruhte auf ihren Lorbeern, vergebens bemüht, weiter gegen den Hauptconcurrenten, den Branntwein anzukämpfen. Selten überschritt der Producent, zugleich Wirth, die Grenzen seines Bedarfs; die nächstliegenden Dörfer schon hatten ihr eignes häufig sehr eigenthümliches Gebräu."[1] Blicken wir 35 Jahre nach vorn, hatten sich die Verhältnisse nicht nur in Dortmund grundsätzlich gewandelt. Nach einem Exposé des wirtschaftlichen Ausschusses der Versuchs- und Lehranstalt für Brauerei in Berlin betrug der Wert der deutschen Biererzeugung um 1900 über 910 Mio. M und rangierte damit sogar vor der Steinkohlenförderung und der Eisen- und Stahlindustrie.[2] Am Vorabend des Ersten Weltkriegs produzierten in Deutschland 10 283 Brauereien mit knapp 100 000 Beschäftigten rd. 70 Mio. hl Bier. Das war gegenüber der Zeit der Reichsgründung ein Anstieg um 40 Mio. hl oder 133 %. Darunter waren 564 Aktiengesellschaften mit einem Anlagekapital von über 650 Mio. M, womit die Brauwirtschaft der Anzahl nach unter den Aktiengesellschaften der deutschen Industriewirtschaft klar an der Spitze lag, wenngleich die Kapitalkraft in der Montanindustrie (2,1 Mrd. M) und dem Maschinenbau (1,6 Mrd. M) noch erheblich höher war.[3] Die deutsche Brauwirtschaft hatte schon in den 1890er Jahren England als Weltmarktführer abgelöst und von Deutschland gingen wichtige Impulse für einen rasanten weltwirtschaftlichen Wachstumsprozess der Brauwirtschaft aus, der dann zeitversetzt auch den Mittelmeerraum erreichte und mit nationalen und regionalen Wachstumsunterschieden bis nach China, Australien, Neuseeland und natürlich in die USA abstrahlte.

Was waren die Ursachen für diesen atemberaubenden Entwicklungsprozess, in dem aus den traditionellen Braustätten in nur wenigen Jahrzehnten moderne „Bierfabriken“ wurden? Die historische Forschung in Deutschland gibt darauf bislang keine befriedigenden Antworten und ist im internationalen Vergleich erschreckend rückständig.[4] Es überwiegt eine Flut von mehr oder weniger unkritischen Festschriften, die an dieser Stelle unmöglich im Einzelnen nachgewiesen werden können, sowie von meist älteren regional- und lokalgeschichtlichen Studien, die heute eher Quellenwert besitzen und methodisch modernen wissenschaftlichen Ansprüchen kaum genügen.[5] Eine fundierte Gesamtdarstellung, zu der hier erste Anstöße gegeben werden sollen, steht bis heute aus.

Es geht an dieser Stelle nicht darum, diesen Wachstumsprozess deskriptiv zu erfassen. Vielmehr versucht der folgende Beitrag jenseits der gängigen Erklärungsmuster, die vor allem auf die technische Entwicklung, die Transportrevolution oder schöpferische Unternehmerleistungen hinweisen, aus der Perspektive der New Institutional Economics, und hier vor allem mit Blick auf die Transaktionskostentheorie,[6] die maßgeblichen Faktoren für diesen Prozess zu identifizieren. So können der spezifische Wachstumsprozess der deutschen Brauwirtschaft analytisch durchdrungen und die wichtigsten Struktur- und Funktionszusammenhänge erkannt werden, in die dieser industrielle Aufstieg eingebettet war. An erster Stelle ist dabei ein grundlegender Strukturwandel der Nahrungswirtschaft und seines ordnungspolitischen Rahmens zu nennen, wobei der Begriff Nahrungswirtschaft im weiteren Verständnis die Nahrungskette von der landwirtschaftlichen Urproduktion über nachgelagerte Verarbeitungs- und Veredelungsstufen, Vermarktungsformen und Handelsstufen bis zur Zubereitung und zum Verzehr in den Haushalten umfasst.[7] Erst nach diesem ökonomischen „Systemwechsel“ setzten ökonomische und technologische Folgeprozesse ein, die sich in die fünf Themenkomplexe Kapitalbildung, Produktion und Technik, Absatz, Kosten und Preisbildung sowie Transaktionskosten und Interessenorganisation bündeln lassen. Die Transaktionskostentheorie ermöglicht es dabei, die hierbei zu berücksichtigenden fünf Handlungsfelder, nämlich das Personaltarifwesen, die Debatte um Schutzzoll oder Freihandel, die Biersteuer, die Abwehr der Agitationen der Abstinenzbewegung und schließlich das Ringen um die Regulierungen und Normierungen im Lebensmittelrecht, methodisch miteinander zu verknüpfen und auf die gemeinsame leitende Fragestellung zu beziehen.

1 Wandel der Wirtschaftsordnung

1.1 Traditionelle Marktordnung und merkantilistische Gewerbepolitik

Das Brauen von Bier war ursprünglich städtisches Privileg und auf dem Lande lediglich adeligen Gütern, Ämtern und Domänen für den eigenen Bedarf gestattet. Tatsächlich schlossen aufgrund ihrer wirtschaftlichen, sozialen und politischen Stellung die an der Spitze der städtischen Brauergilden stehenden Ratsmitglieder das lukrative Braugewerbe mehr und mehr gegenüber der Konkurrenz kleinerer Brauberechtigter ab. „Immer genauer wurde bestimmt, wie oft und wie viel jeder brauen dürfe; wo es an Absatz fehlte, wurde theilweise das Reihebrauen eingeführt; [...] Das Brauwerk war so [...] ein Stück komplizirtester Gemeinde- und Genossenschaftsverfassung, mit allen möglichen Ordnungen, Privilegien, Privatrechtstiteln geworden, technisch seit langem stagnierend, begründet auf die Lokalisirung des Marktes und die städtischen Vorrechte, welche beide sich schon mehr oder weniger überlebt hatten, nach innen immer oligarchischer sich ausbildend, alle fernere Bewegung und allen technischen Fortschritt hemmend.“[8]

Prägnanter als mit den Worten Gustav Schmollers von 1887 lassen sich die wachstumshemmenden Wirkungen der traditionellen Wirtschaftsweise auf das Braugewerbe wohl kaum beschreiben. Tatsächlich lasteten auf der gesamten „Nahrungswirtschaft“ die „despotischen und inquisitorischen Reglementierungen der vorindustriellen Marktordnung“ (Henri Pirenne):[9] Eine komplizierte Wochenmarkts- und Vorkaufgesetzgebung, Stapelrechte, städtische Taxe, Verbote des Landhandwerks und des Landhandels, Einschränkungen des Hausierbetriebs und die aus lokalem Marktrecht und dem Korporationsstreben der Handwerker hervorgegangene Zunftverfassung schützten zwar die städtisch-lokalen Wirtschaftszentren, beschnitten aber gleichzeitig durch die rigide Abschließung der einzelnen städtischen Märkte voneinander ihre wirtschaftlichen Entwicklungsmöglichkeiten. Die Lebensmittelpolitik der Städte fixierte die ländlichen Anbieter auf die städtischen Märkte mit ihren strengen Marktordnungen, die nicht selten mit Preis- und Gewichtsfestsetzungen gekoppelt waren. Die preußische territoriale Wirtschaftspolitik folgte ihrerseits weitestgehend dem Primat der Manufakturpolitik, mit dem Ziel, durch Ein- und Ausfuhrsperren, Füllen oder Öffnen der Staatsmagazine die Manufakturstädte möglichst gut zu versorgen. Immer sollten die Lebensmittel- und Rohstoffpreise niedrig gehalten werden, damit die Manufakturen wettbewerbsfähig blieben. Zur Befriedigung von Bedürfnissen, die über die in Eigenproduktion erzeugten Güter und Nahrungsmittel hinausgingen, wurde die ländliche Bevölkerung durch Unterdrückung des Land- und Hausierhandels und soweit möglich auch des Landhandwerks auf die städtischen Märkte gedrängt.

Zur Auslösung wirtschaftlicher Wachstumsprozesse bedurfte es auch für das Braugewerbe zunächst einer umfassenden Liberalisierung der traditionellen Gewerbeordnung. Sowohl die Entwicklung des Außenhandels mit Nahrungsmitteln, der sich entgegen älteren Vorstellungen bereits im 18. Jahrhundert stark ausdehnte, als auch die zunehmende Differenzierung im städtischen Nahrungsmittelgewerbe und -handel lassen den beginnenden Wandel traditioneller Marktstrukturen und die fortschreitende Marktintegration vor allem in den frühen großstädtischen Agglomerationszentren erkennen, während die Verhältnisse auf dem Land und in den kleineren „Ackerbürgerstädten“ nahezu unverändert blieben.[10] Die städtische Nahrungswirtschaft passte sich der gestiegenen Nachfrage immer mehr an, die sich nicht nur auf Luxusgüter, sondern vor allem auf die Nahrungsmittel des täglichen Bedarfs – und dazu zählte das Bier – erstreckte. Trotz intensiver obrigkeitlicher Maßnahmen durch die Verhängung von Schutzzöllen oder Einfuhrverboten gelang es nicht, diese Entwicklung im Sinne der merkantilistischen Handelsbilanzlehre zu steuern. Dort, wo die Anpassung an die steigenden Konsumbedürfnisse nicht blockiert oder sogar gefördert wurde, kam es zu wirtschaftlichen Wachstumsprozessen und einer zunehmenden Merkantilisierung der Nahrungswirtschaft.

Zu dem fundamentalen „Systemwechsel" gehört auch die Reform der Biersteuer, die im Grunde genommen eine Verbrauchssteuer war. In Preußen galt seit dem Ende des 17. Jahrhunderts die Akzise, die die herkömmliche Kontribution abgelöst hatte. Vordergründig betrachtet wurden mit der Akzise zwar kurzfristige fiskalische Erfolge erzielt, die aber hauptsächlich auf ihre protektionistische und handelsdirigistische Wirkung zurückzuführen waren. Tatsächlich hemmte sie den wirtschaftlichen Investitions- und Wachstumsprozess in dieser wirtschaftlichen Entwicklungsphase entscheidend, weil sie den Verbrauch verteuerte und die ohnehin noch geringe Konsumgüternachfrage weiter verringerte. Die dem Bruttosozialprodukt vorauseilenden Steuerquoten verteuerten wiederum zusätzlich die Produktionskosten. Wie verheerend die preußische Steuerpolitik auf die preußische Brauwirtschaft wirkte, zeigt die Erhöhung der Biersteuer unter der sogenannten Regieverwaltung[11] durch die 1768/69 eingeführten Tarife, die die Steuerlast nahezu verdoppelten. Gleichzeitig trat an die Stelle der Materialsteuer die Fabrikatsteuer. Im Gegensatz zur alten Materialsteuer musste zur Einhaltung dieser neuen Vorschriften jetzt der gesamte Brauprozess steuerpolizeilich überwacht werden, lästige Kontrollen und Visitationen des ohnehin schon streng reglementierten Bierbrauens waren die Folge. In ganz Preußen sollten von jedem Brauvorgang versiegelte Probeflaschen genommen und vorgehalten werden. Verständlicherweise nahmen die Klagen der Brauer über die Schikanen der Akzisebehörden und zahlreiche nicht selten in Handgreiflichkeiten gipfelnde Auseinandersetzungen zu. Folge war ein dramatischer Niedergang der Brauwirtschaft, der von einem Einbruch der Steuereinnahmen um fast 30 % innerhalb eines Jahres begleitet wurde, was einem realen Produktionseinbruch von 60 % entsprach.[12]

1.2 „Verlust der alten Ökonomik“

Die Herstellung von Nahrungsmitteln war bis zur Wende vom 18. zum 19. Jahrhundert hinweg nahezu alleinige Domäne des „Hausfleisses“ gewesen. In Teilgebieten entstand zwar eine handwerkliche Produktion, die seit dem frühen 18. Jahrhundert mit größeren Märkten verflochten waren. Die Alltagskost blieb davon zunächst ebenso unberührt wie von den ersten überregionalen und internationalen Handelsströmen mit Wein oder Südfrüchten. Zur Befriedigung von Bedürfnissen, die über die in Eigenproduktion erzeugten Güter und Nahrungsmittel hinausgingen, blieb die ländliche Bevölkerung durch Unterdrückung des Land- und Hausierhandels und soweit möglich auch des Landhandwerks allein auf die städtischen Märkte angewiesen. Nach der zeitgenössischen preußischen Statistik lebten um 1800 in Preußen immer noch etwa zwei Drittel der Bevölkerung auf dem Land und waren reine Selbstversorger.[13] Der Verlust der „alten Ökonomik“ (Erich Egner) bedeutete – positiv ausgedrückt – den allmählichen Übergang zum modernen Massenkonsum und ist sozialgeschichtlich betrachtet eines der wichtigsten Ergebnisse des beginnenden Industriezeitalters. Neue soziale Mobilität, die Umstellung der Arbeitsvollzüge, frühere Eheschließungen und Haushaltsgründungen oder das Eindringen des Mediums Geld wirkten auch auf die tägliche Lebenshaltung und Kostweise tief verändernd ein und brachten das traditionelle Ernährungsgefüge ins Wanken.[14] Die relativ früh fortgeschrittene arbeitsteilige Organisation und Marktintegration in der Nahrungswirtschaft ist ein wichtiger Beleg für relative Modernität, die in der Debatte um wirtschaftliche Rückständigkeit bislang leider vernachlässigt wurde.[15]

1.3 Unternehmen neuen Rechts: Anfänge des Aktienwesens in Deutschland

Obwohl in Preußen bereits im 18. Jahrhundert erste Aktiengesellschaften entstanden waren, wurde noch an der Wende vom 19. zum 20. Jahrhundert die Ausweitung bzw. die Beschränkung des Aktienwesens in Deutschland – selbst in ökonomisch fortschrittlichen Kreisen – kontrovers diskutiert. Bis zum preußischen Aktiengesetz von 1843 galt das „Oktroi-System“, das dann der allgemeinen Konzessionspflicht wich, deren Handhabung auf dem Verordnungswege geregelt wurde. Bis 1870, als das Normativsystem eingeführt wurde, trug die Konzessionierungspraxis noch deutliche Züge polizeistaatlicher Bevormundung absolutistisch-merkantilistischer Prägung und die Verfügungsrechte waren erheblich eingeschränkt. Insgesamt wurden bis zur Reichsgründung in Preußen knapp 400 Aktiengesellschaften mit einem Schwerpunkt in den 1850er und 1860er Jahren gegründet. Flankiert wurde dieses institutionelle Hemmnis von mentalen Barrieren und einem tief verankerten Misstrauen gegen die „anonyme Gesellschaft“, so eine zeitgenössische Bezeichnung für Aktiengesellschaften. Die Vorbehalte reichten von der Angst vor ausländischer „Überfremdung“[16] bis hin zur Zersetzung moralischer und sittlicher Werte; das Spektrum der Gegner von Karl Marx, der 1856 die Börse mit einer „Spielhölle“ verglich,[17] bis hin zu konservativen Adelskreisen, die noch lange Zeit grundsätzliche Vorbehalte gegen die freie Erwerbstätigkeit hegten und dem sich neu formierenden Wirtschaftsbürgertum mit Argwohn und Ablehnung begegneten.

Wie schon beim Zusammenbruch der traditionellen Gewerbe- und Marktordnung im ausgehenden 18. Jahrhundert zu beobachten war, stieß auch die Konzessionspraxis mit dem wirtschaftlichen Aufschwung der 1850er und 1860er Jahre an ihre Grenzen. Der Markt schuf bereits vor dem Aktiengesetz von 1870 neue Realitäten. Waren in Preußen bis 1821 lediglich 21 Aktiengesellschaften oktroyiert, d. h. per Einzelgesetz genehmigt worden, lag die eigentliche Gründungsphase mit 102 Neugründungen zwischen 1826 und 1850. Der

Abb. 1: Fabrikansicht der Dortmunder Union-Brauerei AG aus dem Jahre 1884 (Quelle: WWA, F 188 Nr. 6110)

Durchbruch erfolgte dann zwischen 1851 und 1870, als 295 Gesellschaften neu entstanden und sich das eingesetzte Kapital auf 2,4 Mrd. M fast vervierfachte. Jetzt veränderte sich auch die sektorale Verteilung des Anlagekapitals, denn nach dem Eisenbahnwesen kletterte der Industriesektor vom fünften auf den zweiten Rang und schob sich damit vor die Versicherungsgesellschaften, den Bergbau und die Handelsgesellschaften.

Betrachtet man die Gründungsintensität, besaß innerhalb der Industriewirtschaft die Nahrungs- und Genussmittelindustrie schon seit den 1860er Jahren einen Entwicklungsvorsprung, den sie bis zur Jahrhundertwende noch weiter ausbaute. Mit über 90 % der Gesamtgründungen vor dem Ersten Weltkrieg war die Gründungsphase hier bereits um 1890 abgeschlossen.[18] Innerhalb des Nahrungsmittelsektors dominierte um diese Zeit die Brauwirtschaft mit einem Anteil von 47,5 % der Gesellschaften und 54,6 % des Aktienkapitals.[19]

2 Kapitalbildung

Jede zehnte Aktiengesellschaft in Deutschland war vor dem Ersten Weltkrieg eine Brauerei. Allein in Berlin bestanden zur Zeit der Reichsgründung elf Aktienbrauereien. Welche Bedeutung die neue Rechtsform der Aktiengesellschaft für die Kapitalbildung der deutschen Brauwirtschaft hatte, zeigen schon einige wenige Kennzahlen.[20] Das Handbuch der Deutschen Aktiengesellschaften erlaubt einen nahezu lückenlosen Zugriff auf die insgesamt 564 bzw. – bereinigt um die vertikal integrierten Mälzereien – 528 Gesellschaften.[21] Im Durchschnitt erwirtschafteten die Aktienbrauereien nach den dort veröffentlichten Bilanzen eine Kapitalrendite von 15 %, wobei die kapitalkräftigeren Brauereien überproportional gute Ergebnisse erzielten: Die erfolgreichsten 25 Gesellschaften, das waren 5 %, darunter 19 mit einem Stammkapital von über 3 Mio. M, erwirtschafteten ein Drittel der Gesamtgewinne. Ähnlich stellt sich die Dividendenausschüttung und auch die Verlustseite dar, wobei immer auch bilanzielle Besonderheiten zu beachten sind. Die kapitalstarken Unternehmen waren den kleineren und mittleren Betrieben wirtschaftlich weit überlegen, wie es schon zahlreiche zeitgenössische betriebswirtschaftliche Untersuchungen zum Großbetrieb in der Brauwirtschaft behaupteten. Hinsichtlich der Kapitalstruktur sind regionale Besonderheiten zu beobachten. Während zum Beispiel im Kölner und Berliner Raum wie auch in den meisten Ruhrgebietsstädten das Eindringen von Fremdkapital beklagt wurde, dominierte im Dortmunder Raum – ähnlich wie in München – das Familienkapital. Zu nennen sind hier das „Aktionärskonsortium Brügmann“ bei der Dortmunder Union-Brauerei, die Familie Mauritz bei der Dortmunder Aktien-Brauerei oder die Familie Heller bei der Dortmunder Hansa-Brauerei.[22]

Insgesamt 37 Aktienbrauereien verfügten nach einer Erhebung des Deutschen Reichs von 1909 über ein Anlagekapital von mehr als drei Mio. M. Die mit Abstand größte Brauerei war vor dem Ersten Weltkrieg Schultheiss in Berlin, 1842 von dem Apotheker Prell gegründet, 1853 von Jobst Schultheiss übernommen, seit 1864 im Eigentum von Adolf Roesicke und 1871 umgewandelt in eine AG mit

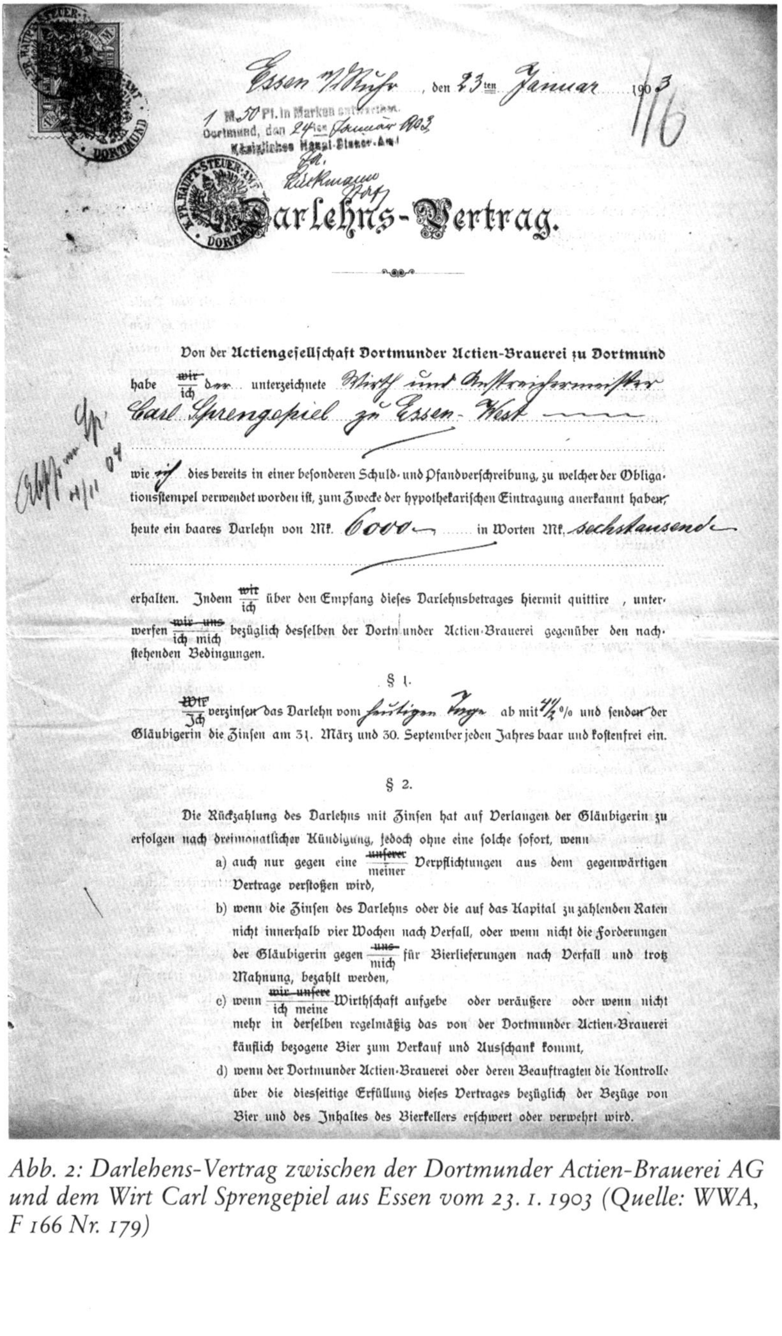

Essen W. Ruhr, den 23ten Januar 1903

1 M. 50 Pf. in Marken entwertet.
Dortmund, den 24ten Januar 1903
Königliches Haupt-Steuer-Amt

Darlehns-Vertrag.

Von der Actiengesellschaft Dortmunder Actien-Brauerei zu Dortmund habe ~~wir~~ ich ~~der~~ unterzeichnete Wirth und [illegible] Carl Sprengepiel zu Essen-West

wie ich dies bereits in einer besonderen Schuld- und Pfandverschreibung, zu welcher der Obligationsstempel verwendet worden ist, zum Zwecke der hypothekarischen Eintragung anerkannt habe~~n~~, heute ein baares Darlehn von Mk. 6000 in Worten Mk. sechstausend

erhalten. Indem ~~wir~~ ich über den Empfang dieses Darlehnsbetrages hiermit quittire, unterwerfen ~~wir uns~~ ich mich bezüglich desselben der Dortmunder Actien-Brauerei gegenüber den nachstehenden Bedingungen.

§ 1.

~~Wir~~ Ich verzinse~~n~~ das Darlehn vom heutigen Tage ab mit 4½ % und sende~~n~~ der Gläubigerin die Zinsen am 31. März und 30. September jeden Jahres baar und kostenfrei ein.

§ 2.

Die Rückzahlung des Darlehns mit Zinsen hat auf Verlangen der Gläubigerin zu erfolgen nach dreimonatlicher Kündigung, jedoch ohne eine solche sofort, wenn

a) auch nur gegen eine ~~unserer~~ meiner Verpflichtungen aus dem gegenwärtigen Vertrage verstoßen wird,

b) wenn die Zinsen des Darlehns oder die auf das Kapital zu zahlenden Raten nicht innerhalb vier Wochen nach Verfall, oder wenn nicht die Forderungen der Gläubigerin gegen ~~uns~~ mich für Bierlieferungen nach Verfall und trotz Mahnung, bezahlt werden,

c) wenn ~~wir unsere~~ ich meine Wirthschaft aufgebe oder veräußere oder wenn nicht mehr in derselben regelmäßig das von der Dortmunder Actien-Brauerei käuflich bezogene Bier zum Verkauf und Ausschank kommt,

d) wenn der Dortmunder Actien-Brauerei oder deren Beauftragten die Kontrolle über die diesseitige Erfüllung dieses Vertrages bezüglich der Bezüge von Bier und des Inhaltes des Bierkellers erschwert oder verwehrt wird.

Abb. 2: Darlehens-Vertrag zwischen der Dortmunder Actien-Brauerei AG und dem Wirt Carl Sprengepiel aus Essen vom 23. 1. 1903 (Quelle: WWA, F 166 Nr. 179) nunmehr 14 Mio. M Stammkapital. Die Produktion betrug um diese Zeit 1,5 Mio. hl. Das Unternehmen war hoch integriert und umfasste vom vorgelagerten Mälzereibetrieb bis hin zum eigenen Flaschenbiergeschäft alle Produktionsstufen. Die Größenunterschiede innerhalb der Branche waren allerdings extrem, drei Aktienbrauereien blieben sogar unter einem Stammkapital von 50000 M. 272 Gesellschaften oder 51,6 % lagen unter einer Mio. M, davon wiederum ca. die Hälfte unter 500000 M, 31,3 % zwischen einer und zwei Mio. M, 10,1 % zwischen zwei und drei Mio. M und 7 % über drei Mio. M. Polarisierung und Konzentration sind zwei wesentliche Merkmale, die sich auch bei der Entwicklung der betrieblichen Struktur erkennen lassen.[23]

Der hohe Kapitaleinsatz war einerseits durch den technologischen Fortschritt und damit verbunden durch die Modernisierung und Ausweitung der Produktionsanlagen bedingt. Dies war aber nicht der alleinige Grund. Vielmehr ergab sich der enorme Kapitalbedarf aus einer der Brauwirtschaft an sich fremden Funktion, nämlich der eines Kredit- und Darlehensgebers. Hintergrund waren unerbittliche Konkurrenzkämpfe, die zu einem anhaltenden Konzentrationsprozess führten,[24] unter den Schlagworten „Hektoliterwut“ oder „Jagd nach dem Kunden“ in die tagespolitischen wirtschaftlichen Debatten eingingen und im großen Stil zur Koppelung von Bierlieferungs- und Darlehens-, bzw. Kreditverträgen mit Wirten und Hoteliers führten. Eine kritische Bilanzanalyse zeigt, dass in der Regel 50 und mehr % des Anlagekapitals der Brauereien in solchen Geschäften gebunden war, um den eigenen Bierabsatz zu sichern. Aus der Tatsache, dass diese Kredite oft auch bei nur mäßiger oder selbst gar nicht vorhandener Bonität gewährt wurden, erklärt sich später der große Immobilienbesitz der Brauereien und das ausgedehnte Pachtsystem.

3 Produktion und Technik

Die quantitative Entwicklung der Bierproduktion in Deutschland ist aufgrund der Biersteuer schon seit Beginn des 19. Jahrhunderts in den Quellen gut dokumentiert.[25] Der Übertritt von der obergärigen zur untergärigen Brauweise markiert dabei den Übergang zur industriellen Großproduktion und die rasant steigende Produktionsentwicklung folgte mit konsumgeschichtlich interessanten Substitutionsprozessen von Bier durch Branntwein in Krisen und Abschwungphasen im Wesentlichen den bekannten Konjunkturzyklen des 19. Jahrhunderts. Etwa um 1870 schnitten sich beide Kurven. Dabei ist zu beachten, dass bis zum Beginn der 1860er Jahre die Brauwirtschaft noch überwiegend klein- und kleinstbetrieblich strukturiert war. In Westfalen beispielsweise standen 1831 erst 1080 städtische 1651 ländlichen Brauereien gegenüber.[26] Dem entsprachen ein durchschnittlich geringer Bierausstoß und die noch lange Zeit verbreitete Hausbrauerei. 1861 wurden nach der preußischen Statistik in Westfalen noch 2044 „blos für den Hausbedarf betriebene Brauerein" gegenüber 1261 gewerbliche Brauereien nachgewiesen; in den 1870er Jahren waren es immerhin noch 1650 Braustätten, von den Steuerbehörden erteilte Erlaubnisscheine für die „Bereitung eines steuerfreien Haustrunks in Kochkesseln" nicht einmal mitgerechnet.[27]

In den 1870er Jahren erfolgte dann der Durchbruch zur industriellen Massenproduktion. Im Gebiet der deutschen Brausteuergemeinschaft verfünffachte sich zwischen 1875 und 1907 der durchschnittliche Bierausstoß pro Brauerei von 1681,6 hl auf 8400 hl. Die Zahl der Betriebe sank im selben Zeitraum um 6000 bei einem gleichzeitigen Anstieg der Beschäftigten um 45 000, so dass sich die durchschnittliche Betriebsgröße von 4,3 auf 11 erhöhte. Dabei verdecken und verharmlosen diese Durchschnittsziffern die tatsächliche Polarisierung innerhalb der Branche. In nur 311 Großbetrieben, das waren lediglich 2,6 % der Gesamtbetriebe, war mit knapp 32 000 Beschäftigten fast ein Drittel aller Beschäftigten konzentriert. 25 Brauereien zählten schon über 200 Mitarbeiter. Diese betrieblichen Konzentrationsprozesse wurden von einem steilen Anstieg der Produktivität begleitet. Innerhalb der deutschen Brauwirtschaft dominierte der Standort Großstadt. Ein Drittel aller Beschäftigten war 1907 in den 42 Großstädten des Deutschen Reichs in relativ wenigen Großbetrieben – in der Regel kapitalstarke Aktiengesellschaften – konzentriert.[28]

Die steigende Bierproduktion ist aber auch Ausdruck fortgeschrittener Technisierung. Hier hat die deutsche Brauwirtschaft international Maßstäbe gesetzt. Orientierte man sich in den 1850er und 1860er Jahren zum Beispiel auf technischen Bildungsreisen noch an England oder an Österreich, gingen später von Deutschland mit seinem dichten Netz an Hochschulen, Lehranstalten, Versuchsstationen, Versuchsbrauereien und wissenschaftlichen Zeitschriften wichtige Impulse für die technologische Entwicklung der Brauwirtschaft aus, an denen man sich namentlich in Skandinavien, Russland, Rumänien, Italien, den Tropenländern, Japan und vor allem auch in den USA orientierte.[29] Der Braumeister Eberhard Anheuser aus Bad Kreuznach und sein Schwiegersohn Adolphus Busch aus Mainz-Kastel gründeten z. B. 1870 den Stammbetrieb des heutigen Weltmarktführers Anheuser-Busch (Budweiser) in St. Louis, nach der Fusion im November 2008 mit dem belgischen InBev-Konzern mit einem Ausstoß von 353 Mio. hl im Jahr 2010 derzeit größter Braukonzern der Welt.[30]

Einige wenige Kennzahlen mögen an dieser Stelle genügen, die rasante technische Entwicklung zu verdeutlichen: In der deutschen Brauwirtschaft stieg die durchschnittliche PS-Leistung pro Beschäftigtem zwischen 1875 und 1907 von 16,3 auf 150,8. Die Elektrifizierung war mit einer Quote von knapp 20 % aller Brauereien lediglich in den Großbrauereien weiter fortgeschritten, wie auch die übrige Ausstattung mit Arbeitsmaschinen, besonders bei Kühlmaschinen und Flaschenreinigungsanlagen nach Größenklassen stark schwankte und in den Großbetrieben dreimal so hoch war. Wie rasant die technische Entwicklung war und wie eng sie mit dem Vordringen der Aktiengesellschaften verknüpft war, zeigt einmal mehr das Beispiel der Berliner Schultheiss-Brauerei. Verfügte sie 1870, also ein Jahr vor ihrer Umwandlung in eine Aktiengesellschaft, gerade über 30 Beschäftigte und eine Dampfmaschine mit 12 PS, waren 30 Jahre später 18 Dampfmaschinen mit mehr als 1500 PS im Einsatz. Die Zahl der

Abb. 3: Maschinen- und Condensationsanlage der Dortmunder Union-Brauerei AG, um 1900 (Quelle: WWA, F 188 Nr. 6103)

Beschäftigten war auf 1834 und die Produktion von 26000 hl auf knapp 850000 hl angestiegen.[31]

Die Technikgeschichte der deutschen Brauwirtschaft während der Industrialisierung ist recht gut dokumentiert. Zu nennen ist zunächst die Flut zeitgenössischer technischer Literatur, die heute eine wichtige Quelle darstellt.[32] Sodann sind zahlreiche Aufsätze im „Jahrbuch der Gesellschaft für die Geschichte und die Bibliographie des Brauwesens" zu nennen und schließlich die jüngere Arbeit von Mikulás Teich, die zwar modernen technik- und wirtschaftsgeschichtlichen Ansprüchen kaum genügt, wohl aber die technische Entwicklung der deutschen Brauwirtschaft in dieser Phase sehr präzise beschreibt.[33] Wesentlich war die Ablösung der „Empirie"[34] von einer technologisch wissenschaftlichen Durchdringung des Gär- und Brauprozesses:

Emil Christian Hansen legte hierzu grundlegend neue Erkenntnisse über die Wirkungsweise der Bierhefe vor. Auch Louis Pasteur hat entscheidend dazu beigetragen, die Vorgänge beim Gärprozess zu erforschen, und sich um die Haltbarkeit des Biers verdient gemacht. Auch beim Mälzen und Darren wurden technikgeschichtliche Meilensteine gesetzt, von der Kältetechnik, in der sich das „System Linde“ durchsetzte, ganz zu schweigen. Das Unterrichts- und Versuchswesen wurde zu einem wesentlichen Bestandteil der Arbeit des Deutschen Brauer-Bundes und hat die technische Entwicklung nachhaltig positiv beeinflusst. Eine wahre Fundgrube besonders für technikgeschichtliche Fragestellungen sind die seit 1861 regelmäßig erscheinenden Fachzeitschriften (Allgemeine bayerische Hopfen-Zeitung), die quasi als Tagebücher der Branche zu lesen sind. 1882 erschien die erste Ausgabe der Allgemeinen Brauer- und Hopfen-Zeitung, die spätere Brauwelt. Das offizielle Fachorgan des Deutschen Brauer-Bundes war dann seit 1903 die Tageszeitung für Brauerei, die von der Versuchs- und Lehranstalt für Brauerei in Berlin, die ebenfalls ein „Kind“ des Spitzenverbands war, herausgegeben wurde. Als fortschrittliche Instrumente der internen Kommunikation der Branche wurden hier nicht nur technische Fachfragen erörtert, sondern auch wirtschafts- bzw. tagespolitische Meinungsbildung betrieben.

4 Absatz

Mit den Bierlieferungsverträgen und deren Koppelung an die Kredit- und Darlehensvergabe der Brauereien ist bereits ein wesentlicher Komplex der Absatzpolitik der deutschen Brauwirtschaft im 19. Jahrhundert thematisiert worden. Von Bedeutung ist darüber hinaus natürlich auch die Schnittstelle zwischen Absatz und Technik, zu nennen ist die Abfülltechnik oder die Entwicklung von spezifischen Transportgebinden. Die Entwicklung der automatischen Etikettierung oder des Kronkorkenverschlusses verweist bereits im 19. Jahrhundert auf einen der wichtigsten „Absatztrends“ im 20. Jahrhundert: Den

Abb. 4: Fassbierkraftwagen, gebaut von der Firma Kühlstein-Wagenbau in Charlottenburg, um 1910 (die Abbildung stammt aus Erich Rausch: 30 Jahre Lastkraftwagen in der Brauerei unter besonderer Berücksichtigung der bei der Versuchs- und Lehranstalt für Brauerei in Berlin gemachten Erfahrungen, Teil 1, in: Tageszeitung für Brauerei Nr. 93 v. 20. 4. 1930, S. 437)

Vertrieb von Flaschenbier mit seinem hoch spezialisierten Getränkefachhandel und den damit verbundenen komplizierten Distributionsstrukturen. Darauf wird noch ausführlicher zurückzukommen sein.

Es war zunächst weniger die Absatzwerbung, deren Rückständigkeit bis in die 1960er Jahre ebenfalls ein besonderes Merkmal der deutschen Brauwirtschaft darstellte, sondern vielmehr die Transportfrage, die den Bierabsatz zunächst entscheidend prägte. Eine industrielle Großbrauerei ohne Anschluss an das Bahnsystem wäre im 19. Jahrhundert gar nicht denkbar gewesen. So waren die Frachttarife der Eisenbahn immer wieder herausragende tagespolitische Themen und spielten in der Lobbyarbeit der Verbände eine wichtige Rolle.[35]

Ein weiterer wichtiger Trend, der in der Forschung bislang noch gar nicht beachtet wurde, ist der Übergang zum Bierabsatz per LKW. Die Entwicklung setzte bereits vor dem Ersten Weltkrieg ein und gewann in den 1920er Jahren an Bedeutung – ebenso wie die heftigen politischen Debatten mit der Reichsbahn. Doch zunächst gab es eine Reihe von Anfangsschwierigkeiten zu überwinden, denn die Bemühungen, die „Bierwagen anstatt durch Pferde durch eigene Motoren zu bewegen, macht verhältnismäßig langsam Fortschritte.“[36] Ein Hauptübel waren die Erschütterungen, denen die Motoren auf den schlecht gepflasterten Straßen ausgesetzt waren. „Hohle Gummireifen, welche diese Erschütterungen wirksam abhalten, lassen sich natürlich für Lastwagen nicht anwenden.“[37] Die Fahrzeugfabrik Eisenach rüstete ihre Brauereilastkraftwagen beispielsweise mit eisenbereiften Holzrädern aus.

Ein erster größerer Anstieg des LKW-Einsatzes in den Brauereien erfolgte seit 1905 mit dem Bau des ersten Vierzylindermotors und dem Übergang zur Vollgummibereifung. In diese Zeit datieren auch die ersten aus militärischen Erwägungen heraus angestellten Subventionsüberlegungen für den Einsatz von Lastkraftwagen in der Wirtschaft – die Wagen waren im Kriegsfalle dem Militär zur Verfügung zu stellen – die dann 1908/09 gesetzlich verankert wurden.[38] Die einmalige „Beschaffungsprämie“ in Höhe von 4000 M sowie weitere „Betriebsprämien“ von nochmals zusammengenommen 4000 M waren an die Bedingung gebunden, die Lastkraftwagen bei Firmen zu kaufen, die vom Kriegsministerium anerkannt waren und die von den Militärbehörden aufgegebenen technischen Bedingungen erfüllten. Zwischen 1908 und 1912 gingen auf diese Weise insgesamt 2350 Armeelastzüge in deutschen Wirtschaftsunternehmen in Betrieb – davon 1115 in Brauereien. Dieses Subventionsprogramm förderte nicht nur die Verbreitung des Lastkraftwagens in der deutschen Wirtschaft, sondern wurde durch die festgeschriebenen Prüffahrten und die fortlaufenden Kontrollen von Motorleistung, Fahreigenschaften, Ausrüstungsmerkmalen und Zubehör zu einem für die damalige Zeit gigantischen F & E-Projekt, an dem alle führenden Unternehmen der Branche beteiligt waren. Die deutsche LKW-Technik profitierte sehr deutlich von diesem institutionalisierten Austausch von technischem Wissen und Erfahrung. Schon ein flüchtiger Blick in die amtliche Statistik zeigt, dass die Verbreitung des Lastkraftwagens nach dem Ersten Weltkrieg sprunghaft anstieg. 1907 waren gerade

Abb. 5: Lkw eines westfälischen Bierverlegers der Dortmunder-Union-Brauerei AG, um 1920 (Quelle: WWA, F 188 Nr. 6159–103)

einmal 957 Lastkraftwagen in ganz Deutschland gezählt worden. Die Zahl stieg von 1543 im Jahr 1908 auf 9639 im Jahre 1914, worin sich natürlich auch die zunehmende militärische Aufrüstung spiegelt. Trotz der Verluste wichtiger Industrieregionen mit einer entsprechend hohen LKW-Nachfrage durch den Versailler Vertrag wurden 1924 schon 46 708 Lastkraftwagen gezählt und bis zum Vorabend der Weltwirtschaftskrise von 1929 stieg ihre Zahl auf 121 796 an, wobei die Zuwachsraten im Vergleich zum jeweiligen Vorjahr von 13,2 % auf nunmehr 20,6 % angestiegen waren.[39] Leider lässt sich aus der amtlichen Statistik der späten 1920er Jahre der Anteil der Brauereien nicht mehr herauslesen, er wird – folgt man den betriebswirtschaftlichen Überlegungen innerhalb der Branche wie sie in der Tageszeitung für Brauerei dokumentiert sind – eher zu- als abgenommen haben. Mit 2786 Lastkraftwagen – davon entfielen absolut gesehen die meisten auf den Regierungsbezirk Arnsberg mit der mächtigen Dortmunder Brauwirtschaft – lagen die Brauereien nach dem Transportgewerbe vor der Müllerei, der Bauwirtschaft sowie den land- und forstwirtschaftlichen Betrieben auf dem zweiten Rang.

Abb. 6: Lkw der Dortmunder Union-Brauerei AG, um 1925 (Quelle: WWA, F 188 Nr. 6159–100)

Betrachten wir abschließend das Flaschenbiergeschäft, seit den 1880er Jahren eine der wichtigsten absatzwirtschaftlichen Innovationen in der deutschen Brauwirtschaft, ein wenig genauer. Mit der Dissertation des späteren Reichskanzlers Gustav Stresemann – Stresemanns Vater war Besitzer einer kleinen Berliner Kneipe und einer Flaschenbierabfüllanlage – verfügen wir über eine hervorragende Quelle zur Lage und Organisation des Flaschenbierhandels in Berlin.[40] Allerdings dürfen die Berliner Verhältnisse – 1898 wurden bereits rund 800 000 hl Flaschenbier und damit etwa ein Drittel der gesamten Lagerbierproduktion abgesetzt – nicht verallgemeinert werden. Nur ein Bruchteil der deutschen Brauereien produzierte zu diesem Zeitpunkt überhaupt Flaschenbier, in Rheinland und Westfalen spielte es z. B. noch kaum eine Rolle. Insgesamt wird der Anteil des Flaschenbiers am Gesamtausstoß vor dem Ersten Weltkrieg in Deutschland auf etwa 8 % geschätzt.[41] Heute dominiert mengenmäßig der Flaschenbierabsatz klar vor dem Bierabsatz in den Gaststätten, der allerdings mit einer höheren Wertschöpfung verbunden ist. Beide Kurven schnitten sich etwa Mitte der 1950er Jahre.

Über die Berliner Verhältnisse erhalten wir tiefe Einblicke in die Struktur und Organisation des großstädtischen Bierabsatzes im Kaiserreich. Konsumiert wurde Flaschenbier nach Stresemann hauptsächlich in Fabriken und auf Baustellen: Im Durchschnitt habe jeder Bauarbeiter täglich sechs bis zehn Flaschen Bier getrunken. Diese Kundschaft bedienten entweder Kantinen oder spezialisierte Flaschenbierhändler. Der Flaschenbierabsatz wurde aber auch als Direktvertrieb der Brauereien unter Ausschluss des Zwischenhandels organisiert, was wiederum zu Konflikten mit den Verlegern führte. Im Jahr 1900 gab es in Berlin 367 Verleger, die laut Stresemann ab einer Absatzmenge von 800 bis 1000 hl mit Gewinn wirtschaften konnten, und daneben 97 sogenannte Biergroßgeschäfte. Bedeutend war außerdem der Absatz über Gaststätten und den Viktualienhandel. Daneben existierte noch ein mehr oder weniger unorganisierter Bierverkauf im Nebenhandel mit Holz, Petroleum und Kohlen sowie Mineralwasser, Limonade, Eis und Kohlensäure.

5 Kosten und Preisbildung

Grundsätzlich kann festgestellt werden, dass sowohl die Kosten als auch die Bierpreise etwa bis zum Ende der 1860er Jahre stark schwankten und ihre Entwicklungen noch an die Konjunkturzyklen „alten Typs“ erinnern. Mit der fortschreitenden Industrialisierung und Marktintegration der Brauwirtschaft stabilisierten sich die Verhältnisse.[42] Betrachtet man die Kostenstruktur seit den 1850er Jahren im Langzeittrend von 100 Jahren, dann fallen bei den Produktionskosten zunächst die stark sinkenden Materialkosten auf, deren Anteil von 1850 bis 1914 von 65 % auf 47 % sank und in den Folgejahren bis 1950 weiter auf 29 %. So fielen die Kosten für Hopfen zwischen 1850 und 1914 von 12 % auf 4 %, während die Kostenanteile beim Malz im selben Zeitraum von 48 % auf 30 % abgesenkt werden konnten. Hier erfolgte in den 1920er Jahren ein weiterer Quantensprung auf 15 %. Die Materialsteuer war ohne Frage ein entscheidender Anreiz zu einer umfassenden Rationalisierung.

Tendenziell stiegen dagegen die Arbeitskosten und zwar von 30 % im Jahr 1850 auf 43 % im Jahr 1914 und 56 % in den 1950er Jahren. Auch die Kapitalkosten stiegen im selben Zeitraum, nämlich von 5 % auf 10 % und schließlich auf 15 %. Es wundert nicht, dass die Brauwirtschaft schon um 1900 darum bemüht war, Stabilität und Kalkulierbarkeit bei den Personalkosten sowie vertraglich vereinbarte Tarife zu erreichen, denn bis heute sind die Arbeitskosten ein strukturell wichtiger Kostenfaktor geblieben. Auf das Tarifwesen wird im Rahmen der Transaktionskostenanalyse noch zurückzukommen sein.

Zu erkennen ist auch der zunehmende Anstieg der Absatzkosten in der Gesamtkostenrechnung. Betrug der Anteil der reinen Produktionskosten an den Gesamtkosten um 1850 noch 91 % gegenüber 9 % Absatzkosten, stiegen letztere bis zum Ersten Weltkrieg auf 18 % an und verdoppelten sich noch einmal bis 1950 auf 36 %. Dahinter verbergen sich nicht allein zunehmende Transportkosten bei stärkerer überregionaler Marktintegration der einzelnen lokalen Braustätten, sondern auch stetig wachsende Werbungs- bzw. Marketingkosten, die zunächst kaum eine Rolle spielten, heute aber einen Anteil von fast 30 % an den Gesamtkosten ausmachen und für den Markterfolg der einzelnen Brauerein von großer Wichtigkeit sind.

Die Preisbildung beim Bier folgte in Deutschland relativ spät den marktwirtschaftlichen Gesetzen von Angebot und Nachfrage und war formalrechtlich erst seit 1868 unabhängig von staatlich-kommunalen Beeinflussungen. Das bayerische Regulativ von 1811, das 1865 aufgehoben wurde, war z. B. in seinem Kern noch der traditionellen obrigkeitlich organisierten Wirtschaftsweise verpflichtet: Dem Staat sollte der Malzaufschlag, dem Brauer die sogenannte Mannsnahrung gesichert und der Biertrinker gegen schlechte und teure Biere geschützt werden. Folge war in dieser Zeit in Bayern eine Preisschwankung zwischen umgerechnet 11 und 23 M je hl. Das waren 109 %, und diese Spanne lag deutschlandweit betrachtet sogar noch im unteren Bereich. Sie betrug beispielsweise in Berlin 200 % und in Dresden sogar 309 %. Im Vergleich dazu schwankten die Bierpreise zwischen 1877 und 1879, also nach Überwindung der Gründerkrise, nur noch um 3 % bei Winterbier und bis zu 7,5 % bei Sommerbier.[43]

Bis 1890 stieg der Bierpreis in Deutschland um durchschnittlich 2 M, wobei besonders in Bayern mehrfach Preiserhöhungen zurückgenommen werden mussten, wo sich z. B. schon in den 1840er Jahren mit den „Münchner Bierkrawallen“ starker Widerstand regte.[44] Wie sensibel der Verbraucher auf höhere Bierpreise reagierte, zeigt auch das Absinken des Pro-Kopf-Verbrauches und der Bierproduktion nach der Erhöhnung der Biersteuer im Jahr 1906.

Den örtlichen Verbänden oblag als eine besonders wichtige Aufgabe auch die Regelung des Bierpreises, was einen überaus sensiblen Umgang mit dem Verbraucher voraussetzte. Für 1913 liegt eine Umfrage des Deutschen Brauerbundes über die Gestaltung der Bierpreise bei 64 örtlichen Brauereiverbänden vor, die zeigt, wie erfolgreich diese örtlichen Preiskartelle arbeiteten. Die regionalen Preisschwankungen waren bis auf örtliche Spezialbiere sehr niedrig und lagen im Durchschnitt bei Exportbier um 10 % und bei obergärigem Weizenbier sogar unter 6 %. Lediglich beim Flaschenbier war die Spanne noch übermäßig groß und schwankte zwischen 5 und 10 M pro hl.[45]

6 Transaktionskosten und Interessenorganisation

Eine wesentliche Voraussetzung für den erfolgreichen Aufstieg der deutschen Brauwirtschaft war ihr hoher Organisationsgrad, der nicht nur zur Stabilisierung der Marktpreise beitrug, sondern auch zur Senkung der hohen Transaktionskosten, die auf der Branche lasteten. Das regional feingliedrige, eng miteinander vernetzte und vertikal integrierte Verbandswesen der deutschen Brauwirtschaft ist ein klassisches Beispiel für die positiven Impulse und die Wirkungsweise des gesellschaftlich-liberalen Korporatismus für den wirtschaftlichen Aufschwung Deutschlands im Kaiserreich: Schon vor dem Ersten Weltkrieg existierten neben dem 1871 gegründeten Deutschen Brauer-Bund drei weitere Brauereiverbände auf Reichsebene, daneben zehn Landesverbände und die oben genannten mindestens 64 Lokalverbände. Hinzu kommen noch acht Braumeistervereinigungen.[46]

Abb. 7: Richard Roesicke, Vorstandsvorsitzender der Berliner Schultheiss-Brauerei, war ein wichtiger Vordenker der modernen Unternehmensführung (die Abbildung stammt aus der Festschrift Die Schultheiss-Brauerei in Vergangenheit und Gegenwart, Berlin 1910, S. 3)

Ein Antreiber der friedlichen Annäherung zwischen Unternehmern und Arbeitnehmern in der Brauwirtschaft war Richard Roesicke (1845–1903), der nach dem Erwerb der Berliner Schultheiss-Brauerei durch seinen Vater im Jahr 1864 zunächst technischer Leiter der Brauerei war, sie 1871 in eine börsennotierte Aktiengesellschaft umwandelte und bis zu seinem Tod als Vorstandsvorsitzender leitete. Roesicke hatte schon 1887 in einer programmatischen Schrift zum Arbeiterschutz die engen Zusammenhänge zwischen einer erfolgreichen Sozialpolitik und der betriebswirtschaftlichen Kostenrechnung gesehen.[47] Neben seinem 1890 angetretenen Reichtagsmandat als Mitglied der Nationalliberalen Partei engagierte er sich auch als Vorsitzender des Verbandes der Berufsgenossenschaften und war stellvertretendes Mitglied des Reichsversicherungsamts.[48]

Lassen wir die schon erwähnten Absatz- und Preiskartelle sowie die Frachttarife einmal außer Acht, so schlägt die Transaktionskostenproblematik für die deutsche Brauwirtschaft vor dem Ersten Weltkrieg darüber hinaus im Wesentlichen auf folgende Bereiche durch, mit denen sich folgerichtig die organisierte Interessenorganisation dann auch vorrangig beschäftigte: das Personaltarifwesen und der Boykottschutzverband, die Debatte um Schutzzoll oder Freihandel, die Biersteuer, die Agitationen der Abstinenzbewegung und schließlich die gesetzliche Regulierung der Nahrungsmittelqualität. Das Gewinnbeteiligungsmodell der Brauerei zum Felsenkeller in Dresden, die seit 1896 nicht nur ihren Direktoren, sondern auch abgestuft den leitenden Angestellten und anderen „Arbeitnehmern" am unternehmerischen Erfolg teilhaben lässt, ist in dieser Form eher eine Ausnahme, soll aber an dieser Stelle zumindest nicht unerwähnt bleiben.

6.1 Personaltarifwesen und Boykottschutzverband

Nach den Erfahrungen mit den „Bier-Boykotten", die zunächst Ergebnisse sozialer Proteste der organisierten Brauereiarbeiterschaft waren, nahm das Tarifwesen einen besonderen Raum innerhalb der organisierten Interessenvertretung der deutschen Brauwirtschaft ein.[49] Der Berliner Bierboykott von 1894 ist in der zeitgenössischen Darstellung von Emil Struve ausführlich dokumentiert.[50] Tatsächlich drohten enorme Schäden, also kaum abzuschätzende Transaktionskosten, die durch die Schaffung der neuen Institution des Tarifvertrags gesenkt werden konnten. Spätere Bierboykotte infolge der Abwälzung der erhöhten Biersteuer auf den Bierpreis in den Jahren 1908/09 und 1910/11 lassen erahnen, welche Verlustpotenziale die deutsche Brauwirtschaft nach den achtmonatigen sozialen Protesten in Berlin des Jahres 1894 hinnehmen und für die Zukunft befürchten musste. Den Brauereien flossen hier rund 2 Mio. M aus den Rückstellungen des Boykottschutzverbandes zu.

Hatte man vordergründig das Gesicht bewahrt, indem den Forderungen nach Anerkennung des 1. Mai als arbeitsfreien Tag, die Bezahlung der Streiktage und die Wiedereinstellung aller Arbeiter, die am Streik teilgenommen hatten, nicht nachgekommen wurde, bedeutete doch der Abschluss von Tarifverträgen grundsätzlich nicht unerhebliche Zugeständnisse. Die Senkung der Transaktionskosten durch die Bewahrung des Betriebsfriedens hat sich für die Brauwirtschaft offenkundig gelohnt, denn sie setzte die ersten Tarifverträge zunächst gegen den energischen Widerstand der Gewerkschaften durch. Der erste Tarifvertrag wurde 1892 in Stuttgart abgeschlossen.[51] Nach dem Berliner Modell wurden zunächst 15 weitere Tarifverträge abgeschlossen, die für 120 Brauereien galten, und erst nachdem die Gewerkschaften seit 1899 ihren grundsätzlichen Widerstand gegen den Abschluss von Tarifverträge aufgegeben hatten, schnellte die Zahl bis zum Ersten Weltkrieg auf 2300 Verträge in die Höhe, die für über 5000 Brauereien galten. Fast jede zweite Brauerei war also schon um 1900 in das Tarifsystem eingebunden.

Finanzielle Schäden durch Boykotte drohten der deutschen Brauwirtschaft aber auch in anderen Zusammenhängen, z. B. bei der Erhöhung der Bierpreise. Die Bedrohung durch Boykotts war nach den Berliner Erfahrungen so dramatisch, dass im Februar 1895 mit der Gründung des Zentralverbandes Deutscher Brauereien gegen Verrufserklärungen[52] mit 181 Mitgliedern eine bemerkenswerte Institution geschaffen wurde. Wesentliche Aufgabe war der Aufbau eines Reservefonds: „Indem der Boykott-Schutzverband für sein boykottiertes Mitglied eine Versicherung des Kundenbestandes ins Leben rief, hat er die Geschäftsmoral auf eine höhere Warte gehoben und damit in ethischer Beziehung eine kulturfördernde Leistung von nicht zu unterschätzender Bedeutung geschaffen."[53]

6.2 Schutzzoll oder Freihandel?

Die deutsche Brauwirtschaft positionierte sich gegen die seltsame Allianz von „Junkern", die vor allem auch über den 1893 gegründeten Bund der Landwirte artikulierten, und „Schlotbaronen" gegen die Schutzzollpolitik.[54] Betroffen war die Brauwirtschaft durch Zölle auf Gerste, Malz, ausländisches Fassholz und böhmischen Hopfen. Neben dem Argument, die deutsche Landwirtschaft könne den Bedarf der Brauwirtschaft gar nicht decken, stand die berechtigte Befürchtung im Raum, dass hohe Zolltarife zu Preissteigerungen und einer Anhebung der allgemeinen Lebenshaltungskosten mit entsprechend negativen Folgen für den Bierkonsum führen würden, der in hohem Maße substituierbar war.

Die in der Debatte vorgebrachten Berechnungen machen deutlich, dass die zukünftige Forschung zur Brauwirtschaft die Koppelungseffekte mit der Landwirtschaft berücksichtigen muss. Die deutsche Brauwirtschaft nahm der heimischen Landwirtschaft um 1900 jährlich Rohstoffe im Wert von rund 370 Mio. M ab und führte ihr nach dem Brauprozess wiederum nutzbare Abfallstoffe wie Treber, Malzkeime oder Abfallgerste im Gesamtwert von 45 Mio. M zu. Aber auch die Pferdewirtschaft der Brauereien war bedeutend: Die über 41 000 Pferde, die in der Brauwirtschaft im Einsatz waren, hatten einen Marktwert von etwa 50 Mio. M, zu deren Ernährung jährlich Futtermittel im Umfang von etwa 30 Mio. M von der Landwirtschaft bezogen wurde.[55]

Dem Verlauf der Debatte und der Lobbyarbeit der Brauereiverbände kann an dieser Stelle nicht genauer nachgegangen werden.[56] Tatsächlich wurde im Dezember 1902 der „Bülowtarif" beschlossen.[57] Es wird in Zukunft darum gehen müssen, diese Debatte nicht nur vor dem Hintergrund des Übergangs Deutschlands vom Agrar- zum Industriestaat, sondern auch vor dem Hintergrund der jüngsten Thesen von Cornelius Torp zu beurteilen, der, stark verkürzt, den „Bülow-Tarif" positiv als Antwort auf die Herausforderungen der Globalisierung bewertet hat.[58] Klaus Hildebrand hat allerdings zu Recht darauf hingewiesen, dass es sich dabei im Kern aber um eine gesellschaftspolitische Auseinandersetzung handelte.[59] Der brauwirtschaftliche Aspekt kann dabei helfen, den Blick für die ökonomischen Dimensionen zu schärfen, die schon Wilhelm Röpke in seiner fundamentalen Kritik am „Bülow-Tarif" 1926 überzeugend ausgebreitet und die erstaunliche Langlebigkeit protektionistischer Handelspolitik mit der des „Hexenaberglaubens" verglichen hatte.[60]

6.3 Die Biersteuer

Obwohl das System der Materialsteuer weitgehende Anreize zur Steigerung der Produktivität gegeben hatte, hemmte die Zersplitterung Deutschlands in insgesamt fünf autonome Brausteuergebiete auf der anderen Seite die Marktintegration der deutschen Brauwirtschaft. Zudem drohten steigende Transaktionskosten nicht nur durch neue Zolltarife, sondern auch durch wiederholte Anläufe zur Erhöhung der Biersteuer, die zu einer immer wichtigeren Einnahmequelle des Deutschen Reichs wurde. 1873 betrugen die Einnahmen aus der Biersteuer gerade einmal 45,8 Mio. M, stiegen aber dann kontinuierlich an und erreichten nach den Steuererhöhungen von 1906 und 1909 am Vorabend des Ersten Weltkriegs 231,9 Mio. M.[61] Die herausragende Bedeutung der Brauwirtschaft wie überhaupt der Nahrungs- und Genussmittelindustrie zur Finanzierung des Staatshaushalts – die Einnahmen aus der Branntweinsteuer betrugen zur selben Zeit 194 Mio. M, aus der Zuckersteuer 174 Mio. M, beim Salz 62 Mio. M, beim Tabak 54 Mio. M und beim Schaumwein 10 Mio. M[62] – ist in der Forschung bislang kaum beachtet worden. Etwa ein Viertel des Steueraufkommens aus den Reichs- und Ländersteuern in Höhe von insgesamt rund 3 Mrd. M stammte aus der Ernährungsindustrie – die Landwirtschaft nicht einmal mitgerechnet.

Es gab wiederholt Anstrengungen, die Brausteuer zu erhöhen. Zunächst konnte die Brauwirtschaft entsprechende Vorstöße in den Jahren 1869 und 1872 sowie bis 1892 weitere fünf Versuche erfolgreich abwehren.[63] Seit 1903, also in unmittelbarer zeitlicher Nähe zu den „Bülow-Tarifen“, wurde die Reform der Brausteuer dann aber unaufhaltsam auf den Weg gebracht und schließlich 1906 mit der Einführung einer Staffelsteuer nach Größenklassen umgesetzt. Die Steuersätze wurden 1909 noch einmal erhöht. Dies bedeutete konkret eine Erhöhung der Steuerlast von 1,35 M pro hl auf 3,31 M pro hl – mit fatalen Folgen für den Bierkonsum und den Biermarkt. Der Pro-Kopf-Verbrauch fiel unter die 100 l-Grenze und damit hinter den Stand der 1890er Jahre zurück. Entsprechend intensivierten die Brauereien ihre Exporttätigkeit – ein Ventil, das aber nur die kapitalstarken Großbrauereien erfolgreich nutzen konnten.[64]

Die Brauwirtschaft gründete 1908 den Schutzverband der Brauereien der Norddeutschen Brausteuergemeinschaft und verwandter Gebiete, der vor allem kleinbetrieblich und mittelstandsorientiert war. Er hatte konkret die Abwehr weiterer Regulierungen des Biermarkts zum Ziel, denn schon zu diesem Zeitpunkt wurden Pläne einer umfassenden Kontingentierung von Rohstoffen entwickelt,[65] die dann im zweiten Kriegsjahr, im April 1915, Realität wurde. Die Zwangsbewirtschaftung, gerade im Ernährungsbereich, scheiterte auf breiter Front[66] – mit fatalen Folgen für die Bierqualität und das Konsumverhalten nach 1918. Auch der Schutzgedanke der Kontingentierungspolitik für kleine und mittlere Brauereien griff nicht, vielmehr förderte die Kontingentierung den Konzentrationsprozess noch. Allein bis November 1917 kam es zu 1247 Übertragungsverträgen – darunter bereits 70 Übernahmen bzw. Fusionen.[67] Dieser Trend sollte sich nach dem Ersten Weltkrieg noch weiter fortsetzen. Allein die fünf Dortmunder Aktienbrauereien gelangten durch den Aufkauf von Braukontingenten bis um die Mitte der 1920er Jahre in den Besitz von insgesamt 37 ehemals eigenständigen Brauereien.[68]

6.4 Agitationen der Abstinenzbewegung

Im Mittelpunkt der externen Kommunikation des Brauereiverbands stand die Auseinandersetzung mit der Abstinenzbewegung, die sich um 1810/1830 in England und in den USA formiert hatte und Mitte der 1880er Jahre mit dem Ziel der „Trockenlegung“ auch nach Deutschland kam. Die Abstinenzbewegung war seit 1884 im Deutschen Verein gegen den Missbrauch geistiger Getränke, im Blauen Kreuz sowie bei den Guttemplern organisiert. Nachdem die Koalitionsstrategie gegen den Branntwein gescheitert war, zog man mit großen Geldmitteln und hohem agitatorischen Aufwand gegen die „Biergefahr“ zu Felde.[69] Einen starken Partner fand die Anti-Alkohol-Liga dabei im Verband der Mineralwasserfabrikanten, der in der regionalen Presse Artikel folgenden Inhalts streute: „Alkoholfreie

Getränke! Ein Angehöriger des Braugewerbes hat vor kurzem in einer Brauerzeitung einen Bericht veröffentlicht, der den Stempel einer einseitigen Auffassung zu gunsten des Brauereigewerbes und zu ungunsten der beliebten alkoholfreien Getränke an der Stirn trägt. Der Aufsatz enthält ferner eine Reihe von bedenklichen Unrichtigkeiten und Irrtümern. Die alkoholfreien Getränke brauchen einen Vergleich mit dem Bier in keiner Weise zu scheuen, im Gegenteil, ein Vergleich wird zugunsten der alkoholfreien Getränke ausfallen. So bedingt den erfrischenden Geschmack des Bieres der hohe Gehalt an Kohlensäure, alkoholfreie Getränke enthalten aber weit mehr Kohlensäure als Bier. [...] Das Bier macht infolge seines Alkoholgehaltes müde, schläfrig und stumpf, gute alkoholfreie Getränke wirken belebend, durstlöschend, blutverdünnend und regen dauernd zu frischer Tätigkeit an.“[70]

Auch zunehmende politische Interventionsversuche beunruhigten die Brauwirtschaft, nachdem 1903 der „Internationale Kongreß gegen den Alkoholismus“ aus ihrer Sicht eine bedrohliche Nähe zu ministeriellen Kreisen gefunden hatte. Die Brauereilobby gründete als Reaktion den „Schutzverband gegen die Uebergriffe der Abstinenten“ und startete eine öffentliche Gegenkampagne mit einer systematischen Pressearbeit – im Deutschen Brauer-Bund wurde eine eigene Presseabteilung eingerichtet – sowie mit Flugschriften und einer breit angelegten Förderung wissenschaftlicher Untersuchungen. Sowohl eine Novelle zur Gewerbeordnung, wonach alle Städte über 10 000 Einwohner einen Bedürfnisnachweis für die Konzessionierung neuer Wirtschaften hätten beibringen müssen, als auch die Forderung nach einer grundsätzlichen Konzessionierung des Flaschenbierhandels konnten dadurch erfolgreich abgewehrt werden.[71]

Richard Roesicke, Generaldirektor von Schultheiss, bewies auch bei den Auseinandersetzungen mit der Abstinenzbewegung Weitsicht und setzte – ähnlich wie in der „Sozialen Frage“ – auf Kooperation und Entschärfung der Interessengegensätze, ein Standpunkt, der, wenn auch unter anderen Vorzeichen, in der gegenwärtigen Suchtdiskussion hochaktuell und modern ist. Auf dem fünften Deutschen Brauertag 1884 in Berlin äußerte er sich dazu so: „Es ist keine

Übertreibung wenn ich sage, das Braugewerbe hat eine Kulturaufgabe zu erfüllen; kann ich mich doch dabei auf Autoritäten wie Kanke, Kosenthahl, Sell usw. berufen. Meine Herren, das Bier hat dem Branntwein Konkurrenz zu machen, es hat dessen Umsichgreifen Einhalt zu gebieten, denn wie einer der größten Bekämpfer des Alkohols, Dr. Baer, in seinem berühmten Buche „Ueber den Alkoholismus“ sagt: Das Bier ist der größte Feind des Branntweins, die beste Waffe gegen dessen Macht und Verderben. Meine Herren, deshalb können wir unsererseits die Bestrebungen jenes großen Vereins, der sich die Aufgabe gestellt hat, den übermäßigen Alkoholismus zu bekämpfen, nur mit Genugtuung begrüßen, wie andererseits jener Verein uns als seinen besten Verbündeten betrachten müsste. Der Erfüllung dieser Kulturaufgabe werden wir um so leichter gerecht werden, je bessere und wohlfeilere Biere wir zu brauen imstande sind.“[72]

6.5 Lebensmittelrecht

Mit dem Durchbruch zur modernen, standardisierten, (groß)industriellen Massenproduktion von Nahrungsmitteln wurden zugleich die Grundlagen für den modernen Verbraucherschutz gelegt, der sich, historisch betrachtet, aus der Diskussion um die Anwendung chemischer Konservierungsmittel, der Zulassung der künstlichen Färbung und der genauen Definition von einzelnen Nahrungsmittelinhaltsstoffen entwickelt hat. Mit den steigenden Anforderungen von Urbanisierung und Industrialisierung sowie dem Aufbau der kommunalen Daseinsvorsorge an die staatliche Gesundheitspolitik schuf das zuständige Reichsamt des Innern 1876 mit dem Kaiserlichen Gesundheitsamt (KGA) als beratendem Organ eine technische Sonderbehörde, die maßgeblich an der ersten reichseinheitlichen gesetzlichen Regelung des Verkehrs mit Nahrungsmitteln durch das Nahrungsmittelgesetz vom 14. Mai 1879 (NMG) mitwirkte. Generell lässt sich feststellen, dass es mit dem Aufkommen der modernen Ernährungsindustrie auch zu ernährungsphysiologisch bedeutungsvollen Veränderungen der Nahrungsmittel kam, die die Nahrungsmittelqualität nachhaltig verbesserten. Dabei sind die Auffassungen darüber, wie Nahrungsmittelqualität jeweils bewertet wird, selbst Bestandteil des allgemeinen sozio-kulturellen Wandels. Das NMG von 1879 hat schließlich den Ausbau eines leistungsfähigen Netzes von Lebensmitteluntersuchungsanstalten vorangetrieben, das den gröbsten Missständen schon bald die Spitze brach. Auch wurde die Gesundheitsschädigung um den Tatbestand der ernährungsphysiologischen Wertminderung erweitert. Dennoch blieben die rechtlichen Grundlagen lange noch ein „Flickwerk aus kommunalen und territorialen Bestimmungen", die vielfach noch stark den Regelungen der Vormoderne sowie lokalspezifischen Gewohnheiten verhaftet waren.[73] Mit der Aussparung von Legaldefinitionen, also konkreten Begriffsbestimmungen zu einzelnen Lebensmitteln und Lebensmittelinhaltsstoffen, bestand ein grundsätzlicher Mangel, der schon bald den Erlass von Spezialgesetzen für Wein, Margarine, Butter, Käse, Schmalz, Zucker und künstlichem Süßstoff nach sich zog. Bei allen anderen Lebensmitteln waren im Streitfall langwierige Gutachterprozesse eher die Regel als die Ausnahme. „Zum Schlüsselproblem des Nahrungsmittelmarktes wurden die Informationsasymmetrien zwischen Käufern und Herstellern bzw. Händlern, die sich im Vergleich zur Vorindustrialisierung potenzierten. Es schien, als sinke die Nahrungsmittelqualität im Gleichschritt mit dem Anwachsen der Zahl der Transaktionen zwischen Produzent und Konsument. Dass Fabrikanten und Händler ihren Informationsvorsprung zu ihrem eigenen Vorteil ausnutzten, wurde aus Sicht der Konsumenten wahrscheinlicher; das fragile Gleichgewicht zwischen Vertrauen und akzeptablem Risiko beim Nahrungsmittelkonsum war empfindlich gestört. [...] Vor diesem Hintergrund erschien es sowohl vom Standpunkt der Konsumenten, aber auch der Wirtschaft notwendig, neue Formen der Vertrauenssicherung zu finden. Die wachsenden und zudem stärker reflektierten Informationsasymmetrien betrafen nicht nur die Verbraucher, sondern genauso auch die Nahrungsmittelproduzenten und -händler, die vielfach keine qualitätsgerechten Preise durchsetzen konnten. Das Ziel des Verbraucherschutzes und das der Sicherung eines funktionsfähigen Marktes trafen sich somit. Die fortschreitende Etablierung einer kritischen Öffentlichkeit spielt hier eine zentrale Rolle, die gegenwärtigen Wandlungsprozesse wurden scharf beobachtet.“[74]

Auch der Brauwirtschaft drohten hohe Transaktionskosten durch lebensmittelrechtliche Unsicherheiten beim Bier: Zahllose juristische Prozesse und wissenschaftliche wie politische Diskussionen, z. B. über die Verwendung von Malzsurrogaten, den Einsatz von künstlichen Süßstoffen oder Kartoffelsirup im Brauprozess oder die Bierfärbung mit sogenannter Zuckercouleur, lasteten als Rechtsunsicherheit auf der Branche.[75] Lösungen wurden durch das Mitwirken am Deutschen Lebensmittelbuch von 1905 gefunden, in dem auch für die Brauwirtschaft verbindliche freiwillige Qualitätsgrundsätze niedergelegt wurden. Mit dem Brausteuergesetz vom 3. 6. 1906 wurde schließlich die Verwendung von Malzersatzstoffen verboten und damit das Reinheitsgebot auch in der norddeutschen Brausteuergemeinschaft eingeführt.[76]

7 Ausblick

Die bestehenden Forschungslücken zur Geschichte der deutschen Brauwirtschaft müssen dringend geschlossen werden. Der vorliegende Beitrag versteht sich dabei als Orientierungsrahmen für die erste Industrialisierungsphase im „langen 19. Jahrhundert“. Es wird notwendig sein, diesen für das 20. Jahrhundert fortzuschreiben.

Nicht berücksichtigt sind darin die vielfältigen kulturellen Faktoren, die den Bierkonsum maßgeblich bestimmten und als wichtige Rahmenbedingungen ebenfalls betrachtet werden müssen. Ökonomische und kulturelle Faktoren haben sich gegenseitig stark beeinflusst. Daher müssen die regionalen und lokalen Trinkgewohnheiten in besonderer Weise bedacht werden, die bis heute die Besonderheit des deutschen Biermarktes mit über 1000 selbständigen Brauereien ausmachen. Die Konzentrationsquote, d. h. der Marktanteil der drei größten Brauereiunternehmen, liegt in Deutschland noch heute bei etwa 40 %, obwohl es auch hier in den letzten Jahren enorme Konzentrationsprozesse gegeben hat. In Mittel- und Westeuropa liegt dieser

Wert zum Vergleich bei 90 % und geht in Osteuropa sowie den meisten anderen Welt- und Wachstumsmärkten nahe an die 100 %-Grenze heran.[77] Es ist davon auszugehen, dass diese regionalen und lokalen Besonderheiten in Deutschland auch die jeweiligen wirtschaftlichen Strukturen stark beeinflusst haben. Sie werden also von der künftigen Forschung in besonderer Weise zu berücksichtigen sein.

Sieht man von den Aktiengesellschaften einmal ab, wird aufgrund der Quellenlage eine Schwierigkeit darin liegen, den „ökonomischen Kern" gerade der kleineren und mittelständischen Unternehmen herauszuarbeiten, denn Unternehmensarchive sind in diesem Segment rar und oftmals unvollständig, wie die Beispiele Veltins und Warsteiner zeigen.[78] Ihr Weg von einer kleinen Landbrauerei zu einer modernen Großbrauerei ist kaum mehr zu rekonstruieren und lediglich noch zu erahnen. Überhaupt wird die historische Forschung nur auf eine sehr begrenzte Auswahl unternehmensgeschichtlicher Quellen zurückgreifen können. Das Modell des Westfälischen Wirtschaftsarchivs (WWA) mit seinem Dortmunder Brauerei-Archiv ist gerade in einer Zeit massiver struktureller Veränderungen der Unternehmenslandschaft zukunftweisend. So wurde auch der deutsche Biermarkt spätestens seit Juni 2001 von der rasant fortschreitenden Globalisierung eingeholt, in deren Folge die Homburger Karlsberg-Brauerei, die Bremer Brauer Beck & Co, die Hannoveraner Gilde-Brauerei, die Münchner Spaten-Brauerei mit der Traditionsmarke Löwenbräu oder die Hamburger Holsten-Gruppe von den „global-playern" Heineken, Anheuser-Busch Inbev und Carlsberg übernommen wurden.[79] Im Gegensatz zur Radeberger Gruppe, die nach der Übernahme der Dortmunder Brauereien das WWA beim Aufbau des Dortmunder Brauerei-Archivs bis heute maßgeblich unterstützt, wird das historische Erbe der genannten deutschen Traditionsbrauereien nicht weiter gepflegt und es drohen sogar unwiederbringliche Verluste für die historische Forschung.

Anmerkungen

1 Westfälisches Wirtschaftsarchiv (WWA) Dortmund, S 6 Nr. 949.

2 Vgl. Wirtschaftlicher Ausschuß der Versuchs- und Lehranstalt für Brauerei in Berlin: Ueber die volkswirtschaftliche Bedeutung und Lage der Bierbrauerei in Deutschland, in Tageszeitung für Brauerei Nr. 91 (19. 4. 1904), S. 409–410.

3 Vgl. grundlegend Karl-Peter Ellerbrock: Geschichte der deutschen Nahrungs- und Genußmittelindustrie 1750–1914, Stuttgart 1993 und die dort angegebene weiterführende Literatur.

4 Vgl. R. G. Wilson und T. R. Gourvish (Hg.): The Dynamics of the International Brewing Industry since 1800, London u. a. 1998.

5 Positive Ausnahmen sind Angela Zatsch: Die Brauwirtschaft Westfalens. Ein Wegbereiter des modernen Getränkekonsums, in: Hans Jürgen Teuteberg (Hg.): Durchbruch zum modernen Massenkonsum. Lebensmittelmärkte und Lebensmittelqualität im Städtewachstum des Industriezeitalters, Münster 1987 (= Studien zur Geschichte des Alltags 8), S. 237–275 und jüngst Holger Starke: Vom Brauerhandwerk zur Brauindustrie. Die Geschichte der Bierbrauerei in Dresden und Sachsen 1800–1914, Köln 2005; vgl. im Übrigen die Übersicht bei Ellerbrock, Nahrungs- und Genußmittelindustrie, S. 339; zukunftsweisend für die Verknüpfung von regional- und unternehmensgeschichtlichem Ansatz Clemens Wischermann: Zur Industrialisierung des deutschen Braugewerbes im 19. Jahrhundert: Das Beispiel der Reichsgräflich zu Stolbergschen Brauerei Westheim in Westfalen 1860–1913, in: Zeitschrift für Unternehmensgeschichte 30 (1985), S. 143–180; zuletzt Roman Köster zur Geschichte der Dortmunder Brauwirtschaft, die sich am Beispiel der Dortmunder Aktienbrauerei mit der Konzentrationsproblematik nach 1914 beschäftigt, vgl. Roman Köster: Die Konzentrationsbewegung in der Dortmunder Brauindustrie 1914–1924. Das Beispiel der Dortmunder Actienbrauerei, Essen 2003 (= Bochumer Schriften zur Unternehmens- und Industriegeschichte 10).

6 Als theoretischer Bezugsrahmen vgl. Karl-Peter Ellerbrock und Clemens Wischermann (Hg.): Die Wirtschaftsgeschichte vor der Herausforderung durch die New Institutional Economics, Dortmund 2004.

7 Zum Konzept von „agribusiness“ bzw. „nutrition chain“ vgl. Teuteberg, Massenkonsum, S. 31.

8 Gustav Schmoller: Studien über die wirthschaftliche Politik Friedrichs des Großen und Preußens überhaupt von 1680 bis 1786, Teil XII, in: Schmollers Jahrbuch N. F. 11 (1887), S. 790.

9 Karl-Peter Ellerbrock: An der Schwelle zur Konsumgesellschaft: Traditionelle Nahrungswirtschaft und die Anfänge der industriellen Nahrungsmittelproduktion in Preußen im ausgehenden 18. und im 19. Jahrhundert, in: Michael Prinz (Hg.): Der lange Weg in den Überfluss. Anfänge und

Entwicklung der Konsumgesellschaft seit der Vormoderne, Paderborn u. a. 2003, S. 273–289.

10 Vgl. Ellerbrock, Nahrungs- und Genußmittelindustrie, S. 63–82.

11 Friedrich II hatte 1766 bis zum Ende seiner Regierungszeit die Erhebung der indirekten Steuern und der Zölle an die „Administration générale des accises et des péages", ein Konsortium französischer Finanzfachleute unter der Führung von Marc Antoine André der la Haye de Launay, verpachtet; immer noch grundlegend Walther Schultze: Geschichte der Preussischen Regieverwaltung von 1766 bis 1786, Leipzig 1888.

12 Vgl. Acta Borussica. Denkmäler der Preußischen Staatsverwaltung im 18. Jahrhundert. Herausgegeben von der Königlichen Akademie der Wissenschaften. Die einzelnen Gebiete der Verwaltung, Handels-, Zoll- und Akzisepolitik. Dritter Band, Erste Hälfte: Die Handels-, Zoll- und Akzisepolitik Preußens 1740–1786, bearbeitet von Hugo Rachel, Berlin 1928, S. 243; vgl. auch Ellerbrock, Nahrungs- und Genußmittelindustrie, S. 89–90.

13 Vgl. Hans Wolfram Graf von Finckenstein: Die Entwicklung der Landwirtschaft in Preußen und Deutschland 1800–1930, Würzburg 1960, S. 173–175, der sich auf die Angaben des preußischen Statistikers Leopold Krug stützt.

14 Vgl. grundlegend Hans J. Teuteberg und Günter Wiegelmann: Unsere tägliche Kost. Geschichte und regionale Prägung, Münster 1986; Diess.: Der Wandel der Nahrungsgewohnheiten unter dem Einfluß der Industrialisierung, Göttingen 1972.

15 Vgl. auch Ellerbrock, Konsumgesellschaft.

16 Vgl. dazu besonders die zwischen dem liberalen Ökonomen Albert Schäffle und einem anonymen Autor in der Deutschen Vierteljahrs-Schrift (76) 1856, S. 1–86 und S. 259–325 geführte Debatte.

17 So der Leitartikel von Karl Marx in der New-York Daily Tribune Nr. 4694 vom 5. Mai 1856; vgl. Karl Marx und Friedrich Engels: Werke, Bd. 11, Berlin (Ost) 1961, S. 636–640. Marx zitierte hier pikanterweise aus einem jüngst erschienenen Artikel der regierungsnahen „Preußischen Correspondenz".

18 Vgl. Statistik des Bestandes der Aktiengesellschaften und Kommanditgesellschaften auf Aktien im Deutschen Reiche am 31. Dezember 1906, in: Vierteljahrshefte zur Statistik des Deutschen Reichs 16 (1907), S. 370–372.

19 Vgl. Ellerbrock, Nahrungs- und Genußmittelindustrie, S. 284.

20 Für das Folgende vgl. Ellerbrock, Nahrungs- und Genußmittelindustrie, S. 291–299.

21 Vgl. Handbuch der deutschen Aktien-Gesellschaften, 1. Aufl., Ausgabe 1896/97, Leipzig (später auch Berlin) o. J. [1898] ff.

22 Vgl. Karl-Peter Ellerbrock: Zwischen Markt und „alter Ordnung". Betrachtungen zum frühen Unternehmertum im Dortmunder Wirtschaftsraum, in: Ulrich Soénius (Hg.): Bewegen – Verbinden – Gestalten. Unternehmer vom 17. bis zum 20. Jahrhundert. Festschrift für Klara van Eyll, Köln 2003, S. 87–97; ders.: Die Familie Mauritz und die DAB, in: Heimat Dortmund 3 (2003), S. 12–14; ders.: Die Familie Heller und die Hansa Brauerei, in: Heimat Dortmund 3 (2003), S. 17 f.

23 Vgl. auch Robert Wibiral: Kapitalkonzentration im Brauereigewerbe, Berlin

1908; Robert Mansfeld: Die Kapitalkonzentration im deutschen Braugewerbe, Berlin 1913.

24 Das Thema wurde zu einem Dauerbrenner der zeitgenössischen volkswirtschaftlichen Diskussion; vgl. Kurt Danziger: Die Konzentration in der badischen Brauwirtschaft, Karlsruhe 1913; Hermann Otto: Die Konzentrationsbewegung in der deutschen Brauindustrie, Diss. Msch. o. O. 1923; Hans Thiemann: Die Konzentrationsbewegung in der deutschen Brauindustrie, Diss. Msch. Leipzig 1927.

25 Vgl. Ellerbrock, Nahrungs- und Genußmittelindustrie, S. 191–194 und S. 415–424 und die dort vorhandenen Quellenhinweise.

26 Ebd., S. 189–194.

27 Vgl. genauer Ellerbrock, Konsumgesellschaft, S. 271–278.

28 Diese und die nachfolgenden Berechnungen fußen auf den Ergebnissen der reichseinheitlichen amtlichen Gewerbezählungen von 1875, 1882, 1895 und 1907; vgl. Statistik des Deutschen Reichs, Bd. 34, N. F. Bde. 113–119, N. F. Bde. 213–222, Berlin 1879 ff.

29 So die Expertenmeinung von Prof. Joseph Ecker, Direktor der brautechnischen Abteilung der TH München in Weihenstephan, in seinem Artikel Bier und Bierbrauerei, in: Handwörterbuch der Staatswissenschaften, Bd. 2, 4. Aufl., Jena 1924, S. 838.

30 Vgl. genauer Karl-Peter Ellerbrock: Company archives and globalization: the case of the brewing industry, in: Imprese e storia 35 (2007), S. 115–126.

31 Vgl. Die Schultheiss-Brauerei in Vergangenheit und Gegenwart, Berlin 1910; Erich Borkenhagen: 125 Jahre Schultheiss-Brauerei. Die Geschichte des Schultheiss-Bieres in Berlin von 1842 bis 1967, Berlin 1967.

32 Besonders zu erwähnen sind Franz Chodounsky: Zur Oekonomie der Brauindustrie, Prag 1900 (= Berichte der Versuchsanstalt für Brauindustrie in Böhmen II, 4) sowie die frühen historischen Beiträge von Max Delbrück und Emil Struve: Beiträge zur Geschichte des Biers und der Brauerei. Gesammelte Vorträge, Berlin 1903; vgl. ansonsten den Überblick über die ältere Literatur bei Fritz Schoellhorn: Bibliographie des Brauwesens, Einsiedeln o. J. [um 1926], fortgesetzt von F. Kutter im Jahrbuch der Gesellschaft für die Geschichte und die Bibliographie des Brauwesens (Jb GGBB) 1953 ff.

33 Mikulás Teich: Bier, Wissenschaft und Wirtschaft in Deutschland 1800–1914. Ein Beitrag zur deutschen Industrialisierungsgeschichte, Wien 2000.

34 Vor- und frühindustrielle Darstellungen zum Beispiel des Gärungsprozesses erinnern heute eher an alchimistische Experimente.

35 So z. B. die seit 1878 bestehenden Ausnahmetarife für Bier, die Aufnahme von Bier in den Spezialtarif I des Eisenbahngütertarifs im Jahr 1888 oder die Frachtsätze für Eis im Eistarif von 1884; vgl. Erich Borkenhagen: 100 Jahre Deutscher Brauer-Bund e. V. 1871–1971. Zur Geschichte des Bieres im 19. und 20. Jahrhundert, Bonn 1971, S. 37.

36 Erich Rausch: 30 Jahre Lastkraftwagen in der Brauerei unter besonderer Berücksichtigung der bei der Versuchs- und Lehranstalt für Brauerei in

Berlin gemachten Erfahrungen, Teil 1, in: Tageszeitung für Brauerei Nr. 93 (20.4.1930), S. 437–439.

37 Ebd.

38 Die Unternehmer verpflichteten sich, „die Züge während der auf 5 Jahre bemessenen Lebensdauer jederzeit in einem solchen Zustande zu erhalten, dass ihre Verwendung für militärische Zwecke und ihre Übergabe in kriegsbrauchbarem Zustande im Mobilmachungsfalle gewährleistet ist". Die Ausführungsbestimmungen umfassten insgesamt über 90 Punkte, in denen vor allen Dingen die technischen Details geregelt waren; vgl. Erich Rausch: 30 Jahre Lastkraftwagen in der Brauerei unter besonderer Berücksichtigung der bei der Versuchs- und Lehranstalt für Brauerei in Berlin gemachten Erfahrungen, Teil 2, in: Tageszeitung für Brauerei Nr. 102 (2.5.1930), S. 485–488.

39 Davon entfiel die Masse auf Berlin und die rheinisch-westfälischen Regierungsbezirke; ihr Anteil betrug zusammen 60,1 % von Preußen und 37,3 % vom Deutschen Reich; vgl. die jeweiligen Angaben in den Vierteljahrsheften zur Statistik des Deutschen Reichs.

40 Gustav Stresemann: Die Entwicklung des Berliner Flaschenbiergeschäfts, Diss. Msch. Leipzig 1902.

41 Vgl. Hans Ruppaner: Das Flaschenbiergeschäft im Braugewerbe. Untersucht nach seiner Entwicklung, seiner technisch-biologischen und wirtschaftlichen Bedeutung, Diss. München, Murnau 1935, S. 10–12; Alexander Hoecht: Die Organisation und Technik des Bierabsatzes im Braugewerbe, Diss. München 1929.

42 Für das Folgende vgl. Josef Grübl: Kosten und Bierpreis im 19. und 20. Jahrhundert, in: Brauwelt 63 (1961), S. 1438–1462 und die Berechnungen von Borkenhagen, 100 Jahre, S. 18 ff.

43 Angaben nach Borkenhagen, 100 Jahre, S. 20.

44 Vgl. Birgit Speckle: Streit ums Bier in Bayern. Wertvorstellungen um Reinheit, Gemeinschaft und Tradition, Diss. München 1999, Münster u. a. 2001, S. 186–196.

45 Vgl. Der Deutsche Brauer-Bund 1871–1921, verfasst von M. Busemann, o. O. o. J. [Berlin 1921], S. 133.

46 Vgl. Emil Struve: Bericht über die Ereignisse der Berathungen der Freien Kommission behufs Erörterungen praktischer Fragen auf dem Gebiete der wirtschaftlichen Interessenvereinigung des Braugewerbes, in: Jahrbuch der Versuchs- und Lehranstalt für Brauerei, Bd. 4, Berlin 1902, S. 187–201; Emil Wolff: Wirtschaftliche Organisationsfragen im Braugewerbe, in: Tageszeitung für Brauerei Nr. 146 (24.6.1911), S. 797–799; C. Hartl: Die wirtschaftliche Organisation des deutschen Braugewerbes in Vergangenheit und Gegenwart, Diss. Erlangen 1911, Langensalza o. J.; Hanns Knoblauch: Die Organisation der Deutschen Brauindustrie, Berlin 1920; Gunther Tilse: 75 Jahre Verband Dortmunder Bierbrauer 1898–1973, in: Jb GGBB (1975), S. 83–107; G. Brand: Aus der Geschichte des Verbandes Rheinisch-Westfälischer Brauereien, in: Jb GGBB (1960), S. 141–153; Olga-Elisabet Heymann: Der Bier- und Spritkonzern. Die Interessengemeinschaft

Ostwerke-Schultheiß-Patzenhofer-(Pschorr-)Kahlbaum GmbH, Berlin 1923; Emil Wolff: Die Denkschrift über das Kartellwesen und die Brauereivereinigungen, in: Allgemeine Brauer- und Hopfen-Zeitung 46 (1906), S. 513–514; 47 (1906), S. 525–528; 48 (1906), S. 545–547.

47 Richard Roesicke: Arbeiterschutz, Dessau 1887.

48 Zu Roesicke vgl. Walther Killy und Rudolf Vierhaus (Hg.): Deutsche Biographische Enzyklopädie, Bd. 8, München 1998.

49 Vgl. für das Folgende Emil Wolff: Lohnsystem und Löhne in der deutschen Brauindustrie, Berlin 1912; Eduard Backer: Geschichte der Brauereiarbeiterbewegung, Berlin 1916; Brauer-Bund 1871–1921, S. 118–129; Borkenhagen, 100 Jahre, S. 30–34 und S. 39–44.

50 Emil Struve: Der Berliner Bierboykott von 1894. Ein Beitrag zur Geschichte der sozialen Klassenkaempfe der Gegenwart aktenmaessig dargestellt, Berlin 1897.

51 Der Wortlaut ist abgedruckt bei Borkenhagen, 100 Jahre, S. 31.

52 Der Sitz war Berlin; seit 1905 Deutscher Boykottschutzverband für Brauereien, dem seit 1896 auch schweizerische Brauereien beigetreten waren; seit 1904 gab es außerdem den Boykottschutzverband Rheinisch-Westfälischer Brauereien.

53 Brauer-Bund 1871–1921, S. 123.

54 Vgl. analytisch hervorragend Ulrich Teichmann: Die Politik der Agrarpreisstützung. Marktbeeinflussung als Teil des Agrarinterventionismus in Deutschland, Köln 1955, der in der jüngeren Forschung leider kaum Beachtung fand.

55 Vgl. Wirtschaftlicher Ausschuß, volkswirtschaftliche Bedeutung, S. 409–410.

56 Zum Einstieg vgl. den kursorischen Überblick bei Borkenhagen, 100 Jahre, S. 44–46.

57 Vgl. aus der zeitgenössischen Literatur neben den einschlägigen Artikeln in den verschiedenen Auflagen des Handwörterbuchs der Staatswissenschaften vor allem Fritz Beckmann: Die Wirkung der Getreidezölle des Bülowtarifs von 1902, o. O. 1913; Kurt Borchard: Die Wirkungen der Getreidezölle auf die Getreidepreise, Diss. Berlin 1913.

58 Vgl. Cornelius Torp: Die Herausforderung der Globalisierung. Wirtschaft und Politik in Deutschland 1860–1914, Diss. Halle-Wittenberg 2004, Göttingen 2005.

59 Vgl. Frankfurter Allgemeine Zeitung vom 25. November 2005.

60 Vgl. Wilhelm Röpke: Artikel Schutzsystem, in: Handwörterbuch der Staatswissenschaften, 7. Bd., 4. Aufl., Jena 1926, S. 279–297.

61 Vgl. Brauer-Bund 1871–1921, S. 173.

62 Vgl. ebd. S. 161.

63 Vgl. den systematischen Überblick bei Borkenhagen, 100 Jahre, S. 22; genauer Emil Struve: Die Bierbrauerei und die Bierbesteuerung in den Hauptkulturländern, Berlin 1909; H. Köppe: Artikel Biersteuer, in: Handwörterbuch der Staatswissenschaften, Bd. 2, 4. Aufl., Jena 1924, S. 848–868 mit einem ausführlichen Überblick über die zeitgenössische und ältere Lite-

ratur; Gerhard von Keussler: Die Staffelung der Biersteuer. Ihre finanztheoretische und wirtschaftliche Begründung in Vergangenheit und Gegenwart, in: Jb GGBB (1966), S. 161–318.

64 Vgl. genauer Ellerbrock, Nahrungs- und Genußmittelindustrie, S. 420.

65 Vgl. Brauer-Bund 1871–1921, S. 141–142.

66 Grundlegend Anne Roerkohl: Hungerblockade und Heimatfront. Die kommunale Lebensmittelversorgung in Westfalen während des Ersten Weltkrieges, Stuttgart 1991.

67 Vgl. Brauer-Bund 1871–1921, S. 142.

68 Vgl. Karl-Peter Ellerbrock: Das „Dortmunder U“: Vom industriellen Zweckbau zu einem Wahrzeichen der westfälischen Industriekultur, Münster 2009, S. 12.

69 Grundlegend Heinrich Tappe: Auf dem Weg zur modernen Alkoholkultur. Alkoholproduktion, Trinkverhalten und Temperenzbewegung in Deutschland vom frühen 19. Jahrhundert bis zum Ersten Weltkrieg, Stuttgart 1994 (= Studien zur Geschichte des Alltags 12).

70 Der Mineralwasser-Fabrikant 35 (1906), S. 768.

71 Vgl. die ausführlichen Schilderungen in: Brauer-Bund 1871–1921, S. 155–160.

72 Ebd., S. 155 f.

73 Vera Hierholzer: Nahrung nach Norm. Regulierung von Nahrungsmittelqualität in der Industrialisierung 1871–1914, Göttingen 2010, S. 340.

74 Ebd.

75 Vgl. dazu beispielsweise das Spezialinventar für den Bestand Ministerium für Handel und Gewerbe im Geheimen Staatsarchiv Preußischer Kulturbesitz in Berlin Dahlem.

76 Vgl. Brauer-Bund 1871–1921, S. 109 ff.

77 Vgl. genauer Ellerbrock, Globalization.

78 Vgl. Dorothee Grüber: 175 Jahre Brauerei Veltins: Geschichte und Gegenwart, Hamburg 1999; Barbara Scheffran-Pieper: 250 Jahre wahre Warsteiner Tradition und Innovation 1753–2003, o. O. [Warstein] 2003.

79 Vgl. genauer Ellerbrock, Globalization.

Roman Köster

Konjunkturen, Krisen, Konzentration: Zur Entwicklung des deutschen Biermarkts vom ausgehenden 19. Jahrhundert bis zur Weltwirtschaftskrise – Dortmunder Beispiele

1 Einleitung

In der Forschung zur Brauereigeschichte stand bislang hauptsächlich die Zeit der Industrialisierung des Braugewerbes bis zum Ersten Weltkrieg im Vordergrund. Dafür gibt es auch gute Gründe, schließlich war dies die Zeit, in der sich das Braugewerbe von einem traditionellen Handwerk zu einer Industrie entwickelte. Besonders in der sogenannten Gründerzeit wurden zahlreiche Aktiengesellschaften gegründet und konnten sich auf dem Markt behaupten.[1] Vor allem seit der Mitte des 19. Jahrhunderts wurden die entscheidenden technischen Innovationen entwickelt, etwa im Bereich der Kältetechnik, die das Brauen großer Mengen untergärigen Biers auf industrielle Art und Weise ermöglichten. Die „Verwissenschaftlichung" des Brauprozesses nahm Formen an und ermöglichte somit nach und nach die Beherrschung des Brauprozesses, die lange Zeit eher ein Glücksspiel gewesen war.[2]

Zugleich wird durch die Dominanz dieser Entwicklungsphase in der wirtschaftshistorischen Forschung die Bedeutung des ersten Drittels des 20. Jahrhunderts für die Geschichte der deutschen Brauindustrie teilweise verkannt, denn um die Jahrhundertwende war der Industrialisierungsprozess der Branche noch keineswegs abgeschlossen. Neben großen Aktienbrauereien existierte weiterhin eine Vielzahl an Klein- und Kleinstbrauereien, deren Produktionsweise zu großen Teilen handwerklich geprägt blieb. In der Zeit zwischen 1900 und 1929 fand jedoch die Durchsetzung der Industrialisierung der Branche auf breiter Ebene statt: Es kam zu einem ausgeprägten regionalen Konzentrationsprozess, der viele Klein- und Kleinstbetriebe zur Aufgabe zwang und dessen Bestimmungsgründe im Folgenden näher untersucht werden sollen. Dabei soll gezeigt werden, dass die Konzentrationsbewegung nicht nur aufgrund des externen Schocks der Gerstenbewirtschaftung im und in den ersten Jahren nach dem Ersten Weltkrieg so dramatisch ausfiel, die den wichtigsten Rohstoff der Bierherstellung teilweise bis auf 5 % des Friedensverbrauchs beschnitt. Die Konzentrationswelle war zugleich auch das Resultat spezifischer Marktformen in der Brauindustrie. Diese Marktformen führten – so die im Folgenden vertretene These – schon vor dem Ersten Weltkrieg zu einem zurückgestauten Wettbewerb und einer verzögerten Konzentration, auf die nach 1914 eine scharfe Anpassung erfolgte. Diese bereinigte den Markt schließlich soweit, dass anschließend bis in die 1960er Jahre hinein die Konzentrationsbewegung in der Brauindustrie relativ gering ausfiel.

Die Darstellung beginnt zunächst mit einem knappen Überblick über die quantitative Entwicklung des Biermarkts und verfolgt den Konzentrationsprozess vornehmlich am Beispiel des Dortmunder Raums.[3] Die dabei gewonnenen Ergebnisse besitzen ein hohes Maß an Allgemeingültigkeit, weil die Brauereigeschichte generell eher als Branchengeschichte denn als Regionalgeschichte verstanden werden muss, auch wenn noch heute, also in Zeiten einer zunehmend globalisierten Brauindustrie, die Biermarken in Deutschland eine starke regionale Verankerung aufweisen. Von Bayern abgesehen, wo besondere institutionelle Rahmenbedingungen herrschten, war die Brauindustrie im hier untersuchten Zeitraum überall mit weitgehend homogenen Problemlagen in technischer und wirtschaftlicher Hinsicht konfrontiert, so dass die Dortmunder Entwicklungen in einem hohen Maß repräsentativ für die gesamte Branche sind.

2 Quantitative Entwicklung

Der Industrialisierungsprozess im Braugewerbe begann ungefähr um die Mitte des 19. Jahrhunderts.[4] Seitdem erlebte das Gewerbe ein signifikantes Wachstum, das sich besonders in der sogenannten Gründerzeit verstärkte. Nach dem Einbruch aufgrund der 1873 einsetzenden „Gründerkrise" brauchte die Branche jedoch einige Zeit, um sich zu erholen. Bis zum Ersten Weltkrieg hatte sich die Brauwirtschaft, gemessen am Wert der Erzeugung, schließlich zum zweitgrößten Industriezweig Deutschlands entwickelt, dessen Produktion, sieht man von den großstädtischen Standorten einmal ab, stark dezentralisiert und regional schwach konzentriert war.[5]

Bezüglich der quantitativen Entwicklung des Biermarkts seit der Jahrhundertwende soll zunächst die Nachfrageseite in den Blick genommen werden: Bier ist ein hochgradig konjunkturempfindliches Konsumgut. Im Untersuchungszeitraum wurde Bier vor allem von Arbeitern getrunken und war darum primär von deren Einkommen abhängig.[6] Dieses passte sich an die allgemeine konjunkturelle Entwicklung zeitlich verzögert an. Beim Vergleich der Entwicklung des Bierkonsums mit der Bevölkerungsentwicklung zeigt sich, dass der Pro-Kopf-Konsum von Bier bei ansteigender Bevölkerung bereits vor dem Ersten Weltkrieg leicht absank.[7] Weiter dürfte hineingespielt haben, dass es den Brauereien gelang, die Erhöhung der Biersteuer 1909 auf die Preise umzuwälzen.[8] Der Einfluss der Temperenzbewegung mag ebenfalls eine Rolle gespielt haben.[9] Während des Ersten Weltkriegs fiel der Konsum dann rasant ab, vor allem, weil das Bier aufgrund der Gerstenbewirtschaftung sehr dünn eingebraut wurde und kaum genießbar war.[10] In der Zeit der relativen Stabilisierung erholte sich der Bierkonsum wieder, bevor er in der Weltwirtschaftskrise einen erneuten Einbruch erlebte.

Darüber hinaus lässt sich feststellen, dass die Unternehmenszahl im Untersuchungszeitraum relativ kontinuierlich sank. Die einzige durchgängige Zahlenreihe, die sich ermitteln ließ, ist die Anzahl der in der Brauerei- und Mälzerei-Berufsgenossenschaft versicherten Brauereien (vgl. Abb. 1). Es ist deutlich zu sehen, dass sich die Abwärtsbewegung in den Jahren 1918–1922 signifikant beschleunigte, während sich ansonsten ein relativ kontinuierlicher Abfall beobachten lässt. Diese Statistik sagt jedoch noch nichts darüber aus, ob Groß- oder Kleinbrauereien vom Konzentrationsprozess besonders betroffen waren. Hinweise dazu ergeben sich bei der Betrachtung der Entwicklung der Anzahl der Aktiengesellschaften. Folgt man den

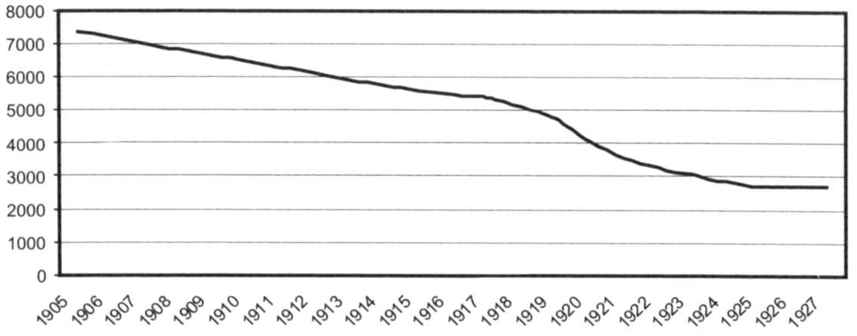

Quelle: Alfred Mauritz: Die Brauerei- und Mälzerei-Berufsgenossenschaft, in: Die deutsche Brauindustrie der Gegenwart (hg. unter Förderung des Reichsernährungsministeriums sowie des Präsidiums des Deutschen Brauer-Bundes), Mannheim 1930, S. 39.

Abb. 1: Die Anzahl der in der Brauerei- und Mälzerei-Berufsgenossenschaft versicherten Brauereien 1905–1927

einschlägigen Darstellungen[11] nahm deren Zahl tendenziell bis 1910 zu, während die der Klein- und Kleinstbrauereien bereits zu dieser Zeit abnahm. Mit Beginn des Ersten Weltkriegs begann jedoch auch die Zahl der Brauereiaktiengesellschaften signifikant zu sinken. Die am rapide fallenden Bierkonsum abzulesende massive Krise der Brauindustrie während der Zwangsbewirtschaftung im Ersten Weltkrieg und in den Jahren danach führte somit dazu, dass die Aktienbrauereien sich nicht einfach auf Kosten der kleinen Brauereien ausdehnen konnten, sondern selbst von einem massiven Konzentrationsprozess erfasst wurden, der ihre Zahl seit 1910 um mehr als ein Drittel verringerte. Die Tatsache, dass sich der Bierkonsum in den 1920er Jahren wieder erholte, zeigt, dass die überlebenden Brauereien im Durchschnitt deutlich mehr produzierten als noch vor dem Krieg. Es muss also parallel zu der schrumpfenden Zahl der Brauunternehmen eine Ausweitung der Produktionskapazitäten und eine ausgeprägte technische Rationalisierung stattgefunden haben.

3 Die Brauindustrie vor dem Ersten Weltkrieg

Die Branche hatte bereits um die Jahrhundertwende einen hohen technologischen Standard. Doch obwohl Großbrauereien gegenüber ihren kleineren Konkurrenten in Produktion und Vertrieb deutliche Kostenvorteile besaßen, hielten sich viele dieser Klein- und Kleinstbrauereien – und dies nicht nur in Bayern, wo der durchschnittliche Bierkonsum mit Abstand am höchsten war und wo sich auch die meisten Brauereibetriebe befanden.[12] Die Zahl der Betriebe schrumpfte zwar, jedoch nicht in dem Maße, wie es unter den herrschenden Marktbedingungen hätte erwartet werden können. Warum war das der Fall?

Zum einen handelte es sich um das Resultat eines extrem unelastischen Bierpreises.[13] Preiserhöhungen beispielsweise ließen sich nur unter enormen Schwierigkeiten durchsetzen. Wie etwa die Frankfurter Bierkrawalle von 1873 zeigten, konnten sie sogar zu sozialen Unruhen führen.[14] Weniger spektakulär, aber z. T. durchaus effektiv, war die Praxis der sogenannten Bierboykotte, also der verabredete Verzicht auf den Konsum des Biers einer Brauerei.[15] Dass es jedoch generell keine echte Preiskonkurrenz auf dem Biermarkt gab, hatte u. a. mit den Versuchen der Brauereien zu tun, nach Möglichkeit Absatzstellen, also vor allem Wirtshäuser und Restaurants, dauerhaft an sich zu binden. Zu diesem Zweck waren diese Beziehungen zumeist durch Bierlieferungsverträge geregelt, die verhindern sollten, dass die Wirte die Brauereien, von denen sie ihr Bier bezogen, einfach wechseln konnten.[16] Das hatte aber zur Konsequenz, dass Preissenkungen nur dann einen Effekt gehabt hätten, wenn dadurch sofortige Absatzsteigerungen hätten erreicht werden können. Nur war dies aufgrund der Bierlieferungsverträge gerade nicht zu erwarten.[17]

Durch die Darlehensvergabe an die Wirte ließen sich etablierte Ausschankstellen langfristig an das Unternehmen binden. Nach der Jahrhundertwende kam es zu einer extensiven Zunahme der Darlehensvergabe durch die Brauereien.[18] Zugleich war diese Praxis aber für die kleineren Brauereien aus zwei Gründen gefährlich: Zum einen mussten sie diesen Weg mitgehen, wollten sie ihre Absatzwege aufrechterhalten. Das war für sie finanziell eine sehr viel größere Belastung als für die Großbrauereien.[19] Zum anderen handelte es sich aber, zumindest offiziell, eben um Darlehen. Das heißt, sie tauchten in den Bilanzen als Debitoren auf. Es wären dafür im Einzelnen erst noch Quellenbelege zu finden, jedoch liegt die Vermutung nahe, dass dies psychologisch eine ungünstige Wirkung hatte. Weil die Produktionskosten somit unter den Verkaufspreisen lagen, konnte dies eine Rentabilität des Betriebs vortäuschen, die eigentlich gar nicht mehr gegeben war. Die Darlehen hätten nämlich eigentlich sofort abgeschrieben werden müssen, weil sie aufgrund der prekären Selbständigkeit vieler Wirte kaum zu realisieren waren.[20] Die Sicherheiten, die die Brauereien von den Wirten verlangten, dürften insgesamt auch mehr der Disziplinierung der Wirte gedient haben, als dass sie wirklich die Hoffnung widerspiegelten, das eingesetzte Kapital zurückzubekommen.[21] Dass Brauereien jedenfalls mitunter Kredite aufnahmen, um diese sogleich als Darlehen an ihre Kundschaft weiterzugeben, deutet darauf hin, dass diese Praxis für viele kleinere Brauereien ökonomisch äußerst ungesund war.[22]

Zusammengefasst lässt sich die Entwicklung der Brauindustrie vor 1914 durch einen gewissermaßen zurückgestauten Wettbewerb charakterisieren, der statt über den Preis über die Erlangung und Aufrechterhaltung von Absatzbeziehungen ausgetragen wurde.[23] Dies wiederum führte zu einer verzögerten Konzentration, d. h. dass viele Betriebe weiter existierten, die bei einem über den Preis ausgetragenen Wettbewerb vermutlich bereits früher vom Markt verschwunden wären. Hinzu kam, dass die Neigung zum Zusammenschluss in der Brauindustrie gering war, was u. a. dadurch erklärt werden kann, dass die Branche von Familienunternehmen dominiert wurde. Resultat war ein extrem scharfer Wettbewerb, der von der Branche massiv beanstandet wurde. Überall wurde von der „Hektoliterjagd" gesprochen, also dem Kampf um Absatzstätten.[24] Solche Klagen lassen sich jedoch eher als Beleg dafür interpretieren, dass ein an rein ökonomischen Parametern sich orientierender Wettbewerb kaum stattfand. Der Staat tat das Seinige hinzu, diese prekäre Situation zu konservieren: Um die bedrohten Kleinbrauereien zu schützen, wurden die Erhöhungen der Malzsteuer 1906 und 1909 progressiv gestaffelt, so dass die großen Brauereien stärker belastet wurden als die kleinen.[25]

Auf diese Weise konnten die Großbrauereien zwar ihren Absatz nicht in dem Maße steigern, wie es ansonsten möglich gewesen wäre, sie verdienten dabei jedoch trotzdem gut. Die Praxis der Darlehensvergabe war für die Großbrauereien auf der einen Seite möglich, weil der Bierpreis relativ hoch war, erzeugte auf der anderen Seite aber bei vielen kleineren Brauereien eine Scheinrentabilität, die mutmaßlich ohnehin bestehende Marktaustrittsbarrieren erhöhte. Die vielen Klagen, die aus der Branche bereits vor dem Krieg zu hören waren, und die vereinzelten Kartellierungsbestrebungen[26] könnten also gewissermaßen als Resultat eines starren, aber hohen Bierpreises interpretiert werden. Auf der anderen Seite erklärt genau dies, warum die großen Brauereien wiederum hohe stille Rücklagen akkumulieren konnten. Sie waren ein wichtiger Grund dafür, dass diese Brauereien die folgenden zehn Jahre überstehen konnten, obwohl die Kriegswirtschaft ihnen enorme Belastungen auferlegte.

4 Die Brauwirtschaft im Ersten Weltkrieg

Der Nationalökonom August Skalweit charakterisierte Bier in seinem zeitgenössischen Standardwerk über die Kriegsernährungswirtschaft als ein Genussmittel, für dessen Herstellung unmöglich kriegswirtschaftliche Erfordernisse gelten konnten: „Hier ließ sich einsparen!"[27] Genau das war der Fall, seit mit Beginn des Jahres 1915 die Ernährungslage der Bevölkerung zunehmend problematisch wurde.[28] Gerste wurde vor dem Ersten Weltkrieg nur in sehr geringem Maße zur Brotherstellung verwendet – was sich während des Kriegs änderte. Hinzu kam ihre kriegswirtschaftliche Relevanz als Futtermittel für die Pferde des Heeres. Da auch der Ertrag der Gerstenernte während des Kriegs um ca. die Hälfte absank und auswärtige Bezugsmöglichkeiten weniger wurden,[29] kam es zu einer zunehmenden Knappheit des wichtigsten Rohstoffs der Bierherstellung. Das führte dazu, dass Gerste seit dem Frühjahr 1915 sukzessive kontingentiert wurde. Das sogenannte Malzkontingent legte dabei fest, wie viel Prozent der im letzten Friedensjahr eingebrauten Malzmenge noch verwendet werden durfte.

Tab. 1: Entwicklung der Malzkontingentierung im Ersten Weltkrieg

Verordnung	Festgesetztes Kontingent (%)	Tatsächliche Belieferung (%)
20.02.1915	60	60
31.01.1916	48	30–35
16.12.1916	25	15
20.11.1917	10	5

Quelle: Caspary, S. 94; Artikel Die Sorge des Tages, in: Tageszeitung für Brauerei Nr. 75 (29.3.1916), S. 295.

Die Aufstellung zeigt, dass sich die Kontingentierung mit Fortgang des Kriegs verschärfte. Außerdem wurde zunehmend aus dem Ausland bezogene Gerste auf die Kontingente angerechnet.[30] Das bedeutete für die Brauereien, dass sie die im Brauprozess eingebraute Malzmenge und damit den Stammwürzegehalt deutlich senken mussten. Die folgende Grafik (vgl. Abb. 2) über den durchschnittlichen Stammwürzegehalt des Biers bei der Dortmunder Actien-Brauerei (DAB), einer der bei Kriegsbeginn mit 250000 hl Jahresausstoß größten Dortmunder Aktienbrauereien, verdeutlicht diese Entwicklung exemplarisch.[31]

Der Stammwürzegehalt des DAB-Biers lag vermutlich über dem Durchschnitt der Branche. So gehörte die Brauerei zu den sogenannten Heeresbrauereien, denen zusätzliche Gerstenmengen zugewiesen wurden, damit das Bier für das Heer mit einem Stammwürzegehalt von ca. 6 % etwas stärker eingebraut werden konnte.[32] Viele Brauereien produzierten in den letzten beiden Jahren des Weltkriegs nur noch „Einfachbier" mit einem Stammwürzegehalt von bis zu 2 %, was wiederum einem Alkoholgehalt von etwa 0,5 % entsprach. Offensichtlich fand dieses Getränk bei der Bevölkerung wenig Anklang und konnte gegen Ende des Kriegs kaum noch abgesetzt werden.[33]

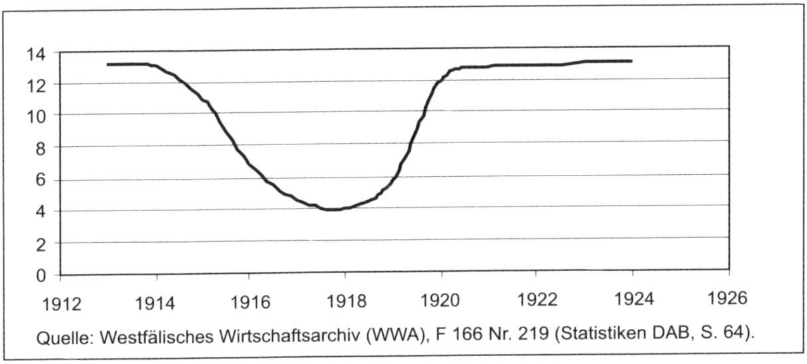

Abb. 2: Der Stammwürzegehalt des DAB-Biers 1912–1924 in %

Während des Weltkriegs befanden sich die Brauereien also in einer enorm schwierigen Lage. Es mangelte nicht nur an Rohstoffen und Arbeitskräften, sondern auch an LKW und Brauereipferden, die vom Heer in Anspruch genommen wurden. Wegen ständiger Konflikte mit der Reichsbahn war auch der Schienentransport des Biers zu einem schwerwiegenden Problem geworden.[34] Die Brauereien reagierten auf die massive Einschränkung ihrer Rohstoff- und Arbeitskräftebasis unterschiedlich, wobei die jeweiligen Handlungsoptionen stark von der Größe der Unternehmen abhingen. Es bestand z.B. die Möglichkeit der Kontingentsübertragung, d.h. das einer Brauerei zugewiesene Malzkontingent konnte an eine andere Brauerei gegen einen festen Betrag oder eine Umsatzbeteiligung abgetreten werden.[35] Viele Klein- und Kleinstbrauereien nutzten diese Möglichkeit, zumal ihnen aufgrund der Mobilisierung häufig keine Arbeitskräfte mehr zur Verfügung standen.[36] Großbrauereien hingegen erwarben entweder diese Kontingente oder übernahmen, besonders nach dem Krieg, andere Brauereien und damit deren Absatzgebiete und Kunden.[37] Hier liegt übrigens eine Teilerklärung dafür, warum der Abfall der Brauereizahlen im Zeitraum 1918 bis 1922 sehr viel stärker war als im Ersten Weltkrieg, denn mit den Kontingentsübertragungen gab es einen Weg, das Geschäft während des Kriegs pro forma aufrechtzuerhalten. Anschließend wurde der Betrieb oftmals aber nicht wieder aufgenommen und das Unternehmen erst dann formal liquidiert.

Viele Großbrauereien überlebten die schwierigen Kriegsjahre, weil sie stille Reserven bilden konnten. Um aber die tatsächliche finanzielle Leistungsfähigkeit der Brauereien bemessen zu können, bedarf es einer umfassenden kritischen Bilanzanalyse.[38] Hingegen dürfte die Produktion von Bierersatzgetränken eher eine geringe Rolle gespielt haben. Zumindest bei der DAB war die Produktion des Ersatzgetränks „Actien-Perle" so gering, dass es sich dabei höchstens um ein Nebengeschäft gehandelt haben konnte.

Um 1917 begann in der Brauindustrie ein verstärkter Übernahme-Prozess. Vor allem die Gerstenbewirtschaftung und der Arbeitskräftemangel belasteten zunehmend nicht nur kleinere Brauereien, die sich für Übernahmen in der Regel nicht eigneten, sondern zehrten auch an der Substanz größerer Unternehmen. Letztere waren für Großbrauereien als Übernahmeobjekte interessant, weil zugleich auch deren Absatzgebiet und Immobilienwerte übernommen werden konnten.[39]

5 Die Brauwirtschaft in Nachkriegszeit und Inflation

Nach dem Krieg verbesserte sich die Lage für die Brauwirtschaft zunächst nicht, denn wegen der schlechten Ernährungssituation im Deutschen Reich wurde die Bierproduktion weiterhin beschränkt.[40] Die Zwangsbewirtschaftung der Gerste wurde erst im August 1921 aufgehoben und bis dahin machten die tatsächlichen Lieferungen gerade einmal 15 % aus.[41] Außerdem unterlagen die Brauereien bis 1924 einer Produktionsbeschränkung, dem sogenannten Bierkontingent, das sich wie das Malzkontingent an der Vorkriegsproduktion einer Brauerei orientierte. Diese Beschränkung konnte jedoch durch Übernahmen ausgeweitet werden, weil auch das Bierkontingent der übernommenen Brauerei auf das der übernehmenden angerechnet wurde.[42]

Die Übernahmebewegung intensivierte sich nach dem Krieg deutlich und die Zahl der Aktienbrauereien in Deutschland sank zwischen 1920 und 1924 um 25 %. Bei den Übernahmeaktivitäten lassen sich am Beispiel der beiden größten Dortmunder Brauereien, der DAB und der Dortmunder Union Brauerei (DUB) zwei unterschiedliche Strategien erkennen.

Tab. 2: Die Übernahmen der Dortmunder Union-Brauerei AG 1917–1922

Jahr	Kontingentsübernahme	Angliederung	Fusion
1917	Brauerei Marlinghaus, Hagen; Union-Brauerei, Horst; Zweilöwenbrauerei, Münster		Gildenbrauerei AG, Dortmund
1918	Exportbrauerei, Moers; Brauerei Höfflinghaus, Lünen		
1920		Löwenbrauerei AG, Dortmund	Viktoria-Brauerei AG, Dortmund
1922			Germania-Brauerei AG, Dortmund

Quelle: Heinrich Frisch: Die Konzentration in der Dortmunder Brauindustrie, Köln 1934, S. 50ff.

Wie die Aufstellung zeigt, übernahm die DUB hauptsächlich Dortmunder Brauereien. Dazu gehörten mit der Löwenbrauerei, der Viktoria-Brauerei und der Germania-Brauerei größere Unternehmen, mit denen die DUB und die DAB vor dem Krieg noch fast auf Augenhöhe konkurrierten.[43] Besonders der Bierausstoß der Löwenbrauerei lag vor dem Krieg mit ca. 200 000 hl nur wenig unter dem von DUB und DAB mit jeweils ca. 250 000 hl.[44] Darüber hinaus hatte die DUB bereits während der letzten beiden Kriegsjahre versucht, ihr Absatzgebiet durch Kontingentsübernahmen ins Münsterland zu erweitern. Hier fand also eine „Verdichtung" des Absatzgebiets statt.

Die DAB hingegen verfolgte eine andere Strategie. Die Aufstellung (vgl. Tab. 3) zeigt, dass bei den Übernahmen der DAB kein signifikanter regionaler Schwerpunkt zu erkennen ist, sondern vielmehr eine Erweiterung des Absatzgebiets stattfand. Nicht auszuschließen ist, dass es sich bei den unterschiedlichen Vorgehensweisen von DAB und DUB um Komplementärstrategien handelte, die sicherstellen sollten, dass sich die beiden damals größten Dortmunder Brauereien bei ihren Expansionsbestrebungen nicht gegenseitig behinderten.[45]

Tab. 3: Die Übernahmen der Dortmunder Actien-Brauerei AG 1917–1922

Jahr	Kontingentsübernahme	Angliederung
1917		Tremonia-Brauerei AG, Dortmund
1918		Gütersloher Brauerei AG
1920	Brauerei Mark, Hamm	Brauerei Luyken & Tigler, Wesel; Brauerei E. & A. Meininghaus, Dortmund
1922	H. Stade Brauerei GmbH, Dortmund	Aktienbrauerei Dormagen; Vereinsbrauerei Göttingen GmbH; Euskirchener Bürgerbräu

Quelle: Frisch, S. 50ff.

Auffällig ist, dass kleinere Brauereien offensichtlich als Übernahmeobjekte nicht interessant waren. Die von den Dortmunder Brauereien übernommenen Unternehmen waren mindestens mittlere Brauereien mit einem Jahresausstoß von über 20000 hl. Weil Aktiengesellschaften die Übernahmen über Kapitalerhöhungen finanzieren konnten, hatten diese übrigens einen bedeutenden Vorteil gegenüber Privatbrauereien. Die Privatbrauerei Dortmunder Kronen z.B. bewertete sich 1913 mit einem Jahresausstoß von 200000 hl etwa auf Augenhöhe mit DUB und DAB, konnte ihre Produktion jedoch bis 1928 „lediglich" auf 400000 hl verdoppeln, während die beiden Aktienbrauereien zu diesem Zeitpunkt schon jeweils über 750000 hl produzierten.[46]

Die Inflation bot günstige Rahmenbedingungen für die sich in der deutschen Brauindustrie verbreitende Übernahmepraxis. Die Übernahmen verliefen in der Regel dann so, dass die übernehmende Brauerei neue Aktien ausgab, die von den bisherigen Anteilseignern erworben bzw. zum Teil gegen Aktien der übernommenen Brauerei getauscht wurden. Auf diese Weise konnten Übernahmen ohne größere finanzielle Belastung getätigt werden. Viele Brauereien ließen sich wohl auch auf diese Praxis ein, weil die Übernahmen für sie eine Besitzsicherung bedeuteten und sie somit von dem kaum kalkulierbaren ökonomischen Risiko der Inflationsjahre entlasteten.

Einfluss auf das Unternehmen konnten sie normalerweise nicht mehr ausüben, weil die Hauptanteilseigner zumeist über Vorzugs- bzw. Stimmrechtsaktien verfügten. Mit dieser Stimmrechtsbeschränkung hatte das deutsche Aktienrecht damals ein wirksames Mittel gegen das Eindringen ausländischer Unternehmen in den deutschen Markt geschaffen.[47]

Die zahlreichen Übernahmen waren von einem Ausbau der Produktionskapazitäten sowie der technischen Rationalisierung des Betriebsablaufs begleitet, wie sie schon vor und im Ersten Weltkrieg angelegt war. So waren die Großbrauereien bereits vor dem Krieg zumeist „vertikal integriert", was in der Brauindustrie in der Regel lediglich bedeutete, dass dem Betrieb eine eigene Mälzerei angeschlossen war und der Vertrieb in eigener Regie organisiert wurde. Während des Kriegs hatte es dann eine ausgeprägte „Kriegsrationalisierung" gegeben, deren Ziel die möglichst kostengünstige Herstellung von Bier schlechter Qualität war, die ganz eigene Anforderungen an den Produktionsprozess stellte.[48] Beispielsweise bildete sich im Gärprozess nicht ausreichend Kohlensäure aus, die dann von außen zugefügt werden musste.[49] Die Rationalisierung seit Beginn der 1920er Jahre, als die Gerstenversorgung der Brauereien langsam besser wurde, zielte hingegen vor allem auf die Ausnutzung von Skaleneffekten. Die Entwicklung entfaltete dabei eine Eigendynamik: Für die durch die Rationalisierung steigende Bierproduktion mussten vermehrte Absatzmöglichkeiten erschlossen, umgekehrt die Produktionskapazität den vermehrten Absatzmöglichkeiten angepasst werden. Bedeutsam war dabei auch der Ausbau des Vertriebsnetzes. Das war nicht zuletzt die Voraussetzung dafür, dass ein größer gewordenes Absatzgebiet effektiv versorgt werden konnte. Die Dortmunder Großbrauereien organisierten sich bereits 1917 einen eigenen Bahnanschluss, der den Vertrieb gerade in die weiter entfernt gelegenen Absatzgebiete effektiver machte.[50] Die Brauindustrie war aber auch ein Vorreiter des Einsatzes von LKW, die sich für ihre Vertriebsbedürfnisse exzellent eigneten. Die Kraftwagen sollten die Pferdefuhrwerke jedoch erst seit Ende der 1920er Jahre sukzessive verdrängen.[51]

Abb. 3–6: Briefköpfe ehemals eigenständiger Dortmunder Brauereien (Quelle: WWA, S 13)

GEGRÜNDET 1843.
Telegramm-Adresse: KAISERBRAUEREI BRÜNNINGHAUSEN.
Fernsprecher: AMT DORTMUND Nº 941.
KAISER-BRAUEREI
A.G.
BRÜNNINGHAUSEN-DORTMUND
GIRO-CONTO ESSENER CREDIT-ANSTALT DORTMUND.
SCHUTZ-MARKE.
Brünninghausen Dortmund
den 24 März 1914

Fol. 119
Dortmund, den 188
WIEN 1873.
K.P. STAATSMED. 1880
AMSTERDAM 1883
PHILADELPHIA 1876
KELLEREI
BRAUEREI
MÄLZEREI
LÖWENBRAUEREI VORM. PETER OVERBECK
Rechnung für Herrn Gebr. Schwartze, Lüdinghausen
Zahlbar bei Empfang in Baar oder kurzsicht. Rimessen auf Wechselplätze
Nebenstehende Bemerkungen wohl zu beachten!!!

6 Die Phase der „relativen Stabilisierung“

Mit dem Jahr 1924 kam die Konzentrationsbewegung in Dortmund zum Stillstand. Zugleich konnten die Brauereien ihren Absatz in dieser Zeit massiv steigern. DAB und DUB hatten vor dem Krieg einen jährlichen Absatz von ca. 250000 hl und konnten diesen bis 1928 auf ca. 765000 hl (DAB) bzw. 900000 hl (DUB) anheben.[52] Der Blick auf den Bierausstoß des Verbandes Dortmunder Bierbrauer[53] lässt erkennen, dass die Dortmunder Brauereien das Potenzial, das sie in den Jahren 1914 bis 1924 durch Konzentration und Rationalisierung erworben hatten, besonders im Zeitraum 1924 bis 1929 angesichts des sich erholenden Konsums ausnutzten und Marktanteile hinzugewannen. Es ist für Deutschland im Übrigen allgemein zu beobachten, dass die städtischen Zentren der Bierproduktion durch die Konzentrationsbewegung seit 1914 gestärkt wurden, zumal hier eben die meisten Großbrauereien ansässig waren, die die Chancen der prekären Marktsituation seit 1914 für sich auszunutzen verstanden.[54] Bei den Übernahmen wurden in der Regel die bisherigen Biermarken beibehalten, weil die Kundschaft sich stark mit ihren regionalen Bieren identifizierte. Zugleich besaßen die Brauereien durch die in den 1920er Jahren ansteigende Flaschenbiernachfrage[55] eine Möglichkeit, die eigene Marke auch jenseits des Gaststättenabsatzes bekannt zu machen. Der Flaschenbierabsatz der DAB (vgl. Abb. 7) kann allerdings nicht beispielhaft für die gesamte Branche stehen, weil es vor allem über den lokalen Rahmen hinaus operierende Großbrauereien waren, die schon so früh solch starkes Gewicht auf den Flaschenbierabsatz legten. Trotzdem zeichnete sich an dieser Stelle bereits in den 1920er Jahren eine Entwicklung ab, die besonders seit dem Zweiten Weltkrieg den Fortgang der Brauindustrie in entscheidender Weise beeinflussen sollte.

Auch in diesen guten Jahren der deutschen Brauindustrie gab es Klagen aus der Branche, es herrsche weiterhin ein starker Konkurrenzdruck, die „Wirtefinanzierung“ habe ungesunde Formen angenommen, die staatlichen Belastungen seien zu hoch, weshalb eine weitere Konzentrationsbewegung zu erwarten wäre.[56] Doch trotz der

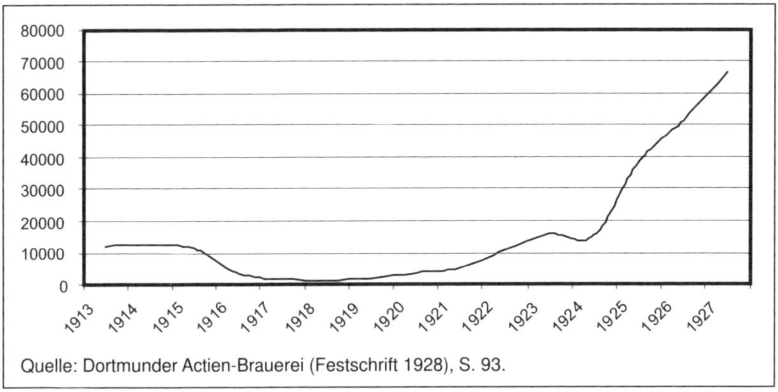

Abb. 7: Der Flaschenbierabsatz der Dortmunder Actien-Brauerei AG 1913–1927 in hl

Weltwirtschaftskrise blieb diese größtenteils aus. Wenn es vor dem Weltkrieg eine verzögerte Konzentration gegeben hat, so fand in den Jahren 1914 bis 1924 eine Marktbereinigung statt, die so gründlich ausfiel, dass die Konzentrationsbewegung danach weitgehend zum Stillstand kam. Dass sich eine Brauerei wie die Berliner Schultheiss-Patzenhofer-Brauerei auch in dieser Zeit weiter durch den Anschluss anderer Brauereien vergrößerte, war absolut untypisch für die Branche. Das Unternehmen ging auch in anderer Hinsicht eigene Wege und vertrieb im Unterschied zu den meisten anderen Brauereien zusätzlich „härtere" Alkoholika.[57] In Dortmund hatten acht von 19 Brauereien vor dem Krieg die Jahre 1914 bis 1924 als selbständige Unternehmen überlebt und ihre Anzahl blieb bis in die 1960er Jahre konstant.[58] Die Branche hatte sich hier also soweit konsolidiert, dass auch die Weltwirtschaftskrise und die wiederholte Bewirtschaftung der Gerstenversorgung im Zweiten Weltkrieg nicht dazu führten, dass weitere Unternehmen ihre Selbständigkeit aufgeben mussten.

7 Resümee und Ausblick

Die ökonomische Bedeutung der Brauindustrie wird häufig unterschätzt. Die Gründe dafür sind vielfältig. So beschäftigte die Brauindustrie relativ wenige Arbeitskräfte, es gab kein „Zentrum der Bierherstellung" und die durchschnittliche Betriebsgröße war im Vergleich zu anderen Branchen – im Ruhrgebiet vor allem der Eisen- und Stahlindustrie – gering. Zudem ist es erklärungsbedürftig, dass ein produktionstechnisch so konformes Produkt wie das Bier historisch eine solche Markenvielfalt ausgebildet hat. Bei Bier handelt es sich um ein homogenes, forschungsintensives Produkt mit kapitalintensiver Produktion in großen Serien, um Kostenvorteile zu erzielen. Nimmt man an, dass der sogenannte optimale Konzentrationsgrad[59] in Monoproduktbranchen ziemlich hoch ist, stellt sich die Frage, warum sich auf dem deutschen Biermarkt kein Oligopol herausgebildet hat. Die Antwort auf diese Frage ist zu einem gewichtigen

Abb. 8: Flaschenbierwagen der Dortmunder Actien-Brauerei AG, 1920er Jahre (die Abbildung stammt aus der Festschrift zum 50-jährigen Geschäftsjubiläum der Dortmunder Actien-Brauerei, Berlin 1928, S. 92)

Teil in den speziellen Marktformen der Brauindustrie zu suchen. Das betraf erstens den unelastischen Bierpreis. Ein effektiver Preiswettbewerb konnte so nicht stattfinden. Er hätte aber auch nur dann Sinn gemacht, wenn dadurch sofortige Nachfrageanpassungen ausgelöst worden wären, was aber vor dem Hintergrund der herrschenden gesellschaftlichen Konsummuster nicht funktionierte. Daher spielten die Vertriebskosten im Wettbewerb eine entscheidende Rolle und gewannen durch die fortschreitende regionale Konzentration der Brauereien noch an Gewicht.

Damit ist die Frage jedoch noch nicht hinreichend beantwortet, denn in anderen Ländern, etwa Dänemark oder den Niederlanden, ist die Herausbildung oligopolistischer Marktstrukturen sehr wohl zu beobachten. Das Beispiel der USA, wo der Biermarkt durch Anheuser-Busch und Miller dominiert wird, zeigt, dass Fläche und die damit zusammenhängenden Vertriebskosten für sich genommen noch keine Erklärung sind. Der Hinweis auf die verstärkte Konzentrationsbewegung während der Prohibitionszeit lässt sich dadurch entkräften, dass Deutschland mit der fast zehn Jahre andauernden Gerstenbewirtschaftung eine annähernd vergleichbare „Durststrecke“ durchzustehen hatte. Ein Schlüssel zur Beantwortung dieser Frage scheint vielmehr das Verständnis der historisch gewachsenen Bierkultur in Deutschland zu sein.

Anmerkungen

1 Vgl. Karl-Peter Ellerbrock: Geschichte der deutschen Nahrungs- und Genußmittelindustrie 1750–1914, Stuttgart 1993, S. 291.
2 Vgl. allgemein: Mikuláš Teich: Bier, Wissenschaft und Wirtschaft in Deutschland 1800–1914. Ein Beitrag zur deutschen Industrialisierungsgeschichte, Wien 2000.
3 Vgl. auch Roman Köster: Die Konzentrationsbewegung in der Dortmunder Brauindustrie 1914–1924. Das Beispiel der Dortmunder Actienbrauerei, Essen 2003 (= Bochumer Schriften zur Unternehmens- und Industriegeschichte 10).
4 Vgl. Holger Starke: Vom Brauerhandwerk zur Brauindustrie. Die Geschichte der Bierbrauerei in Dresden und Sachsen 1800–1914, Köln 2005, S. 169 ff.
5 Vgl. Ellerbrock, S. 338 ff.
6 Vgl. Mikuláš Teich: Biertrinker, Brauereiunternehmer und Staat. Deutschland 1800–1914, in: Hannes Siegrist, Hartmut Kaelble und Jürgen Kocka (Hg.): Europäische Konsumgeschichte. Zur Gesellschafts- und Kulturgeschichte des Konsums (18. bis 20. Jahrhundert), Frankfurt/M. 1997, S. 671–677.
7 Vgl. Walther G. Hoffmann: Das Wachstum der deutschen Wirtschaft seit der Mitte des 19. Jahrhunderts, Berlin/Heidelberg/New York 1965, S. 127 ff.
8 Bier besaß nach Hoffmann vor dem Weltkrieg eine hohe Einkommenselastizität. Vgl. ebd.
9 Vgl. Heinrich Tappe: Auf dem Weg zur modernen Alkoholkultur. Alkoholproduktion, Trinkverhalten und Temperenzbewegung in Deutschland vom frühen 19. Jahrhundert bis zum Ersten Weltkrieg, Stuttgart 1994 (= Studien zur Geschichte des Alltags 12), S. 354 ff.
10 Vgl. Westfälisches Wirtschaftsarchiv (WWA), K 1 Nr. 646 (Schreiben der HK Bochum an die HK Dortmund vom 10. 10. 1918); Rudolf Caspary: Die Wirkungen des Krieges auf die deutsche Brauindustrie, Stuttgart/Berlin 1927, S. 48.
11 Vgl. Erich Borkenhagen: 100 Jahre Deutscher Brauer-Bund e. V. 1871–1971. Zur Geschichte des Bieres im 19. und 20. Jahrhundert, Bonn 1971, S. 64 und S. 194; Rudolf Funke: Konzentration und Expansion im deutschen Braugewerbe 1907–1927, in: Tageszeitung für Brauerei Nr. 238 (9. 10. 1928), S. 1129 f.; Caspary, S. 103.
12 Vgl. Bierbrauerei und Bierbesteuerung im Rechnungsjahr 1913, in: Vierteljahrshefte zur Statistik des Deutschen Reichs 4 (1913), S. 83.
13 Vgl. Tappe, S. 226.
14 Vgl. Lothar Machtan und René Ott: „Batzebier!“. Überlegungen zur sozialen Protestbewegung in den Jahren nach der Reichsgründung am Beispiel der süddeutschen Bierkrawalle vom Frühjahr 1873, in: Heinrich Volkmann

und Jürgen Bergmann (Hg.): Sozialer Protest. Studien zu traditioneller Resistenz und kollektiver Gewalt in Deutschland vom Vormärz bis zur Reichsgründung, Opladen 1984, S. 128–166.

15 Vgl. Erich Borkenhagen: Aus Liebe zum Bier. 100 Jahre DAB, Dortmund 1968, S. 56 f.

16 Vgl. Leopold Künstler: Der Bierlieferungsvertrag unter besonderer Berücksichtigung bedeutsamer Gegenwartsfragen, 2. Aufl., Nürnberg 1929.

17 Unter diesen Bedingungen wären Preissenkungen von Seiten der Brauereien relativ sinnlos gewesen, weil die Gewinne entweder bei den Wirten hängen geblieben wären, ohne dass eine wirkliche Vermehrung des Absatzes stattgefunden hätte. Bei einer Bierpreissenkung im Verkauf hätte man wiederum den Absatz auch nicht ohne Weiteres steigern können. Denn der Verkauf von Bier war damals noch sehr viel mehr als heute an die Gaststätten gebunden, die eine begrenzte Kapazität hatten. Auch konnte der Bierkonsum nicht schrankenlos vermehrt werden, weil dies massive soziale Konsequenzen gehabt hätte.

18 Vgl. Borkenhagen, Deutscher Brauer-Bund, S. 66; ders.: 125 Jahre Schultheiss-Brauerei. Die Geschichte des Schultheiss-Bieres in Berlin von 1842 bis 1967, Berlin 1967, S. 93. Siehe auch: WWA, F 166 Nr. 540 (Statistische Übersicht über die Entwicklung der DAB, Darlehen).

19 Zwar lässt sich anhand der Bilanzen von Brauerei-Aktiengesellschaften zeigen, dass die großen Brauereien proportional zu ihrem Grundkapital mehr Darlehen vergaben. Jedoch sagt besonders für die Zeit 1914 das Grundkapital allein nicht besonders viel über die Größe einer Brauerei aus. Z. B. hatte im Dortmunder Fall die Dortmunder Actienbrauerei vor dem Krieg bei 250 000 hl Jahresausstoß mit 3 Mio. M. ein genauso hohes Grundkapital wie die sehr viel kleinere Victoria-Brauerei.

20 Vgl. Johann D. Auffermann: Finanzreform und Bierbesteuerung, Giessen 1930, S. 49.

21 Vgl. Joseph Böhmer: Beiträge zur Entwicklungsgeschichte der Dortmunder Brauerei-Industrie vor dem Weltkriege, Münster 1926, S. 30 ff.

22 Vgl. WWA, S 7 Nr. 589 (Geschäftsbericht des Verbandes Rheinisch-Westfälischer Brauereien 1924/25).

23 Vgl. Böhmer, S. 30 ff.

24 Vgl. Borkenhagen, Schultheiss-Brauerei, S. 83.

25 Vgl. Teich, Bier, S. 33 f.; Tappe, S. 218 f.

26 Vgl. Horst Wagenführ: Kartelle in Deutschland, Nürnberg 1931, S. 314 f.; Starke, S. 360 ff.

27 August Skalweit: Die deutsche Kriegsernährungswirtschaft, Stuttgart/Berlin/Leipzig 1927, S. 77.

28 Vgl. Anne Roerkohl: Hungerblockade und Heimatfront. Die kommunale Lebensmittelversorgung in Westfalen während des Ersten Weltkriegs, Stuttgart 1991, S. 33 ff.

29 Vgl. Köster, S. 39 ff.

30 Vgl. Artikel Die rheinisch-westfälischen Aktienbrauereien im dritten Kriegsjahr, in: Tageszeitung für Brauerei Nr. 41 (17. 2. 1918), S. 117; vgl.

auch die Probleme der Gütersloher Brauerei AG, die 1918 von der DAB übernommen wurde: WWA, F 166 Nr. 489 (Protokoll der Aufsichtsratssitzung der Gütersloher Brauerei vom 15.8.1917).

31 Vgl. WWA, F 166 Nr. 540 (Übersicht über die Produktionsentwicklung der Dortmunder Actien-Brauerei 1872–1916/17).

32 Vgl. Rudolf Dührssen: Heeresbierversorgung, in: Tageszeitung für Brauerei Nr. 223 (23.9.1917), S. 829f.

33 Z.B. lag 1918 der Bierverbrauch rund 10 Mio. hl unter der Bierproduktion. Vgl. Caspary, S. 92.

34 Vgl. WWA, F 166 Nr. 439 (Schreiben der DAB an die Kundschaft vom 10.5.1916).

35 Vgl. Heinrich Frisch: Die Konzentration in der Dortmunder Brauindustrie, Dortmund 1934, S. 44; Düffe: Über die Durchführung der Bundesratsverordnung vom 16.3.1916, betr. die Übertragung von Malzkontingenten, in: Tageszeitung für Brauerei Nr. 233 (4.10.1916), S. 933.

36 Vgl. Caspary, S. 32.

37 Vgl. Köster, S. 86f.

38 Vgl. Mark Spoerer: Wahre Bilanzen! Die Steuerbilanz als unternehmenshistorische Quelle, in: Zeitschrift für Unternehmensgeschichte 40 (1995), S. 158–179, hier S. 161f.

39 Vgl. Köster, S. 59.

40 Vgl. M. Busemann: Über die Lage und Aussichten des deutschen Braugewerbes, in: Tageszeitung für Brauerei Nr. 165 (16.7.1920), S. 511.

41 Vgl. ebd.

42 Vgl. Borkenhagen, Deutscher Brauer-Bund, S. 95f.

43 Vgl. Wolfs Jahrbuch der Aktienbrauereien 1908/09, S. 243ff.

44 Vgl. WWA, F 33 Nr. 44 (Bierausstoß der Kronenbrauerei).

45 Es gab in der Brauindustrie eine – für die Zeit typische – Abneigung gegen einen überscharfen Wettbewerb und eine Neigung zu „geregelten" Marktbeziehungen. Vgl. Rudolf Dührssen: Die Syndizierung im Braugewerbe, in: Tageszeitung für Brauerei Nr. 137 (13.6.1920), S. 425.

46 Vgl. WWA, F 166 Nr. 44 (Bierausstoß der Kronenbrauerei). Zur Geschichte der Kronenbrauerei s. Walter Hurck: Dortmunder Kronen. 250 Jahre in Familienbesitz, in: 250 Jahre Familienbesitz. 550 Jahre Brautradition. Eine Jubiläumsschrift der Privatbrauerei Dortmunder Kronen, Dortmund 1979, S. 45–72.

47 Vgl. Richard Passow: Die Aktiengesellschaft. Eine wirtschaftswissenschaftliche Studie, Jena 1922, S. 339.

48 Vgl. Karl Fehrmann: Der moderne Maschinenbetrieb in Brauereien, in: Tageszeitung für Brauerei Nr. 24 (29.1.1925), S. 95.

49 Vgl. WWA, F 166 Nr. 439 (Schreiben der DAB an die Kundschaft, o.D.).

50 Vgl. Artikel Vom Tage – Eisenbahnanschluss dreier Dortmunder Brauereien, in: Tageszeitung für Brauerei Nr. 189 (15.8.1917), S. 716.

51 Vgl. Frank Lippert: Lastkraftwagenverkehr und Rationalisierung in der Weimarer Republik. Technische und ökonomische Aspekte fertigungs-

struktureller und logistischer Wandlungen in den 1920er Jahren, Frankfurt/M. u. a. 1999, S. 172 f.

52 Vgl. WWA-Bibliothek F 2900/1 (Zusammenstellung von Unterlagen zum 100-jährigen Jubiläum der DUB), S. 4; WWA, F 166 Nr. 219 (Statistiken der DAB), S. 190.

53 Vgl. WWA, S 7 Nr. 590 (Geschäftsbericht des Verbandes Dortmunder Bierbrauer 1924/25); Paul Steller: Führende Männer des Rheinisch-Westfälischen Wirtschaftslebens. Persönliche Erinnerungen von Paul Steller, Berlin 1930, S. 60.

54 Vgl. Artikel Bierbrauerei und Bierbesteuerung im deutschen Zollgebiet im Rechnungsjahr 1927, in: Tageszeitung für Brauerei Nr. 106 (7. 5. 1930), S. 506.

55 Vgl. Hans Ruppaner: Das Flaschenbiergeschäft im Braugewerbe. Untersucht nach seiner Entwicklung und seiner technisch-biologischen Bedeutung, Murnau 1935, S. 26.

56 Vgl. Hermann Nathan: Aus der Praxis eines Brauereibetriebs. Verschiebung in Produktion, Absatz und Kalkulation, in: Die Wirtschaftskurve 1928, S. 60–65.

57 Vgl. Borkenhagen, Schultheiss-Brauerei, S. 128 ff.

58 Vgl. Böhmer, S. 3; Frisch, S. 14, S. 42 und S. 57; WWA, S 7 Nr. 590 (Geschäftsbericht des Verbandes Dortmunder Bierbrauer 1923/24); Overbeck: Bierbrauereien (Festschrift zur 24. Jahreshauptversammlung des Vereins deutscher Ingenieure in Dortmund), Dortmund 1883, S. 49.

59 Vgl. Hans-Otto Lenel: Zur Problematik eines optimalen Konzentrationsgrades, in: Fritz Neumark u. a. (Hg.): Wettbewerb, Konzentration und wirtschaftliche Macht. Festschrift für Helmut Arndt zum 65. Geburtstag, Berlin 1976, S. 192.

Christian Böse

Strukturwandel in der Absatzpolitik der Dortmunder Brauerei-Industrie nach dem Zweiten Weltkrieg[1]

1 Einleitung

Gemeinsam mit der Geschäftsleitung schlug der damalige Landwirtschaftsminister Heinrich Lübke am 15.12.1956 in der Dortmunder Union-Brauerei (DUB) vor den Augen zahlreicher Pressefotografen ein Bierfass an, das die Überschreitung eines Jahresausstoßes von 1 Mio. hl in der dortigen Braustätte symbolisierte. Auf dieses zunächst einmalige Ergebnis in der deutschen Brauindustrie nach dem Zweiten Weltkrieg folgten noch weitere symbolträchtige Höhepunkte für die Dortmunder Braustätten.[2] Bis 1965 reihten sich drei weitere Dortmunder Betriebe in die Liste der westdeutschen „Hektoliter-Millionäre" ein, auf der die Dortmunder mit vier von sechs Betrieben zu diesem Zeitpunkt die Mehrheit stellten. Im selben Jahr produzierten in den acht Dortmunder Brauereien 6800 Mitarbeiter einen Jahresausstoß von 7,5 Mio. hl Bier. Aus der westfälischen Industriemetropole kamen fast 40 % des nordrhein-westfälischen und rund 10 % des bundesdeutschen Bierausstoßes. Nach den Katastrophenjahren des Zweiten Weltkriegs und der schwierigen Nachkriegszeit erlebte die dortige Brauindustrie seit den 1950er Jahren einen rasanten Wiederaufstieg. Sie knüpfte nicht nur an die Erfolge der Vorkriegszeit an, sondern stellte regelmäßig neue Rekordmeldungen auf und machte Dortmund zur „Bierstadt Nr. 1" in Deutschland und Europa.[3] „Dortmunder" war zugleich Markenname und Sortenbezeichnung für das untergärige Exportbier aus der westfälischen Industriestadt.

Das Jahr 1965 stellte allerdings nicht nur den Höhepunkt, sondern zugleich einen ersten Wendepunkt dieser Erfolgsgeschichte dar. Nach anhaltenden rückläufigen Zuwachsraten mussten sich die Brauereien in Dortmund seit diesem Zeitpunkt mit einem sinkenden Absatz beschäftigen, obwohl der Bierkonsum in der Bundesrepublik weiter anstieg. Gerade das für den Braustandort prägende Exportbier sah sich zunehmend der Konkurrenz fremder Marken und Sorten ausgesetzt. Dortmund begann nach einzelnen kurzzeitigen Zuwächsen allmählich seine Spitzenstellung in der Brauwirtschaft zu verlieren. Diese Entwicklung mündete schließlich seit den 1980er Jahren in einen massiven Konzentrationsprozess.

Der Zeitraum vom Kriegsende bis zum Ende der 1970er Jahre war also in der Dortmunder Brauindustrie durch viele Wandlungsprozesse geprägt, was in dieser Untersuchung aus absatzpolitischer Perspektive intensiv betrachtet und bewertet werden soll. Gerade die Tatsache, dass der Braustandort Dortmund als bundesdeutsche „Bierhauptstadt" seit den 1980er Jahren einen massiven Bedeutungsverlust erleiden musste, der sich schon in den 1970er Jahren abzeichnete, macht die Forschungsrelevanz dieses Themas deutlich.

Zunächst ist bemerkenswert, wie es die Brauereien in Dortmund trotz der immensen Kriegszerstörungen schafften, sich in den 1950er Jahren innerhalb kürzester Zeit wieder an die Spitze der westdeutschen Bierstädte zu stellen. Inwieweit konnte zu diesen Erfolgen eine stark ausgebaute Absatzpolitik einen Beitrag leisten? Oder war in dieser Zeit der Biermarkt ähnlich wie andere Konsumgüter-Branchen durch einen Verkäufermarkt geprägt, wodurch auch die Brauereien ohne größere Verkaufsanstrengungen vom allgemeinen Wirtschaftswachstum profitieren konnten?

Die wirtschaftlich günstige Situation hielt allerdings nur etwas länger als eine Dekade an. Auf die Verkäufermärkte im Wirtschaftsaufschwung der Nachkriegszeit folgte der Wandel zu Käufermärkten, auf denen die Absatzorientierung wegen der höheren Nachfragemacht der Verbraucher in der Konsumgüterindustrie einen spürbaren Bedeutungsgewinn erlangte.[4] Trat dieser Wandel ebenso in der Brauwirtschaft ein und wie haben sich die Dortmunder Bierproduzenten in dieser Zeit auf dem Markt aufgestellt?

Die traditionsbewusste Brauwirtschaft gilt als Branche, in der eine intensive Individualwerbung innerhalb der absatzpolitischen Instrumente auf Grund alter „Gewohnheitsrechte" lange einen schlechten Ruf genoss. Hat die Dortmunder Brauindustrie durch ihre dominante Rolle auf dem Biermarkt beim Bedeutungsgewinn der Absatzpolitik eine Vorreiterrolle eingenommen oder haben die Brauereien dort in den 1960er Jahren erst auf diese Entwicklung reagiert, als die Absatzschwierigkeiten immer offensichtlicher wurden? Inwieweit hat eine höhere Absatzorientierung Rücksicht auf die neuen Ansprüche und Präferenzen der Konsumenten genommen?

Bei der Betrachtung der Absatzschwierigkeiten bei den Dortmunder Brauereien ist es von besonderem Interesse, warum der über viele Jahrzehnte auf dem Biermarkt mit einem guten Ruf ausgestattet Markenname „Dortmunder" an Bedeutung verloren hat und ob Ursachen dafür in der Absatzpolitik zu finden sind. Oder stand den Dortmunder Brauereien vielmehr ein Imageproblem im Weg, von dem sich der Braustandort auch mit einer neuen Absatzorientierung nicht mehr befreien konnte?

Eine mögliche Erklärung dürfte darin zu suchen sein, dass den Dortmunder Brauereien die durch überdurchschnittliche Ausstoßsteigerungen erreichte Spitzenstellung in der Bundesrepublik und Europa zum Verhängnis geworden war. Bei den Verbrauchern hatten sich mit „Dortmunder Bier" zunehmend negative Assoziationen herausgebildet, die nicht mehr mit den veränderten und immer differenzierteren Konsumgewohnheiten der Endabnehmer zusammenpassten. Den dortigen Braustätten scheint die enge Verbindung zum immer weniger nachgefragten Exportbier zunehmend zur Last statt zu einem Erfolgsgaranten geworden zu sein. Eine stärkere konsumentenorientierte Absatzpolitik sollte diese Schwierigkeiten lösen, doch fraglich ist, ob ein solcher Wandel in der Unternehmenspolitik überhaupt grundsätzliche Strukturprobleme überwinden konnte.

Diese Arbeit stützt sich neben Sekundärliteratur auch auf die Auswertung von Primärquellen aus dem Westfälischen Wirtschaftsarchiv in Dortmund (WWA), das als Depositum das Dortmunder Brauerei-Archiv unterhält und zahlreiche Aktenbestände der Dortmunder Braubetriebe übernommen und erschlossen hat. Zudem verfügt das WWA über eine umfangreiche Bibliothek zum regionalen und nationalen Brauwesen mit Sekundärliteratur, Fachzeitungen, Festschriften und akademischen Abschlussarbeiten. Auch konnten Geschäftsberichte von Brauereien und Verbänden aus dem WWA diese Untersuchung enorm bereichern. Hier sind vor allem die Geschäftsberichte des Verbandes Dortmunder Bierbrauer (VDB) zu nennen, die nur zur internen Weitergabe gedruckt wurden und entsprechend detaillierte Informationen zur lokalen Branchenstruktur und Verbandspolitik beinhalten, allerdings nur bis zum Geschäftsjahr 1973/74 verfügbar sind. Aus den Aktenbeständen sind für diese Arbeit die Unterlagen der früheren Privatbrauerei Thier & Co. (WWA, F 122) von Bedeutung, zu der zahlreiche Quellen aus der Marketingabteilung der Firma gehören. Viele dieser Quellen geben jedoch auch sehr detailliert über die allgemeinen Marktverhältnisse und die Unternehmenspolitik der Konkurrenz Auskunft.

Mit Sekundärliteratur allein können die Fragestellungen nicht beantwortet werden, da dieses Thema bisher nur in vereinzelten Arbeiten Gegenstand der historischen Forschung war. Tanja Bessler-Worbs hat in einem 2004 erschienenen Aufsatz die Werbetätigkeit der Dortmunder Braubetriebe untersucht und dabei auch den Archivbestand der Thier-Brauerei einbezogen.[5] Einen guten Überblick zur allgemeinen Entwicklung der Dortmunder Brauindustrie, auch nach dem Zweiten Weltkrieg, geben die Veröffentlichungen von Heinrich Tappe.[6] Für die Darstellung des Strukturwandels auf dem westdeutschen Biermarkt ist insbesondere die Monographie von Frank Wiese von Bedeutung, die sehr detailliert Konsumentenverhalten und Absatzpolitik der Brauereien berücksichtigt.[7] Besser ist die Literaturlage zur allgemeinen Branchenstruktur in der Bundesrepublik, wo einige betriebswirtschaftlich ausgerichtete Veröffentlichungen zur Verfügung standen. Zudem haben zeitgenössische Untersuchungen einen Beitrag zu dieser Arbeit leisten können, müssen aber aus heutiger Perspektive mit der nötigen kritischen Distanz betrachtet werden. In der historischen Konsum- und Absatzforschung zur Brauwirtschaft bestehen noch große Lücken, was insbesondere bei der Betrachtung einer lokalen Branche wie dem Dortmunder Braugewerbe der Fall ist. Im Jahr 2007 machte die Gesellschaft für Westfälische Wirtschaftsgeschichte auf einer Tagung darauf aufmerksam, dass substanzielle Forschungen zu Branchenentwicklung, Bierkonsum, Marktordnung und kommerzieller Kommunikation noch nicht ausreichend publiziert worden sind.[8] Somit hat diese Untersuchung zum Ziel, weitere Lücken zu schließen und noch einmal das hohe Forschungspotenzial aufzuzeigen.

Der Untersuchungszeitraum dieser Arbeit erstreckt sich vom Ende des Zweiten Weltkriegs bis zum Ende der 1970er Jahre und wird auf Grundlage der dargelegten leitenden Fragestellungen und Forschungsthesen mit Hilfe einer Einbindung in allgemeine Aspekte zur Konsum-, Unternehmens- und Marketinggeschichte der westdeutschen Brauwirtschaft untersucht. Denn nur durch die Berücksichtigung einer makroökonomischen Perspektive ist es möglich, die Geschichte der Dortmunder Brauindustrie nach dem Zweiten Weltkrieg genauer bewerten zu können.

2 Industrialisierung, Konsum- und Absatzentwicklung: Die Dortmunder Brauindustrie vor dem Zweiten Weltkrieg

Dortmund hat eine lange und bis in das Mittelalter reichende Tradition als Braustandort vorzuweisen, doch die eigentliche Expansion des Gewerbes begann erst Mitte des 19. Jahrhunderts.[9] Die Etablierung der aus Bayern kommenden untergärigen Braumethode löste zwar im Dortmunder Raum nicht die Industrialisierung des Braugewerbes aus, dennoch lieferte sie zu diesem Prozess entscheidende Faktoren: So ist untergäriges Bier bei ausreichender Kühlung länger haltbar, was eine stärkere örtliche Trennung von Erzeuger und Verbraucher ermöglichte.[10] Auch führten der höhere technische Produktionsaufwand der untergärigen Braumethode und damit der größere Kapitalbedarf zur Entstehung von Großbetrieben, was in Dortmund besonders deutlich zu erkennen war: Dort wurde mit der Dortmunder Actien-Brauerei (DAB) im Jahr 1871 die erste Brauerei-Aktiengesellschaft Westfalens gegründet. Bis 1908 stieg die Zahl der gegründeten Brau-Aktiengesellschaften allein in Dortmund auf 15 Betriebe an.[11] Der Gesamtausstoß aller Dortmunder Brauereien erreichte bereits kurz vor der Jahrhundertwende 1,3 Mio. hl, wobei er 1866 gerade einmal 109 000 hl betragen hatte.[12]

Parallel zur Industrialisierung stieg der Bierkonsum in Deutschland seit 1880 kontinuierlich an und erreichte 1900 mit einem jährlichen Pro-Kopf-Verbrauch von 117,9 Litern das höchste Niveau vor dem Ersten Weltkrieg.[13] Der Aufstieg des Dortmunder Braugewerbes war also eng mit der seit Mitte des 19. Jahrhunderts fortschreitenden Industrialisierung der Region verbunden, denn gerade für Schwerstarbeiter in der Montanindustrie stellte Bier ein wichtiges Grundnahrungsmittel dar, sodass die Nachfrage stark von der Konjunkturlage der Schwerindustrie abhängig war.[14]

Ein im letzten Drittel des 19. Jahrhunderts in Westfalen und im gesamten Deutschen Reich spürbarer Konzentrationsprozess in der Brauwirtschaft verlief in Dortmund zunächst vergleichsweise langsam. Zwischen Mitte der 1860er Jahre und 1900 sank die Zahl der Brauereien in Dortmund lediglich von 34 auf 28 Betriebe.[15] Bis 1914 verringerte sich die Anzahl der Unternehmen dann auf 19. Mit dem Ausbruch des Ersten Weltkriegs verschärfte sich diese Entwicklung. Dortmunder Großbetriebe wie DUB, DAB, Hansa und Ritter eigneten sich in dieser Zeit durch Fusionen und Aufkäufe zahlreiche Dortmunder und auswärtige Firmen an, sodass sich bis zum Jahre 1924 die Zahl der Dortmunder Brauereien auf acht Betriebe reduzierte. Neben den Aktiengesellschaften DUB, DAB, Ritter, Hansa und Stifts überlebten die drei Privatbrauereien Heinrich Wenker Brauerei Kronenburg, Thier & Co. und Bergmann.[16] Mit über 3 Mio. hl im Braujahr 1929/30 erreichten diese in Dortmund verbliebenen Brauereien die doppelte Produktionsmenge im Vergleich zur Vorkriegszeit und brauten gegenüber den 4500 Brauereien im Deutschen Reich 5,4 % der deutschen Gesamtproduktion.[17]

Der Bevölkerungsanstieg war für die Brauwirtschaft eine wichtige Voraussetzung zur Ausweitung der Produktion. Während aber die meisten Brauer in Deutschland um die Jahrhundertwende ihre Waren meist nur auf dem Heimatmarkt anboten, konnten die Dortmunder Betriebe ihren Absatzmarkt schon früh ausdehnen. Verbunden mit der Konzentrationsbewegung brachen Marktzutrittsbarrieren auf, wovon vor allem die damals technisch fortschrittlichen Dortmunder Unternehmen profitiert hatten.[18] Bis 1913 konnten die Dortmunder Brauer 40 % des Bierausstoßes der damaligen preußischen Provinz Westfalen auf sich vereinen.[19] Der Absatz machte nicht an den Reichsgrenzen Halt: Die frühe Export-Orientierung war gerade für die Dortmunder Brauindustrie charakteristisch, obwohl mit dem enormen Wachstum der Bevölkerung auf dem Heimatmarkt schon genügend Expansionschancen existierten. Seit dem Ende der 1870er Jahre kam das Ausfuhrgeschäft nach zögerlichen Anfängen stärker in Schwung und bis zur Jahrhundertwende entwickelte sich die Stadt zu einer Hochburg des deutschen Bierexports.[20]

Sowohl auf dem Heimatmarkt als auch für das Exportgeschäft wurde Bier bis zur ersten Hälfte des 20. Jahrhunderts zumeist in Fässern abgefüllt.[21] Der Flaschenbierkonsum verstärkte sich zwar seit den 1920er Jahren, lag aber noch auf einem eher geringen Niveau. Vielmehr hatten zu dieser Zeit bei den Brauereien sogenannte Bierlieferungsverträge mit Gaststätten eine wichtige absatzpolitische Bedeutung. Durch solche Abkommen wurde der Wirt über einen längeren Zeitraum an die Produkte einer Brauerei gebunden. Im Gegenzug gewährten die Brauereien den Gastwirten großzügige Darlehen, um ihre Räumlichkeiten einzurichten. Dieses Vorgehen wurde für die Brauereien zu einer erheblichen finanziellen Belastung und löste einen extremen Wettbewerb zwischen den Braubetrieben aus.[22] Die Darlehenspraxis der Brauereien ließ auch die Zahl der Gaststätten immens ansteigen.[23]

Durch diese meist langfristigen Lieferverträge mit Gaststätten und die geringe Bedeutung des Einzelhandels beim Bierverkauf hatte Werbung in der Absatzpolitik der Brauereien außerhalb der wichtigsten Verkaufsorte, also der Gaststätten, bis weit in das 20. Jahrhundert hinein keine große Bedeutung. Es stellte im Brauwesen daher eher eine Ausnahme dar, dass bei der DAB sogar schon vor dem Ersten Weltkrieg eine Reklameabteilung bestand.[24] Ein wachsendes Bewusstsein für Werbung als Instrument der Absatzpolitik setzte erst mit Beginn der 1920er Jahre ein, als sich der Konzentrationsprozess verstärkte, der Bierkonsum hinter dem Vorkriegsniveau zurückblieb und sich die Werbewirtschaft stärker professionalisiert hatte. Deutschlandweit war im Brauwesen durch die vorwiegend lokale Ausrichtung der Brauereien Bier-Gemeinschaftswerbung der Branchenverbände häufig ein adäquates Mittel, um für den Bierkonsum zu werben. Deren Bedeutung wird jedoch in dieser Zeit als gering eingeschätzt.[25] Auf dem deutschen Biermarkt lag der Werbeaufwand der Brauereien 1929 bei etwa einer Reichsmark pro Hektoliter Jahresausstoß, wobei jedoch nur etwa 25 % davon auf die Konsumentenwerbung entfiel. Der Großteil der Werbeaufwendungen wurde in die sogenannte Wirtewerbung investiert, wozu vor allem die Ausstattung der Gaststätten mit Reklameschildern, Gläsern und anderen Utensilien gehörte.[26]

In Dortmund schienen aufgrund des engen Markts und der fortschreitenden Konzentration individuelle Werbemaßnahmen schon früh unumgänglich gewesen zu sein. Hier setzten die Brauer vor allem auf die Darstellung einer Verbindung von Tradition und Modernität und schufen mit Logos einen Wiedererkennungswert ihrer Marken. Durch die starke überregionale Ausrichtung der Dortmunder Brauindustrie bekam die Etablierung eines Markenprofils für „Dortmunder Bier" eine hohe Bedeutung.[27] Schon vor dem Ersten Weltkrieg erreichte der Begriff „Dortmunder" für die in den 1870er Jahren aus der untergärigen Braumethode entstandene lokale Biersorte, meist als „Export" bzw. „Helles" bezeichnet,[28] ähnlich wie „Pilsener" oder „Münchener Bier" einen internationalen Markenstatus, der intensiv gepflegt und zu schützen versucht wurde.[29] Für den Schutz der Herkunftsbezeichnung „Dortmunder" setzte sich in der Regel der Verband Dortmunder Bierbrauer (VDB) ein, der 1898 als lokale unternehmensübergreifende Kooperation gegründet wurde. Der Verband war zunächst eine gemeinsame Plattform der Betriebe für arbeitspolitische Konflikte und übte zudem eine kartellähnliche Funktion aus, da er die durch Bierlieferungsverträge entstandene Darlehenspraxis mit ihrem massiven Wettbewerb zwischen den Brauereien stärker lenken sollte.

3 Weltkrieg, Nachkriegsnot und Aufstieg: Die Dortmunder Brauindustrie 1939 bis 1962

3.1 Biermarkt und Dortmunder Brauwirtschaft in der Kriegs- und Nachkriegszeit

Mit der Machtübernahme der Nationalsozialisten 1933 wurden die Braubetriebe durch die Bildung eines Zwangskartells, der Hauptvereinigung der deutschen Brauwirtschaft (HVdB), in die neue Marktordnung des Reichsnährstands eingebunden. Ziele dieses Kartells waren der Erzeugerschutz durch gerechte Preise und Abnahmegarantien, der Verbraucherschutz durch Gütegarantie und Preissicherung sowie eine geordnete Warenbewegung.[30] Aufgrund dieser Verordnungen war den Brauereien die Anwerbung neuer Kunden verboten worden. Der vorhandene Kundenstamm durfte nur noch mit einem bestimmten Kontingent beliefert werden. Zudem wurde der zulässige Absatzraum der Brauereien auf Entfernungen von zunächst 200 km und später 25 km begrenzt. Gerade Versandbrauereien, zu denen die Dortmunder Betriebe gehörten, waren von dieser Regelung besonders betroffen.[31] Umgekehrt kamen diese Verordnungen Klein- und Mittelbrauereien zugute, weil das Expansionsstreben kapitalstarker Großbetriebe wie der Dortmunder zum Erliegen kam.[32]

Die Ausstoßzahlen in der Brauindustrie konnten während der Kriegsjahre lange auf einem vergleichsweise hohen Niveau gehalten werden, was auf die konsumpolitischen Strategien des NS-Regimes zurückzuführen ist, das bestrebt war, durch eine möglichst reibungslose Versorgung der Zivilbevölkerung mit Verbrauchsgütern die Kriegsmoral aufrecht zu erhalten. Dies änderte sich nach 1943: Bei der Intensivierung der Kriegswirtschaft hatte Bier naturgemäß keine Bedeutung, sodass die Braubetriebe unter dem Verlust von Arbeitskräften durch Einberufungen zum Kriegsdienst, der mangelnden Rohstoffversorgung und der fehlenden Zuteilung von Maschinen und Ersatzteilen zu leiden hatte. Auch in Dortmund konnte seit der zweiten Kriegshälfte von einer geregelten Bierproduktion keine Rede mehr sein: Auf die Kürzungen der Malzzuteilungen, die Absenkung

Abb. 1: Der zerstörte Alte Markt in Dortmund, um 1945 (Quelle: WWA, F 188 Nr. 6172–40)

des Stammwürzegehalts der Biere und den Verlust großer Teile der Belegschaft durch Einzug in den Kriegsdienst folgte die Zerstörung der zumeist innerstädtisch gelegenen Braubetriebe durch alliierte Luftangriffe.[33] Der Dortmunder Stadtkern, der vor Kriegsbeginn etwa 250000 Bewohner hatte, wurde zwischen 1943 und 1945 zu etwa 95 % vernichtet.[34] Bei den Braubetrieben blieben von schweren Schäden durch Bombenangriffe lediglich die Hansa- und die Bergmann-Brauerei verschont. Dagegen wurden die Gebäude der Privatbrauereien Kronenburg und Thier nahezu völlig zerstört. Auch die Bestände an Eisenbahnwaggons, Kraftfahrzeugen, Fässern, Flaschen und Vorräten betrugen bei den Braubetrieben nach Kriegsende nur noch einen Bruchteil des Vorkriegsbestands.[35]

Wirtschaftlich dramatisch war ebenso der hohe Verlust von Gaststätten in der Region, die über Lieferverträge mit den Brauereien verbunden waren. Über die Anzahl zerstörter Gasthäuser gibt es keine exakten Informationen, jedoch befanden sich allein im Stadt-

Abb. 2: Schwere Bombenschäden auf dem Gelände der Dortmunder Union-Brauerei AG, um 1945 (Quelle: WWA, F 188 Nr. 6172–34)

zentrum Dortmunds etwa 400 Schankbetriebe. Die Gesamtzahl der Gaststätten in der Stadt wurde vor dem Krieg mit etwa 1500 angegeben.[36] Aufgrund des hohen Zerstörungsgrads im Ruhrgebiet kann davon ausgegangen werden, dass gerade auf dem Kernmarkt ebenso zahlreiche Gastwirte als Brauereikunden ausgefallen waren.

Nach der Kapitulation Deutschlands im Mai 1945 hatte die britische Militärregierung ein Brauverbot erlassen, wodurch zunächst nur „bierähnliche Getränke“ hergestellt und verkauft werden durften. Für deutsche Konsumenten – Lieferungen an die Besatzungsmächte waren von dieser Regelung ausgenommen – konnte nur Bier mit einem Stammwürzegehalt von höchstens 2 % gegenüber 12 bis 14 % in Normalzeiten und 6 bis 8 % in den Jahren 1940 bis 1945 gebraut werden. Die Nachfrage nach diesen „Dünn- bzw. Schwachbieren“ war gering: Die Masse der Konsumenten schränkte den Verbrauch stark ein bzw. verzichtete komplett auf Bier.[37] Erschwert wurde die Situation bis in das Jahr 1950 durch die mangelnde Zuteilung von

Rohstoffen wie Braugerste, die sich insbesondere durch den Verlust der deutschen Ostgebiete und damit den Wegfall von Lieferanten aus den agrarischen Überschussgebieten verschärfte.[38]

Die Währungsreform in den westlichen Besatzungszonen am 21.6.1948 brachte der Brauwirtschaft im Gegensatz zu anderen Konsumgüterbranchen keine entscheidende Verbesserung der Situation. Während das Warenangebot in vielen anderen Bereichen sprunghaft anstieg, waren die Brauereien weiter den Produktionsbeschränkungen der Besatzungsmächte unterworfen. Zwar wurde im September 1948 der zulässige Stammwürzegehalt auf 5,5 % und im Februar 1949 auf 7 bis 8 % angehoben, jedoch waren die Produkte noch weit vom Vollbier-Stammwürzegehalt von 11 bis 14 % entfernt.[39]

Da die Konsumenten nach der Währungsreform andere alkoholische Getränke wie Wein und Spirituosen in „Friedensqualität“ erwerben konnten, wurden spätestens zu diesem Zeitpunkt die Dünnbiere durch die Verbraucher nicht mehr akzeptiert, sodass die Produktion in den Dortmunder Betrieben 1948 sogar noch deutlich unter den Stand von 1945 fiel und ein historisches Tief von 612409 hl erreichte.[40] Für die Dortmunder Brauer war diese Situation existenzbedrohend: Massenentlassungen konnten nur durch Kurzarbeit verhindert werden.[41]

Trotz der wirtschaftlichen Belastungen hatte sich die Unternehmensstruktur in Dortmund gegenüber der Vorkriegszeit nicht verändert. Neben den fünf Aktiengesellschaften DAB, DUB, Hansa, Ritter und Stifts hatten außerdem die Privatbrauereien Kronenburg, Thier und Bergmann wieder den Betrieb aufgenommen. Auch deren unternehmensübergreifende Organisation bildete sich nach Kriegsende zurück. Der 1939 aufgelöste VDB bestand zwar während des Krieges als „Arbeitsgemeinschaft Dortmunder Bierbrauer“ weiter, wurde aber im Dezember 1948 wieder in den „Verband Dortmunder Bierbrauer“ als eingetragener Verein umbenannt.[42]

Erst im September 1949 fielen die letzten Braubeschränkungen, sodass von diesem Zeitpunkt an wieder die Herstellung von Vollbier erlaubt war.[43] Auch wenn danach die Produktion erheblich ausgeweitet werden konnte, hatten neben dem Rohstoffmangel auch die hohen Biersteuern den Absatz weiter erschwert, die erst ein Jahr später, im September 1950, um 47 % herabgesetzt wurden und an der weiteren positiven Ausstoßentwicklung einen erheblichen Anteil hatten.[44] Die Abgabepreise für Bier waren noch staatlich festgeschrieben und wurden nach der Steuersenkung um 3 DM je Hektoliter herabgesetzt, um einen Konsum steigernden Verbraucherpreis zu erreichen.[45] Während das Geschäftsjahr 1949/50 in der Dortmunder Brauindustrie mit einem Gesamtausstoß von 814 076 hl ein noch relativ bescheidenes Ergebnis lieferte, wurden im darauf folgenden Geschäftsjahr 1950/51 1 397 669 hl erreicht, was schon zu diesem Zeitpunkt einen Anteil von 31,7 % an der nordrhein-westfälischen und 7,5 % an der bundesdeutschen Bierproduktion bedeutete.[46]

Wie die nachfolgende Betrachtung des Wiederaufstiegs in den 1950er Jahren zeigen wird, scheint den Dortmunder Braubetrieben aus den Kriegszerstörungen, dem Wiederaufbau und der damit verbundenen Modernisierung der Produktionsstätten ein Startvorteil im Wettbewerb gegenüber anderen Brauereien erwachsen zu sein.[47] Mit der verordneten Angebotsrestriktion wurde gerade den durch Kriegsschäden getroffenen Großbetrieben ein Zeitfenster geschaffen, welches diese Brauereien für eine grundlegende Neuorganisation und Rationalisierung nutzten.[48] Dieser Prozess war jedoch mit einem immensen Investitionsbedarf verbunden und hätte aus zeitgenössischer Sicht durchaus schneller ablaufen können, wenn die Dortmunder Braubetriebe neben der Beseitigung der Kriegsschäden nicht gleichzeitig zur Sicherung ihres Absatzes zusätzlich gezwungen gewesen wären, das ebenfalls schwer geschädigte Gaststättengewerbe durch größere Darlehen beim Wiederaufbau zu unterstützen.[49] Dies ist aber als äußerst unwahrscheinlich anzusehen, da die gesetzlichen Beschränkungen und die Steuerlast mindestens bis 1950 den Absatz der Brauereien erschwerten, sodass eine bedeutende Absatzsteigerung wohl nicht früher hätte eintreten können. Auch der Blick auf weniger vom Krieg betroffene Brauereien außerhalb der Ballungsräume, welche die Phase der Restriktionen wirtschaftlich kaum für sich ausnutzen konnten, unterstreicht diese These.[50]

3.2 Wiederaufstieg: Die Dortmunder Brauindustrie im „Wirtschaftswunder"

Trotz der im Vergleich zu anderen Konsumgüterbranchen längeren „Durststrecke" nach 1945 konnte sich die Brauwirtschaft zügig von den Kriegs- und Nachkriegsschwierigkeiten erholen und in der frühen Bundesrepublik schnelle wirtschaftliche Fortschritte machen. Gerade Nordrhein-Westfalen (NRW) stellte sich neben Bayern an die Spitze der „Brau-Länder": 1950 wurden in NRW 4,4 Mio. hl Bier ausgestoßen, womit die Produktion gegenüber dem Vorjahr um 55 % gesteigert werden konnte. Bis 1951 waren im größten Bundesland wieder 172 Braubetriebe aktiv, was gegenüber 1936 einem Anteil von 60,8 % der damaligen Firmen entsprach. Bei den Anteilen der Bierproduktion bildete sich in NRW nach dem Krieg ein Schwerpunkt bei Großbetrieben, die mehr als 120 000 hl Bier pro Jahr produzierten. Zehn Betriebe erreichten bis 1951 diese Menge und konnten 46 % des NRW-Ausstoßes auf sich vereinen. Ein deutlicher Schwerpunkt dieser Großbetriebe lag schon zu diesem Zeitpunkt in der Region um Dortmund.[51] Die Stadt konnte sich nach der Aufhebung aller gesetzlichen Produktionsbeschränkungen wieder schnell als Zentrum der westfälischen Brauwirtschaft etablieren und einen Wachstumskurs vorweisen, der selbst die Ergebnisse der wirtschaftlich bisher erfolgreichsten Jahre zur Zeit der Reichsgründung sowie zwischen 1924 und 1929 weit in den Schatten stellte.[52]

Von den Dortmunder Brauern selbst wurde insbesondere die Abschaffung der Braubeschränkungen 1949 als entscheidender Befreiungsschlag betrachtet, während sie der im September 1950 erfolgten Biersteuer- und Bierpreissenkung nur eine geringe Bedeutung für die einsetzende Absatzsteigerung beimaßen.[53] Beide Faktoren dürften eine Rolle gespielt haben, sicher ist aber, dass der Wiederaufbau der schwer getroffenen Dortmunder Betriebe rechtzeitig abgeschlossen war, um an den Steigerungen der Nachfrage partizipieren zu können. Wenn auch die Brauereien als lokaler Wirtschaftsfaktor in Dortmund immer im Schatten der Montanindustrie standen, stieg auch ihre Bedeutung als Arbeitgeber wieder an: 1950 waren in den acht Betrieben wieder 2575 Menschen beschäftigt, womit schon annährend die Mitarbeiterzahl von 2911 Menschen aus dem Jahr 1938/39 erreicht wurde. Ende 1956 standen bereits 4721 Menschen in den Dortmunder Brauereien auf den Lohn- und Gehaltslisten.[54]

Ebenso wie die Mitarbeiterzahlen wiesen die Ausstoßziffern in den folgenden Jahren eine stetig steigende Tendenz auf. Nach dem Erreichen der „Talsohle" im Jahr 1948 konnten die Gesamt-Ausstoßzahlen aller Dortmunder Brauereien bis 1956 jährliche Steigerungsraten zwischen 11 und 57% erreichen.[55] 1955 wurde mit einem Jahresausstoß von 3,4 Mio. hl der bisherige Höchststand aus dem Jahr 1929 (3,2 Mio. hl) übertroffen.[56] Einen besonders symbolträchtigen Höhepunkt in der augenscheinlich begonnenen „Rekord-Jagd" stellte das Jahr 1956 dar. Während der Gesamtausstoß in Dortmund fast 4 Mio. hl erreichte, konnte die Dortmunder Union-Brauerei als erster deutscher Braubetrieb nach dem Zweiten Weltkrieg einen Jahresausstoß von 1 Mio. hl auf sich vereinen.[57] Auf die gesamte Dortmunder Brauwirtschaft bezogen stellte das Ergebnis des darauf folgenden Braujahrs 1956/57 ein weiteres prestigeträchtiges Ereignis dar: Mit einem Gesamtausstoß von 4,3 Mio. hl hatten die acht Braustätten den Standort München überholt, womit Dortmund gleichzeitig zur größten Bierstadt Europas aufgestiegen war.[58] Der Wachstumskurs der Branche setzte sich in den folgenden Jahren fort: Mit der DAB, der Ritter-Brauerei und der Brauerei Kronenburg wurden bis 1965 drei weitere Dortmunder Brauereien in den „Club" der sogenannten deutschen Hektoliter-Millionäre aufgenommen, in dem die Dortmunder Betriebe mit vier von insgesamt sechs Brauereien die Mehrheit stellten.[59] An den hohen Ausstoßergebnissen hatten alle Dortmunder Brauereien ihren Anteil, auch wenn sich die jeweiligen Mengen deutlich voneinander unterschieden. Jedoch konnte einzig die Bergmann-Brauerei nicht als Großbetrieb bezeichnet werden.[60]

Der scheinbar reibungslose Wachstumskurs nach dem Wiederaufbau wurde vor allem durch den seit Kriegsende steigenden Anteil des Flaschenbierabsatzes beeinflusst und brachte den Brauereien weiteren

Abb. 3: Feierstunde zum Ausstoß von einer Million Hektoliter Bier in der Dortmunder Union-Brauerei AG am 15. 12. 1956: Bundesernährungsminister Heinrich Lübke (4. v. l.) nach dem Fassanstich, links daneben der Vorstandsvorsitzende Felix Eckhardt (Quelle: WWA, F 188 Nr. 6167–32)

Investitionsbedarf. Vor dem Zweiten Weltkrieg betrug der Flaschenbieranteil in den Dortmunder Brauereien im Durchschnitt lediglich rund 15 %, wobei sich die Ritter-Brauerei durch einen vergleichsweise hohen Anteil von 50 % als einziger Betrieb aus der Statistik abhob.[61] Bis 1960 erhöhte sich der durchschnittliche Anteil aller Dortmunder Brauereien auf etwa 50 %.[62] Für die Erhöhung spielten im Wesentlichen Veränderungen der Konsumgewohnheiten eine Rolle, worauf an späterer Stelle noch einzugehen ist. Außerdem ist zu berücksichtigen, dass gerade vor dem Krieg der Biergroßhandel noch häufig selbst das von den Brauereien gelieferte Fass- bzw. Tankbier in Flaschen abfüllte und an die Endabnehmer verkaufte. Zwar wurde diese Praxis noch in den 1950er Jahren praktiziert, doch ging der Anteil immer deutlicher zurück.[63] Der nordrhein-westfälische und der Dortmunder Flaschenbieranteil lagen zunächst unter dem bundesdeutschen Durchschnitt. Während im Jahr 1959 bundesweit 58,5 %

des Bieres von den Brauereien in Flaschen abgefüllt wurde, betrug der Anteil in NRW zur gleichen Zeit nur 44,5 % und in Dortmund 49 %.[64]

Bei der Betrachtung der Dortmunder Ausstoßstatistiken zeigt sich, dass bei den Sorten bis zu Beginn der 1960er Jahre das Bier vom „Dortmunder Typ“, also das traditionelle Exportbier, eindeutig dominierte, wobei zwischen den Brauereien keine nennenswerten Unterschiede festzustellen waren. Biere Pilsener Brauart[65] waren bezogen auf alle Dortmunder Brauereien zu weniger als 12 % vertreten, wobei in den 1950er Jahren die Tendenz zum Pilsener in Dortmund sogar stark rückläufig war.[66] Bei den weiteren Biersorten, die nur eine untergeordnete Rolle spielten, ist lediglich der „Dortmunder Urtyp“ erwähnenswert, der – abgesehen von der Bergmann-Brauerei – von allen Dortmunder Betrieben gemeinsam im Jahr 1951 auf den Markt gebracht wurde. Die Einführung dieser Sorte war vor allem eine Reaktion auf die bis 1952 gesetzlich festgelegten Bierpreise. Da das Dortmunder Exportbier zum Unmut der dortigen Brauer von der Preisbildungsstelle nicht als Spezialbier eingestuft wurde, wie es zum Beispiel beim Pilsener Bier der Fall war, lag der Verkaufspreis etwa 5 DM pro hl unter dem Wert des Pilseners. Daher beschlossen die Dortmunder Betriebe, ein preislich über dem Pils liegendes Spezialbier auf den Markt zu bringen, bei dem die Brauer vor allem den Markencharakter und die Herkunftsbezeichnung hervorheben wollten.[67] Allerdings bewegte sich der Ausstoßanteil der neuen Sorte „Urtyp“ in den folgenden Jahren auf einem geringen Niveau, vermutlich weil nach der Aufhebung der gesetzlich festgeschriebenen Bierpreise 1952 diese Sorte aus absatzpolitischer Sicht keine große Bedeutung mehr hatte.[68]

Die starke Ausrichtung auf das Exportbier wurde von den Brauern in diesem Zeitraum immer noch selbstbewusst hervorgehoben. So sei das Wachstum der Dortmunder Brauindustrie aus Sicht der Brauer nicht denkbar gewesen ohne die Beziehung zu den Arbeitern des Industriereviers. Sie haben „im ‚Dortmunder Typ‘ genau das gehaltvolle und hochvergorene Bier gefunden, das ihnen nach einem fleißigen Arbeitstag am besten schmeckt“[69] und ein „Trank für ganze Kerle"[70] sei. Auch der DUB-Vorsitzende Felix Eckhardt hob gegenüber den Aktionären deutlich hervor: „der Hauptkonsument der Bieres ist und bleibt der Arbeiter".[71] Das Attribut „Arbeiterbier" für das helle Exportbier wurde durch die Brauer in der jungen Bundesrepublik also keinesfalls als ein Nachteil betrachtet. Eher wurden sie durch die bis zum Ende der 1950er Jahre sogar rückläufige Pilsnachfrage in ihrer Produktpolitik bestätigt.[72] Schon 1955 konstatierte Eckhardt: „Es schien vor einigen Jahren einmal so, als würde sich der Pils-Typ nach dem letzten Kriege allgemein in Deutschland durchsetzen. Diese Entwicklung ist längst rückläufig. [...] Insbesondere im Ruhrgebiet hat der Dortmunder Biertyp weiter an Boden gewonnen"[73]. Trotzdem war den Brauereien schon damals durchaus die hohe Abhängigkeit von der werktätigen Bevölkerung auf dem Heimatmarkt bewusst, denn sie erkannten, dass die Absatzerfolge im Ruhrgebiet eng mit der dortigen gesamtwirtschaftlichen Lage verknüpft waren.[74] Gegenüber dem Pilsener nahmen die Dortmunder Unternehmen jedoch eine völlig gelassene Haltung ein, auch wenn durchaus anerkannt wurde, dass andere Brauereien diese Biersorte „hervorragend als Marke" vertraten.[75]

Die hohe Abhängigkeit von der Heimatregion zeigte sich schon sehr früh: Die Ausstoßzahlen stiegen zwar weiter kontinuierlich an, doch nach dem Beginn der ersten Absatzkrise im Ruhrbergbau 1958 konstatierten die Dortmunder Brauer, dass das noch recht befriedigende Ausstoßergebnis des Geschäftsjahres 1958/59 vor allem auf das die gesamte Bundesrepublik umfassende Versandgeschäft zurückzuführen sei. Feierschichten und Kurzarbeit in der Montanindustrie hätten die Kaufkraft der Konsumenten im Ruhrgebiet, das als wichtigstes Absatzgebiet gesehen wurde, negativ beeinflusst.[76] Noch 1957 waren mehr als die Hälfte aller Industriebeschäftigten im Ruhrgebiet im Bergbau und der Metallverarbeitung tätig. Nahezu 500 000 Menschen arbeiteten 1957 allein im Bergbau, wobei Zuliefererbetriebe nicht in dieser Zahl eingerechnet sind. Die Anzahl der Beschäftigten sank mit Beginn der ersten Bergbaukrise in den folgenden Jahren deutlich ab und sollte auch die wirtschaftliche Situation der Brauindustrie negativ beeinflussen.[77]

Bis zum Beginn der 1960er Jahre waren aber die gesamtwirtschaftlichen Einflüsse auf die Brauereien noch gering. Vom steigenden Bierkonsum profitierte zwar nahezu die gesamte Brauindustrie in Westdeutschland, doch gerade die Dortmunder Betriebe hoben sich mit ihren Ergebnissen deutlich vom allgemeinen Trend ab. Zwischen 1950 und 1960 stieg der Bierkonsum in der Bundesrepublik um 170 % an, wogegen sich der Dortmunder Ausstoß im gleichen Zeitraum um 230 % erhöhte. Der Dortmunder Anteil am Ausstoß in NRW erreichte bis 1960 einen Wert von nahezu 40 %. Bundesweit konnte die Ruhrgebietsstadt gleichzeitig mehr als 10 % der gesamten Bierproduktion auf ihre acht Brauereien vereinen.[78]

Auch in den folgenden Jahren zeigten die Dortmunder Ausstoßraten zunächst weiterhin eine steigende Tendenz. Doch während sich die Steigerungsraten in den 1950er Jahren meist überdurchschnittlich zum landes- und bundesweiten Trend erhöhten, war erstmals im Geschäftsjahr1960/61 festzustellen, dass die Zuwachsraten nicht mehr mit der gesamten Branche mithalten konnten. Mit einem Anstieg um 2,5 % auf etwa 5,7 Mio. hl wurde zwar wieder ein neuer Höchststand erreicht, jedoch lagen erstmals seit zehn Jahren die durchschnittlichen Steigerungsraten aller Brauereien in NRW und in der Bundesrepublik über den Zuwächsen der Dortmunder Betriebe.[79] Dieser Trend setzte sich auch im darauf folgenden Geschäftsjahr fort, als der Ausstoß in Dortmund zwar um 5,7 %, in NRW aber um 7,2 % und in der Bundesrepublik um 6,6 % angestiegen war.

Innerhalb des VDB begann nach diesen Ergebnissen eine erste Ursachenforschung. Der Verband nahm zwar diese Zahlen noch mit einer gewissen Gelassenheit zur Kenntnis, sah als mögliche Gründe für diese Entwicklung aber auch schon eine erstarkte Konkurrenz von Brauereien, die verstärkt die Sorten Pilsener und Altbier[80] anboten. Dies wurde aus der Erfahrung vergangener Jahre als vorübergehende Modeerscheinung gewertet, sodass „Gegenmaßnahmen“ zunächst ausblieben.[81] Dass sich damit auch ein erster Trend zu einem Strukturwandel auf dem deutschen Biermarkt und einer Veränderung der Konsumgewohnheiten, hier speziell in der Sortenwahl, bei den Verbrauchern zeigte, wurde von den Dortmunder Brauern zu diesem

Zeitpunkt noch nicht erkannt. Stärker problematisiert wurde diese Entwicklung von den Zeitgenossen und auch durch die Forschungsliteratur erst ab Mitte der 1960er Jahre, als der Bierausstoß in den Dortmunder Brauereien erstmals nach 1948 entgegen dem allgemeinen Trend in der Branche rückläufige Ergebnisse lieferte.

3.3 Biermarkt und Bierkonsum in der Frühphase der Sozialen Marktwirtschaft

Zwar stellte die Dortmunder Brauindustrie in den 1950er Jahren mit ihrem rasanten Wiederaufstieg die Leistungen vieler anderer Betriebe der Branche in den Schatten, aber ebenso hatte der gesamte Biermarkt in der Ära des „Wirtschaftswunders" in der Bundesrepublik einen hohen Wachstumskurs zu verzeichnen, der sogar überproportional zur gesamten westdeutschen Industrie verlief.[82] Der gesamte bundesdeutsche Bierausstoß, einschließlich der Exporte, hatte zwischen 1950 und 1976 eine Steigerungsrate von 426 % vorzuweisen.[83] Bis zum Beginn der 1960er Jahre betrug die Zuwachsrate allein von 1950 an betrachtet fast 300 %.[84]

Die Brauwirtschaft in der frühen Bundesrepublik befand sich auf einem starken Expansionskurs, der gleichzeitig durch eine im Vergleich zu späteren Zeitpunkten noch geringe Konzentrationsbewegung geprägt war. 1956 gab es in der Bundesrepublik einschließlich West-Berlin und dem Saarland 2292 gewerbliche Braustätten. Bis 1962 sank deren Anzahl auf 2155 Brauereien. Großbetriebe konnten dabei immer höhere Anteile auf sich vereinen. Diese Unternehmen konnten sich tendenziell gerade in Großstädten wie Berlin, Hamburg, Frankfurt/M., München und eben Dortmund etablieren, wo durch eine hohe Bevölkerungszahl in unmittelbarer Umgebung und damit niedrige Transportkosten zum Endverbraucher relativ hohe Gewinne erzielt werden konnten.[85] Doch insgesamt dominierte in diesem Zeitraum eine noch mittelständische Struktur im Braugewerbe. Die Bundesrepublik hatte 1960 mit 24 200 hl im Vergleich zu anderen Staaten die geringste durchschnittliche Ausstoßrate pro Braustätte vorzuweisen.[86]

Der Bierexport konnte ebenso wieder an Bedeutung gewinnen, doch ging der wachsende Bierausstoß der deutschen Brauereien im Wesentlichen auf die verstärkte Binnennachfrage zurück, die in den 1950er Jahren die höchste Steigerungsrate hatte. Der inländische Pro-Kopf-Bierverbrauch hatte sich in der ersten Dekade der jungen Bundesrepublik von 35,6 auf 94,7 Liter mehr als verdoppelt, womit der Bierkonsum 1960 den Vorkriegsstand von 1938 um 16 % überschritten hatte.[87]

Für die starke Erhöhung des Bierkonsums spielen auf der einen Seite Nachholeffekte aus der Kriegsphase eine Rolle, jedoch war der Konsumanstieg eng mit dem steigenden Einkommen der Verbraucher verbunden, wobei gleichzeitig die Preisentwicklung beim Bier günstig verlief und relativ konstant blieb.[88] Nach der Aufgabe der Festpreisverordnung in NRW im August 1952 wurden die Bierpreise wieder dem freien Markt überlassen. Die meisten Brauereien reagierten auf die Freigabe mit einer Preiserhöhung, die zum Beispiel in Dortmund einheitlich 6 DM pro Hektoliter betrug.[89] In den darauf folgenden Jahren blieben die Verkaufspreise bis in die 1960er Jahre hinein trotz steigender Kosten der Brauereien auf dem gleichen Niveau.[90]

Der wachsende Bierkonsum war in Städten deutlicher festzustellen als in ländlichen Regionen, was besonders auf die stark verbesserten Einkommensverhältnisse der Industriearbeiter zurückzuführen war.[91] Im Durchschnitt stiegen bis 1963 die Nettolöhne und Gehälter der westdeutschen Bevölkerung um das Doppelte.[92] Gerade im Ruhrgebiet setzten die Einkommenssteigerungen früher und mit höherer Intensität ein, sodass die Brauereien dort von der industriellen Entwicklung in der Zeit des wirtschaftlichen Wiederaufbaus besonders profitieren konnten.[93]

Bier erfreute sich Umfragen zufolge immer noch bei den Arbeitern größter Beliebtheit.[94] Doch Bürger aus niedrigen Einkommensklassen stellten nicht mehr die fast ausschließliche Verbrauchergruppe dar. Indiz dafür war die Tendenz, dass im Laufe der 1950er Jahre Bier immer häufiger in exklusiven Hotels und Restaurants Einzug hielt, deren Wirte zuvor nur Wein und Spirituosen an ihre Gäste ausgeschenkt hatten.[95] Die Einordnung von Bier als Nahrungsmittel schien daher nicht mehr als selbstverständlich zu gelten. Theobald Simon versuchte 1960 die Frage, ob Bier nun als Nahrungs- oder Genussmittel einzuordnen wäre, mit der versöhnlich klingenden Aussage zu beantworten, dass das Getränk eine „glückliche Synthese aus Nahrungs- und Genussmittel“[96] sei. In Konsumentenbefragungen hoben jedoch sehr viele Verbraucher immer noch die durststillende Wirkung als Motivation für den Bierkonsum hervor, was den Nahrungsmittel-Charakter unterstrich.[97] Dies galt gerade für das traditionelle in NRW und Dortmund dominierende Exportbier, welches mit seinem hohen Restzuckergehalt sowie dem kräftigen und sättigenden Charakter am ehesten die Eigenschaften eines Nahrungsmittels aufwies und gerade für die schwer arbeitende Bevölkerung als „flüssiges Brot“ galt. Diese Einordnung schlug sich auch in den Konsumgewohnheiten nieder: Bereits 1950 stellte eine Emnid-Umfrage fest, dass das Export als Arbeiterbier galt und Angehörige sozial besser angesehener Schichten andere Sorten wie zum Beispiel das Pilsener bevorzugten.[98]

Unabhängig von der Einordnung als Nahrungs- oder Genussmittel und dem sozialen Hintergrund der Verbraucher war der westdeutsche Biermarkt in den 1950er Jahren durch eine starke Veränderung der Konsumgewohnheiten geprägt. Hatte der Anteil der Abfüllung von Bier in Flaschen vor dem Zweiten Weltkrieg im Durchschnitt bei etwa 10 bis 15 % gelegen, stieg er in der jungen Bundesrepublik rapide an. 1952 betrug er bereits 35 bis 40 %, bis 1960 stieg der Gesamtanteil von Flaschen- und Dosenbier durchschnittlich auf 60 % an.[99] Aufgrund der noch üblichen Flaschenabfüllung bei Getränkegroßhändlern, die statistisch nicht erfasst wurde, dürfte der Anteil des Flaschenbiers schon früher etwas höher gewesen sein.[100] Dies ist jedoch nicht als wesentliche Ursache für den Anstieg des Flaschenbierkonsums anzusehen. Vielmehr spielten für diese Entwicklung gesellschaftliche Veränderungen eine Rolle. Gerade in den frühen Jahren der Bundesrepublik war bei den Bürgern ein „Rückzug ins Private“ und damit ein verstärkter Heimkonsum von Bier zu erkennen. Die Verlagerung des Bierkonsums aus der Gaststätte in die heimischen Wohnzimmer wird als direkte Folge der Kriegswirren beschrieben, weil sich die Menschen wieder nach Geborgenheit und Häuslichkeit sehnten.[101]

Das Braugewerbe reagierte auf diesen Trend mit der Ausweitung und technischen Verbesserung der Flaschenabfüllung, die immer häufiger direkt in der Brauerei geschah, was auch Qualität und Haltbarkeit des Flaschenbieres verbesserte.[102]

Bei den Dortmunder Brauereien waren der Trend zur Häuslichkeit bei den Konsumenten und damit ein erhöhter Flaschenbierkonsum zunächst nicht so deutlich wie im Bundesdurchschnitt zu spüren. Dies könnte mit den bis zu Beginn der 1950er Jahre noch teilweise katastrophalen Wohnverhältnissen zusammenhängen, die gerade in Ballungsräumen durch vorangegangene Kriegszerstörungen besonders lange anhielten.[103] Auch die auf dem Heimatmarkt zu dieser Zeit immer noch relativ stark ausgeprägte Gaststättenkultur ist dafür ein deutliches Indiz.[104] Doch auf dem Kernmarkt der Dortmunder Brauereien konnte der Trend zum Flaschenbier ebenfalls nicht aufgehalten werden und hatte sich insgesamt in den folgenden Jahren durch den vermehrten Einzug von Radio- und später auch Fernsehgeräten in die heimischen Wohnzimmer weiter verstärkt.[105] Darüber hinaus ermöglichte die immer größere Verbreitung von Kühlschränken, jederzeit ein gekühltes Bier in den eigenen vier Wänden zu trinken.[106]

Leo Thoma hatte diese Veränderungen der Konsumgewohnheiten schon 1954 speziell für die Dortmunder Brauindustrie genauer untersucht. Neben den bereits genannten Faktoren für die stärkere Nachfrage nach Flaschenbier ermittelte er weitere Gründe für die Konsumverlagerung: So wird in seiner Untersuchung der günstigere Verkaufspreis von Flaschenbier als wichtiges Argument für die Verlagerung auf den Heimkonsum genannt. Hinzu kamen verschärfte Regeln zur Trunkenheit am Steuer und die Verlagerung der Wohngebiete an die Peripherie der Städte, wo noch keine hohe „Kneipendichte" vorlag. Auch hätte sich die Ausstattung vieler Gaststätten geändert, die nun bestrebt waren, ihrem Haus einen vornehmen Charakter zu geben, was gerade Arbeiter vom Besuch eines Wirtshauses abhalten würde.[107]

Der Heimkonsum von Bier stieg zwar stetig an, jedoch bedeutet das im Umkehrschluss nicht, dass der Fassbierausstoß zurückging. Auch dieser erhöhte sich in den 1950er Jahren, jedoch nicht mehr im gleichen Ausmaß wie beim Flaschenbier.[108] Zudem gab es einen weiteren statistisch schwer erfassbaren Faktor, der für einen etwas höheren Heimkonsum schon vor dem Zweiten Weltkrieg spricht. Mit sinkender Tendenz war es nämlich noch bis in die 1950er Jahre hinein nicht unüblich, dass die Konsumenten ihr Bier für den Heimkonsum direkt in der Gaststätte kauften und dort aus dem Fass in eigene Gefäße abfüllen ließen. Diese Form des Bierkaufs nahm aber rapide ab. Der größte Teil des Hauskonsums an Bier wurde nicht mehr über den Gastwirt, sondern durch den Einzelhändler gedeckt, auch wenn viele Gastwirte neben Fassbier ebenso Flaschenbier sowohl für den Verbrauch vor Ort als auch für den Heimkonsum anboten.[109] Mit der steigenden Bedeutung des Einzelhandels traten auch immer mehr Frauen als Einkäuferinnen von Bier in Erscheinung, was von den Brauereien aus absatzpolitischer Sicht erst zu späteren Zeitpunkten stärker beachtet wurde.[110]

Für die Brauereien brachte die starke Zunahme des Flaschenbieranteils am Gesamtausstoß einen hohen Investitionsbedarf, der jedoch zunächst nur auf die technische Ausstattung und weniger auf die Verkaufspolitik ausgerichtet war. Mit dem steigenden Flaschenbierausstoß mussten Abfüllanlagen ausgeweitet und modernisiert werden. Auch zog diese Entwicklung einen höheren Personalbedarf nach sich, sodass die Flaschenbierproduktion gegenüber dem Fassbier lohnintensiver wurde.[111]

Die Absatzpolitik hatte sich in dieser Zeit trotz der Veränderungen in der Brauwirtschaft nur wenig gewandelt und war kein bedeutender Faktor für den Konsumanstieg. In den Konsumgüterbranchen waren die 1950er Jahre eher durch einen Verkäufermarkt geprägt. Aufgrund der boomenden Wirtschaft waren vergleichsweise wenig Verkaufsanstrengungen erforderlich. In vielen Konsumbranchen war eher eine ausreichende Produktion der Güter als deren Absatz ein Problem.[112] In der Branche blieb diese Tatsache nicht unbemerkt und wurde seit Ende der 1950er Jahre stärker diskutiert. So machte Paul Massfeller 1959 deutlich: „Wenngleich […] die Werbung für Bier auf allgemeine verbrauchsfördernde Losungen beschränkt und bisher noch nicht zu werblicher Feinarbeit übergegangen ist, […] ist es doch

Abb. 4: Flaschenkeller der Dortmunder Union-Brauerei AG, 1950er Jahre, Foto: Erich Angenendt (Quelle: WWA, F 188 Nr. 6139)

gelungen, den Bierverbrauch von Jahr zu Jahr zu steigern“[113]. Auch andere Veröffentlichungen lassen einen ersten Paradigmenwechsel erkennen, der allerdings wohl nur diskutiert und zunächst nur von wenigen Braubetrieben aufgenommen und verfolgt wurde. Nahezu warnend konstatierte Guido Sandler schon 1958: „Die Ansicht, daß sich Bier von selbst verkauft, ist längst überholt“[114].

3.4 Absatzpolitik der Brauwirtschaft während der „Wirtschaftswunder“-Ära

Werbung hatte in der deutschen Wirtschaft in den unmittelbaren Nachkriegsjahren vor dem Hintergrund der zahlreichen Mangelerscheinungen und dem damit fehlenden Konkurrenzkampf der Marken keine Bedeutung. Da bis 1949 auf dem westdeutschen Markt durch die gesetzlichen Beschränkungen praktisch kein vollwertiges Bier zur Verfügung stand, hätte Werbung zudem nur wenig Sinn gehabt.

Vielmehr standen in dieser Zeit für die Brauereien der technische Wiederaufbau und aus absatzpolitischer Sicht die Wiederherstellung der Kontakte zu den Gastwirten im Vordergrund.[115] In fast allen anderen Konsumgüterbranchen in Westdeutschland war die Situation in den unmittelbaren Nachkriegsjahren ähnlich und änderte sich erst mit der Währungsreform 1948. Zwar konnte die wirtschaftliche Lage in der Bundesrepublik deutlich verbessert werden, jedoch blieben zeitweise zahlreiche Mangelerscheinungen bestehen, wodurch kaum ein Konkurrenzkampf zwischen den Marken möglich war. Daher konzentrierten sich die ersten Werbemaßnahmen darauf, die Wiederverfügbarkeit von Produkten zu proklamieren, die über viele Jahre nicht hergestellt werden konnten. Zunächst dominierte dabei die Print- und Plakatwerbung, nach 1950 kam zudem der Außenwerbung auf Großplakaten und Verkehrsmitteln eine besondere Bedeutung zu.[116] Doch noch bis in die 1950er Jahre hinein hatte Werbung in Deutschland – anders als zum Beispiel in den USA, wo die Werbewirtschaft in ihrer Methodik und Quantität weitaus ausgeprägter war – immer noch einen etwas zweifelhaften Ruf. Häufig galt unter Unternehmern die Devise, dass sich ein gutes Produkt wegen seiner Qualität von selbst verkaufe und Werbung nur von denjenigen betrieben werden würde, die es „nötig" hätten. Erst in den folgenden Jahren sollte auch in Westdeutschland ein Paradigmenwechsel stattfinden, sodass in der heimischen Wirtschaft neue Methoden der Werbung, häufig nach amerikanischem Vorbild, Einzug hielten.[117]

In der Brauindustrie löste die Währungsreform bei der Werbetätigkeit im Vergleich zu anderen Konsumgüterbranchen noch keinen Befreiungsschlag aus, sondern stürzte den Sektor zunächst, wie erläutert, wirtschaftlich noch stärker in eine Krise. Erst die Aufhebung aller Braubeschränkungen 1949 und die im September 1950 erfolgte Absenkung der Biersteuer gaben die Möglichkeiten zur einer erhöhten Produktion und damit einem verstärkten Absatz. Erst jetzt setzte wieder eine erkennbare Werbetätigkeit bei den Brauereien ein. Die geringen Absatzzahlen der im Volksmund als „Biererinnerungsgetränke" bezeichneten Produkte der Nachkriegszeit machten es für die Brauer zunächst erforderlich, die Bevölkerung wieder als Biertrinker zurückzugewinnen und junge Konsumenten, die zuvor aufgrund der über viele Jahre ausgefallenen bzw. minderwertigen Produktion überhaupt kein Vollbier kennengelernt hatten, an das Getränk heranzuführen und auf Bier in „Friedensqualität" hinzuweisen.[118]

Ohne einen scharfen Wettbewerb zwischen den einzelnen Betrieben auszulösen und wegen der zumeist regionalen Ausrichtung der Brauereien schien neben der individuellen Werbung an den Vertragsgaststätten die Gemeinschaftswerbung ein geeignetes Mittel zu sein. Auch beim Bier war als eine der ersten Werbebotschaften die Propagierung der Wiederverfügbarkeit geradezu charakteristisch, die im Wesentlichen nach der Absenkung der Biersteuer einsetzte. Gesteuert wurde diese Werbung nicht durch einzelne Brauereien, sondern durch die übergeordneten Verbände. Die Werbeabteilung des Deutschen Brauer-Bundes (DBB) brachte auf Plakaten nach der Biersteuersenkung Slogans wie „Bier jetzt endlich billiger" (1950) unter die Bevölkerung. Auch die weiteren Maßnahmen der Gemeinschaftswerbung stellten keine einzelnen Marken oder Sorten heraus, sondern dienten dazu, Bier wieder als Alltagsgetränk bei den Konsumenten zu etablieren. „Sommer – Sonne – kühles Bier" oder „Bier gehört dazu" waren in den frühen 1950er Jahren die Botschaften der Gemeinschaftswerbung.[119] Besonders durch den weitgehend homogenen Charakter des Produktes Bier und der damit hohen Austauschbarkeit kam die Gemeinschaftswerbung der gesamten Branche zu Gute. Schon nach kurzer Zeit war das Fazit der Brauer, dass die Gemeinschaftswerbung große Erfolge gezeigt habe und „daß sich die des Bieres entwöhnte oder mit dem Bier noch gar nicht bekanntgewordene Jugend dem Bierkonsum in verstärktem Maße zugeneigt hat"[120].

Die Ausweitung der Individualwerbung einzelner Brauereien mit der Folge der Reduzierung bzw. Aufgabe der Gemeinschaftswerbung wurde trotz der sich entwickelnden ordoliberalen Marktwirtschaft in der Bundesrepublik in dieser Zeit noch zumeist kritisch betrachtet. So verwies Theobald Simon auf die Verhältnisse in den USA, wo die Individualwerbung in den vergangenen 20 Jahren die Konzentrationsbewegung innerhalb der dortigen Brauindustrie gefördert bzw. erst ermöglicht habe, und warnte damit indirekt, dass auch für

Deutschland bei einer Ausweitung der Individualwerbung Strukturveränderungen drohen könnten.[121] Zwar wurde der bestehende Leistungswettbewerb zwischen den Brauereien in den USA durchaus gelobt, dieser würde aber durch eine umfangreiche und übertriebene Werbung für einzelne Biere gestört.[122]

1953 wurde die Gemeinschaftswerbung der Brauer stärker institutionalisiert: Während zuvor die Werbemaßnahmen eigenständig durch den DBB gesteuert wurden, erfolgte 1953 die Gründung der Bierwerbe GmbH, zu deren Gesellschafter der DBB und die ihm angeschlossenen Landesverbände gehörten. Die Bierwerbe-GmbH setzte nicht nur die bisherigen Maßnahmen mit Werbeplakaten fort, sondern begann auch mit der Herausgabe einer Kleinbuchreihe mit Informationen zum Bier und 1955 mit der Produktion des ersten Bier-Werbefilms.[123] Finanziert wurde die Gemeinschaftswerbung durch eine Umlage über die angeschlossenen Brauereien, deren Mitgliedschaft freiwillig war. Sie betrug bis 1959 gerade 0,05 DM pro Hektoliter Ausstoß und wurde 1960 auf 0,06 DM erhöht. Brauereien, deren Jahresausstoß unter 10000 hl lag, waren von der Beitragszahlung befreit.[124] Gerade kleinere Braustätten, die aufgrund geringer finanzieller Möglichkeiten eine eigene Werbung gar nicht hätten durchführen können, konnten daher von der Gemeinschaftswerbung enorm profitieren. Ebenso konnten Brauereien, die sich finanziell nicht beteiligten, als „Trittbrettfahrer" positive Effekte aus den bundesweiten Werbekampagnen ziehen.

Die Individualwerbung der einzelnen Brauereien verharrte in den 1950er Jahren auf einem relativ geringen Niveau, blieb jedoch in dieser Zeit nicht aus. Ein eindeutiger Schwerpunkt lag dabei jedoch bei den Gaststätten und deren Innen- und Außenausstattung. Unterscheidet man bei den Werbeaufwendungen nach den Ausgaben für Wirtewerbung und den Investitionen für die direkte Konsumentenansprache außerhalb der Gaststättenausstattung, so trat trotz des eher geringen Werbeaufwands in den frühen 1950er Jahren eine Verlagerung zugunsten der Konsumentenwerbung ein. 1951 entfielen in der westdeutschen Brauwirtschaft nur noch etwa 20 % der Werbeaufwendungen auf die Wirtewerbung, dagegen 80 % auf die Konsumentenwerbung. Im Vergleich zur Vorkriegszeit haben sich diese Anteile damit nahezu umgekehrt.[125] Uwe Paulsen stellt zwar fest, dass sich die Bedeutung der Werbung innerhalb der absatzpolitischen Instrumente der Brauindustrie bis 1960 deutlich erhöht hatte, merkte aber an, dass viele Brauereien einen Großteil der Werbemaßnahmen in die Ausstattung und Betreuung der Gaststätten investiert hätten.[126] Wie ausbaufähig Reklamemaßnahmen im Brauwesen seien, zeigten einige Autoren mit Blick in die USA. Dort sei die Absatzförderung weitaus intensiver ausgebaut gewesen und schloss bereits Elemente der Verbraucherpsychologie und der Motivforschung ein. So sei es der amerikanischen Werbung gelungen, bei vielen Menschen Bedürfnisse zu wecken, die ihnen ohne die Werbung nie bewusst geworden wären.[127] In der Bundesrepublik fristete der Konsument noch lange ein Schattendasein und wurde erst langsam nicht mehr nur als Randerscheinung im Wirtschaftskreislauf, sondern als wichtiger Faktor wahrgenommen. Der Ökonom Karl Christian Behrens bezog seine Aussage gar auf eine ganz bestimmte Konsumentengruppe: Er stellte 1957 fest, dass gerade die Verbraucherin im Laufe des Jahrzehnts aus dem Dornröschenschlaf erweckt und zu einer kritischen Marktpartnerin wurde.[128]

In der Brauwirtschaft war jedoch kaum festzustellen, dass solche Konzepte schon zum Ende der 1950er Jahre in der Absatzpolitik Anklang fanden. Der Konsument hatte zwar durch die kommerzielle Marktforschung und akademische Arbeiten zum Bierkonsum an Bedeutung gewonnen, jedoch wirkte sich dies nicht auf die Werbetätigkeit aus. Noch 1961 wurden in der gesamten Branche lediglich 0,13 % des Umsatzes in die Werbung investiert. Nur bei einigen wenigen Brauereien ging die Höhe des Werbeetats deutlich darüber hinaus.[129]

Stolz berichtete die Dortmunder Union-Brauerei, dass sie nach der Aufhebung der Braubeschränkungen 1949 und der Bierpreissenkung 1950 den Ausstoß deutlich erhöhen konnte, was ohne wesentliche Werbung geschehen und lediglich auf Grund der Qualität des Dortmunder Biertyps erzielt worden wäre.[130] Allerdings stellte die DUB damit kein außergewöhnliches Beispiel aus der Dortmunder

Brauwirtschaft dar: Tatsächlich spielte eine umfangreiche individuelle Kommunikationspolitik in den 1950er Jahren bei der DUB und ebenso bei den anderen Dortmunder Braubetrieben keine wesentliche Rolle, auch wenn diese natürlich nicht ausblieb. Hiermit bildeten die Unternehmen in Dortmund jedoch, wie erläutert, ein Spiegelbild der westdeutschen Brauwirtschaft.

Dass sich die Dortmunder Produkte wieder so schnell in der Nachkriegszeit durchsetzen konnten, könnte vor allem auf die Vorkriegswerbung zurückzuführen sein, wodurch die Marke „Dortmunder" im Gedächtnis der Konsumenten geblieben ist. Seit Beginn des Jahrhunderts hatten die Brauereien in Dortmund die Herkunftsbezeichnung als ihre Marke intensiv gepflegt und entsprechend beworben.[131] Die Vorkriegswerbung vieler Markenartikelhersteller machte sich also nach dem Krieg durch ein hohes Markenbewusstsein bei den Konsumenten bezahlt: 1946/47 stellte eine Umfrage ein Markenwissen von ehemals bekannten Konsummarken von 53 % fest. Dieser Wert hatte die Erwartungen weit überschritten und diente als Indiz für die dauerhafte Wirkung der Werbung.[132] Die Dortmunder Brauindustrie ist somit ein prägnantes Beispiel dafür, wie eine Firma bzw. in diesem Fall eine gesamte lokale Branche von der in der Zwischenkriegszeit aufgebauten Marken- und Marktmacht in den Jahren des Wiederaufbaus enorm profitieren konnte.[133] Selbstbewusst führten die Dortmunder Brauer immer wieder den überdurchschnittlich steigenden Bierausstoß ihrer Betriebe bis zum Beginn der 1960er Jahre auf den besonderen Ruf des Dortmunder Bieres zurück.[134]

Aus Sicht vieler Konsumenten war zwischen den einzelnen Marken der acht Dortmunder Brauereien in Qualität und Geschmack kein nennenswerter Unterschied festzustellen. So stand wie schon vor dem Zweiten Weltkrieg eine Werbung für den Namen des Unternehmens und noch viel stärker für die Herkunftsbezeichnung „Dortmunder" im Vordergrund, um diese Begriffe bei den Verbrauchern bekannt zu machen und in Erinnerung zu halten.[135] Die starke Ausrichtung auf den Namen des Braustandortes spiegelte sich auch in den zahlreichen Rechtsstreitigkeiten wider, die der VDB in der Phase des wirtschaftlichen Wiederaufstiegs nach 1949 gegen andere Braubetriebe im In-

und Ausland führte, die für ihre Produkte die Bezeichnung „Dortmunder“ verwendeten.[136] Die Rechtslage fiel zwar zumindest im Inland eindeutig zugunsten des VDB aus, doch häufig bekamen die Dortmunder Brauereien den Ratschlag, den Begriff „Dortmunder“ als Sortenbezeichnung für Exportbier freizugeben. Aus Sicht einiger Experten würde dies eine enorme Werbewirkung erzielen, die sich auch für die Braustätten, die tatsächlich in Dortmund produzierten, positiv auswirken würde. Die Geschäftsführer der Brauereien teilten diese Ansicht nicht und verwiesen auf die Begriffe „Pilsener“ und „Münchener“, die als Herkunftsbezeichnung für Bier nicht geschützt waren, was sich aus deren Sicht nicht als absatzpolitischer Vorteil für die Braustätten in den jeweiligen Orten ausgewirkt hätte.[137]

Aufgrund der Tatsache, dass die Dortmunder Brauereien von dem schon vor dem Krieg aufgebauten Markencharakter ihrer Biere trotz der jahrelangen Zwangspause durch Krieg und Nachkriegszeit profitieren konnten, fiel die Werbetätigkeit insgesamt in den 1950er Jahren sehr zurückhaltend aus.[138] Jedoch profitierten die Brauereien wie die gesamte westdeutsche Brauindustrie von der bundesweiten Gemeinschaftswerbung, an der die Dortmunder Betriebe über den VDB beteiligt waren.[139] Völlig untätig waren die Dortmunder in der eigenen Kommunikationspolitik nicht: Auf die bundesweite Gemeinschaftswerbung für Bier folgten gemeinschaftliche Werbemaßnahmen auf lokaler Ebene. Über den VDB warben die Dortmunder Betriebe gemeinsam für ihre Produkte und setzten die Pflege des Markenamens „Dortmunder“ fort, den alle Brauereien für ihre Produkte nutzten. So verständigten sich die lokalen Brauereien im VDB darauf, Anzeigen in Festschriften, Programmen und Gelegenheitsschriften und teilweise auch in der Tagespresse nur gemeinschaftlich durch den Verband aufzugeben, womit individuelle Anzeigen starken Beschränkungen unterworfen waren.[140]

Begründet wurden diese Absprachen mit der geringen arbeitsmäßigen und finanziellen Belastung der einzelnen Betriebe und dem Ziel einer Normalisierung der gegenseitigen Wettbewerbsverhältnisse. Zudem war die Gemeinschaftswerbung aus Sicht des Verbandes besonders geeignet, den guten Ruf des Dortmunder Bieres zu festigen und auszubauen. Der Großteil der Ausgaben wurde für Anzeigen in Printmedien investiert. Darunter fielen sowohl Anzeigen, die lediglich mit den Emblemen der acht Brauereien allgemein für Bier aus Dortmund warben, aber auch Anzeigen für die 1951 gemeinsam von sieben der acht Braustätten eingeführte Sorte „Dortmunder Urtyp".[141] Zudem wurden durch den VDB die Werbebanner in der Dortmunder Westfalenhalle und in anderen Veranstaltungsstätten der Stadt finanziert. Zu den besonderen, aber auf die Werbewirkung bezogen vermutlich eher weniger bedeutsamen Aktionen, zählte die über mehrere Jahre andauernde Zusammenarbeit des VDB mit der Deutschen Postreklame GmbH, die eine Briefstempelwerbung mit dem Slogan „Dortmund – Stadt des weltbekannten Bieres" einführte, mit der täglich rund 120 000 aus Dortmund versendete Briefe bedruckt wurden.[142]

Die gemeinschaftlichen Werbemaßnahmen verharrten jedoch ebenfalls lange auf einem geringen Niveau.[143] Auch in den folgenden Jahren wurde die Dortmunder Gemeinschaftswerbung nur sehr zögerlich eingesetzt, was mit der anhaltenden, zufriedenstellenden Ausstoßentwicklung begründet wurde, die aus Sicht des Verbands umfangreiche Werbetätigkeiten entbehrlich erscheinen ließ.[144] Die individuelle Reklame der Dortmunder Brauereien außerhalb der Gaststätten als damals noch wichtigstem Verkaufsort fielen bis zum Beginn der 1960er Jahre sehr zögerlich und auf einem vergleichsweise geringen Niveau aus.[145] Anzeigen in Printmedien auf dem Kernmarkt wurden aufgrund der erläuterten Absprachen kaum geschaltet. Insgesamt war Anzeigenwerbung für Bier in der Bundesrepublik – im Gegensatz zum Ausland – zunächst noch wenig verbreitet.[146] Eine gewisse Bedeutung könnte allenfalls noch der Plakatwerbung sowie den Anschlägen an Verkehrsmitteln und an den Fahrzeugen der Brauereien zugemessen werden. Gerade in der Blütezeit der Dortmunder Brauwirtschaft nach 1949 bekam der eigene Fuhrpark der Brauereien eine hohe Bedeutung und wurde mit den entsprechenden Beschriftungen auch in Szene gesetzt. Ebenso dienten damals noch Pferdefuhrwerke, auch wenn sie nicht mehr im täglichen Gebrauch waren, als regelmäßig wiederkehrender Blickfang und Werbeträger.[147]

Abb. 5: Fuhrpark der Dortmunder Union-Brauerei AG, Anfang der 1950er Jahre (Quelle: WWA, F 188 Nr. 6159–96)

Bei den Aufwendungen für individuelle Werbemaßnahmen lag der Schwerpunkt bis in die 1960er Jahre hinein bei der Wirtewerbung und konzentrierte sich damit direkt auf die damals noch wichtigsten Verkaufsorte. Hierzu zählte vor allem die Ausstattung der mit den Brauereien über Lieferverträge verbundenen Gaststätten: Dort konnten Innen- und Außenwerbung, Gläser, Tropfenfänger, Bierdeckel, Aschenbecher und Werbegeschenke vor allem auf den Endverbraucher ihre Werbewirkung erzielen. Dagegen blieben weitere Maßnahmen aus diesem Bereich wie die Kundenbetreuung durch den Außendienst der Brauerei und Gratisabgaben von Bier in ihrer Wirkung auf den Gastwirt beschränkt.[148]

Die Werbeaufwendungen wurden damit zwar auch in die direkte Verbraucheransprache investiert, doch scheinen die Brauereien dabei kaum auf den Trend zum Flaschenbier eingegangen zu sein. Erste Maßnahmen in diese Richtung konzentrierten sich zunächst auf eine elegantere Flaschenausstattung.[149] Schon 1954 machte Leo Thoma deutlich, dass aufgrund der geänderten Konsumgewohnheiten eigentlich angenommen werden müsste, dass die Dortmunder Brauereien auch ihre Verkaufspolitik der neuen Marktsituation angepasst hätten und verstärkt für Bier in Flaschen werben würden. Doch stellte auch er in seiner zeitgenössischen Untersuchung kritisch fest, dass dies nicht der Fall war. Sie hatten allesamt darauf verzichtet, spezielle Werbung für Flaschenbier zu machen. Er beschrieb, dass zwar viele Brauereien in Dortmund organisatorisch auf diesen Trend reagierten und ihre Verkaufsabteilungen den neuen Erfordernissen entsprechend umstrukturierten und vergrößerten, jedoch nicht begonnen hatten, ihre Werbemaßnahmen auszudehnen. Der Schwerpunkt lag weiter auf einer reinen Namenswerbung.[150]

Nur in kleinen Schritten reagierten einige Brauer absatzpolitisch auf die erhöhte Nachfrage nach Flaschenbier. Während vor dem Krieg und noch bis zu Beginn der 1950er Jahre Flaschen lediglich mit einem Anhängeetikett gekennzeichnet waren, gingen die Dortmunder Brauereien Stifts, Union, Thier und Hansa dazu über, ihre Flaschen zunächst mit einem Bügelverschluss- und Bauchetikett zu versehen. Mit den neuen Kennzeichnungen sollten vor allem Hausfrauen als Einkäuferinnen im Einzelhandel auf die jeweilige Biermarke aufmerksam gemacht werden.[151] Eine durch diese Entwicklung verstärkte Werbetätigkeit im Einzelhandel war dennoch kaum festzustellen. Dies war auch in der Gemeinschaftswerbung der Verbände abgesehen von wenigen Ausnahmen zunächst nicht der Fall.[152]

Nach Berechnungen von Leo Thoma kam auch in Dortmund der Ausstattung der Gaststätten immer noch der größte Anteil der Werbeinvestitionen zu, womit der Fokus der Werbung zu dieser Zeit direkt am Verkaufsort, dem „point of sale“, lag. Nach seinen Schätzungen würden Anfang der 1950er Jahre jährlich rund 250 DM für Werbemittel in eine Gaststätte investiert werden, ein Einzelhändler würde aber durchschnittlich nur mit wenigen Werbemitteln wie zum Beispiel Plakatschildern ausgestattet werden, die gerade einen Gesamtwert von 6,50 DM hätten.[153]

4 Vermindertes Wachstum und erste Stagnation: Die 1960er Jahre

4.1 Biermarkt und Bierkonsum in Westdeutschland in den 1960er Jahren

Während die Bierproduktion in der Bundesrepublik und der inländische Bierverbrauch in den 1950er Jahren enorme Steigerungsraten vorzuweisen hatten, wurde dieser Trend seit den 1960er Jahren von einer ruhigeren Entwicklung abgelöst, auch wenn die Wachstumsraten bis in die 1970er Jahre hinein weiter eine deutlich positive Tendenz aufwiesen. 1960 wurden in Westdeutschland 53,79 Mio. hl Bier produziert. Bis 1970 stieg die Ausstoßzahl auf 87,05Mio. hl an, womit sich in diesem Jahrzehnt die Bierproduktion um 62 % erhöhte. Beim Pro-Kopf-Verbrauch hatte die Steigerungsrate zwischen 1960 und 1970 einen Wert von 55 %.[154] In absoluten Zahlen bedeutete dies eine Konsumsteigerung von 91 auf 141 Liter Bier pro Kopf, womit die Bundesrepublik im europäischen Vergleich eine Spitzenstellung einnahm.[155]

Im Jahre 1960 verteilte sich die westdeutsche Bierproduktion auf 2218 Brauereien, doch wurden die steigenden Ausstoßmengen in den folgenden Jahren durch immer weniger Braustätten produziert, deren Anzahl 1970 nur noch 1815 betrug. Die durchschnittliche Ausstoßzahl pro Betrieb erhöhte sich gleichzeitig von etwa 20 000 auf 50 000 hl.[156] Damit lag sie zwar noch deutlich unter dem Niveau anderer Staaten, jedoch war der Konzentrationsgrad der Brauwirtschaft auch in Deutschland weitaus höher als es diese Statistik zunächst zeigt: 85 Brauereien konnten nämlich 51,3 % des Bierausstoßes auf sich vereinen. Jedoch hatte darin keine einzelne Biermarke eine dominante Stellung.[157]

Auf der Nachfrageseite unterlag der westdeutsche Biermarkt nicht nur in absoluten Zahlen weiter deutlichen Wandlungen, auch änderten sich Konsumgewohnheiten und Präferenzen der Verbraucher. Zunehmend ging der Anteil der Personen zurück, die tagsüber während der Arbeit Bier konsumierten, was meist nur noch bei körperlich sehr anspruchsvollen Berufen der Fall war. Damit wurde Bier immer deutlicher als Genussmittel wahrgenommen, gleichzeitig drang es weiter in höhere soziale Kreise ein und wurde zunehmend „gesellschaftsfähig". Gerade die elegantere Flaschengestaltung führte dazu, dass Bier verstärkt auch in exklusiven Hotels und Gaststätten ausgeschenkt wurde, die sich einige Jahre zuvor noch gegen den Bierverkauf sperrten.[158] Davon hatte jedoch fast ausschließlich die Sorte Pils profitiert. Sie galt gegenüber dem Exportbier als die „feinere" Biersorte, was durch die Werbung und die Aufmachung, wie zum Beispiel die elegantere Form des Pilsglases, weiter gefördert wurde.[159]

Noch deutlicher war zu erkennen, dass sich die Verlagerung des Bierkonsums aus der Gaststätte in die „eigenen vier Wände" weiter fortsetzte. 1965 ergab eine Umfrage des Forschungsinstituts Emnid, dass 57 % der Konsumenten ihr Bier am liebsten zu Hause trinken. Nur drei Jahre später ermittelte Emnid, dass bereits 72 % der Verbraucher den Heimkonsum bevorzugen würden.[160] Neben den bereits in den 1950er Jahren genannten Motiven für den Heimkonsum kam in den 1960er Jahren neben der weiteren Verbesserung der Wohnsituation der „Siegeszug" des Fernsehens hinzu: Ende der 1950er Jahre wurden in der Bundesrepublik 3 Mio. TV-Geräte gezählt, 1970 waren es bereits 16 Mio. Geräte. Deren Verbreitung in der Bevölkerung vollzog sich im Vergleich zu anderen Konsumgütern kaum von „oben nach unten", sondern nahezu gleichzeitig in allen Bevölkerungsschichten.[161]

Mit dem wachsenden Heimkonsum setzte sich die Expansion des Flaschenbierabsatzes fort. 1960 erreichte der Anteil von Flaschen- und Dosenbier 60,1 % des westdeutschen Gesamtausstoßes und dehnte sich bis 1970 auf 69,2 % aus. Regional betrachtet nannte die Industrie- und Handelskammer (IHK) Dortmund 1963 für ihren Kammerbezirk einen Anteil von Flaschen- und Dosenbier von 54 %, wobei der tatsächliche Wert aufgrund der zusätzlichen Abfüllung bei Großhändlern höher gelegen haben dürfte.[162] Während der Fassbierabsatz in den 1950er Jahren zwar nicht gleichförmig, aber ebenso wie das Flaschenbier anstieg, war dies seit den 1960er Jahren kaum noch der Fall. Viele Brauereien konnten ihre Verkaufszahlen beim Fassbier nicht mehr erhöhen.[163]

Die Zunahme der Flaschenbier-Nachfrage wirkte sich stark auf die Distributionswege aus: Zwar wurden auch große Mengen Flaschenbier durch die Gaststätten abgesetzt,[164] doch entwickelte sich der Lebensmittel-Einzelhandel in den 1960er Jahren zur wichtigsten Absatzstätte von Bier. Der Einzelhandel selbst musste sich gleichzeitig mit erheblichen Strukturveränderungen auseinandersetzen, die sich wiederum absatzpolitisch erheblich auf die Brauereien auswirkten: Seit den späten 1950er Jahren konnte sich in der Bundesrepublik die Selbstbedienung (SB) im Lebensmittel-Einzelhandel etablieren.[165] Mitte der 1950er Jahre erlaubten lediglich 326 der etwa 150000 Lebensmittel-Geschäfte die Selbstbedienung. Zum Ende der 1950er Jahre begann ein sprunghafter Anstieg: Allein bis 1960 stieg deren Zahl auf 17132 und bis 1965 auf 53125 Läden an, wodurch die SB-Geschäfte beim Lebensmittel-Einzelhandel bereits einen Anteil von 34 % auf sich vereinen konnten.[166] Gleichzeitig begann eine stärkere Konzentration der Einzelhändler in Vertriebsgruppen wie Genossenschaften, freiwilligen Handelsketten und Filialbetrieben, wodurch der nicht organisierte Einzelhandel schon 1962 nur noch einen Marktanteil von 9,5 % aufwies.[167] Auch regional war der Strukturwandel im Lebensmittelhandel nachweisbar. Im Bezirk der IHK Dortmund sank der Umsatzanteil des nicht organisierten Einzelhandels sogar auf unter 5 %. Einem neu eröffneten SB-Geschäft in der Region standen zwei Ladenschließungen gegenüber. Gleichzeitig nahm die Größe der durchschnittlichen Verkaufsfläche in den Geschäften um 10 % zu.[168]

Mitte der 1960er Jahre deckten 43 % der Haushalte in NRW ihren Bedarf an Bier über den Lebensmittel-Einzelhandel. Speziell für den Dortmunder Raum zeigten Untersuchungen ein etwas anderes Bild: Hier gaben nur 29 % der Befragten an, Bier über den Lebensmittel-Einzelhandel zu beziehen, jedoch nannten 35 % der Befragten aus Dortmund Trinkhallen und Kioske als bevorzugte Orte für den Bierkauf, während dieser Wert im NRW-Durchschnitt nur 8 % betrug.[169] Zwar setzte sich auf dem Kernmarkt der Dortmunder Brauereien die Abkehr von der Gaststätte ebenso durch, jedoch hatten hier kleine Verkaufsstellen absatzpolitisch eine große

Bedeutung. Die in der Region weit verbreiteten Kioske und Trinkhallen, häufig schlicht „Bude" genannt, entstanden im Ruhrgebiet im 19. Jahrhundert, um durch den Verkauf von Mineralwasser und Kaffee den übermäßigen Alkoholkonsum der Industriearbeiter einzudämmen. Seit den Zwischenkriegsjahren entwickelten sich die Kioske allerdings auch zu einer Verkaufsstätte von Alkohol. Nach 1945 erlebten die „Buden" mit ausgeweiteten Öffnungszeiten eine erneute Gründungswelle und nahmen im Ruhrgebiet häufig Nahrungs- und Genussmittel ins Sortiment auf, sodass sie teilweise die Funktion der „Tante-Emma-Läden" übernahmen, die aufgrund des Konzentrationsprozesses im Lebensmittel-Einzelhandel verschwanden.[170]

Diese Besonderheiten im Ruhrgebiet dürfen nicht darüber hinwegtäuschen, dass sich das Selbstbedienungsprinzip in den 1960er Jahren überall auf dem westdeutschen Markt durchsetzte und es den Wandel vom Verkäufer- zum Käufermarkt begünstigte, mit dem neue Methoden der Absatzpolitik in den Unternehmen Einzug hielten. Der Kunde hatte aufgrund der wachsenden Verkaufsfläche eine größere Auswahl zwischen verschiedenen Marken, konnte selbstständig auswählen und war häufiger zu Spontaneinkäufen geneigt. Der Händler büßte seine dominante Stellung als Berater ein, was der Werbeindustrie neue Möglichkeiten bot, Konsumgüter auch abseits ihres eigentlichen Gebrauchswerts zu propagieren.[171]

Mit der Verlagerung des Bierkaufs in den Einzelhandel veränderte sich auch die „Struktur" der Einkäuferschaft: Immer häufiger wurde der Bier-Bedarf durch die Hausfrau gedeckt, die Mitte der 1960er Jahre in 60 % der Fälle den Biereinkauf für den Heimkonsum erledigte.[172] Parallel dazu rückten Frauen nicht nur als Einkäuferinnen, sondern auch als Konsumentinnen von Bier stärker in das Interesse der Brauereien. Aus Untersuchungen der Thier-Brauerei ging 1967 hervor, dass in der Gruppe der 20- bis 35-jährigen Verbraucher 93 % der Männer und 68 % der Frauen angaben, regelmäßig Bier zu trinken.[173] Die DUB kommentierte den höheren Bierkonsum bei Frauen mit der Feststellung, dass sich Bier als ein echtes „Volksgetränk" etabliert hätte.[174]

Mit dem steigenden Anteil von Flaschenbier, der Bildung neuer Absatzwege und der zunehmenden Macht der Nachfrageseite, sowohl der Verbraucher als auch der Absatzmittler, nahm der Wettbewerb auf dem Biermarkt seit den 1960er Jahren stark zu. Dabei gewann bei den Brauereien die Preispolitik an Bedeutung, die in den 1950er Jahren noch keine Rolle spielte.[175] Großabnehmer wie Filialbetriebe sowie Einkaufs- und Konsumgenossenschaften konnten in den 1950er Jahren durch ihren noch geringen Einfluss das Preisniveau kaum beeinflussen. Doch spätestens seit Mitte der 1960er Jahre waren sogenannte Discounter und große Verbrauchermärkte in der Lage, bei den Brauereien einen immer günstigeren Einkaufspreis für Flaschenbier durchzusetzen, und wurden gleichzeitig aufgrund ihrer großen Nachfrage besonders stark von den Bierproduzenten als Absatzmittler umworben. Die Gewährung von Rabatten an Großabnehmer führte umgekehrt dazu, dass kleinere unorganisierte Einzelhändler im Wettbewerb benachteiligt wurden, was entgegen dem Wunsch der Brauereien den Konzentrationsprozess im Lebensmittelhandel weiter förderte.[176]

Trotz deutlich gestiegener Kosten bei den Brauereien, insbesondere bei Löhnen und Rohstoffen, waren die Bierpreise seit 1952 weitgehend stabil geblieben und konnten aufgrund des hohen Preisdrucks auf den Absatzmärkten, gerade beim Flaschenbier, kaum angehoben werden. Die hohen Kosten und sinkenden Gewinne sollten bei vielen Brauereien durch die Ausweitung der Absatzgebiete und damit höheren Bierausstoß ausgeglichen werden.[177] Zudem waren seit den 1950er Jahren in vielen Betrieben Überkapazitäten entstanden, die hohe Fixkosten verursachten, sodass ein steigender Ausstoß und damit eine optimale Auslastung der technischen Anlagen eine enorme wirtschaftliche Bedeutung hatte. Immer mehr sogenannte Billigbiere drängten auf den Markt. Während sich einzelne Betriebe auf dieses Segment spezialisierten, stammten jedoch die meisten Billigbiere aus Überkapazitäten namhafter Brauereien. Diese Betriebe boten ihre Biere meist außerhalb ihrer angestammten Märkte an, um keine Konkurrenz zu den eigenen Markenbieren zu bilden.[178] Schon Anfang der 1960er Jahre beklagte die DUB, dass sich durch diese Praxis auf dem Flaschenbiermarkt ein „Absatzkampf um jeden Preis“ entwickelt hätte.[179]

Preiserhöhungen waren auf dem Biermarkt ein schwieriges Unterfangen: 1962 mussten die von den Dortmunder Brauereien DAB, Hansa, Kronenburg und Thier angehobenen Verkaufspreise nur einen Monat später wieder rückgängig gemacht werden.[180] Erst 1965 konnten bei allen Dortmunder und vielen Brauereien in NRW Preiserhöhungen flächendeckend durchgesetzt werden.[181] Die Verschärfung des Wettbewerbs setzte sich jedoch fort. Aufgrund der Überkapazitäten verfolgten viele Brauereien das Ziel einer ständigen Ausstoßsteigerung, wodurch insbesondere die Abgabepreise für Flaschenbier häufig kaum die Herstellungskosten deckten, was den Verband Rheinisch-Westfälischer Brauereien von einem „Bierkrieg“[182] sprechen ließ.[183]

Parallel dazu hatte sich auch der Absatzkampf im Fassbiergeschäft verstärkt. Die seit dem 19. Jahrhundert ausgeprägte Praxis der Bierlieferungsverträge mit Kreditgewährung und zahlreichen Nebenleistungen für den Gastwirt hatte sich in der Bundesrepublik wieder etabliert und ausgeweitet. Während dies für finanzstarke Großbrauereien auf der „Jagd“ nach zusätzlichen Hektolitern ein geringeres Problem war, stellte dieser Wettbewerb für mittelständische Betriebe eine hohe finanzielle und teilweise existenzbedrohende Belastung dar.[184] Umgekehrt wird jedoch argumentiert, dass sich die Praxis der Bierlieferungsverträge für kleinere Betriebe vorteilhaft ausgewirkt hätte, da durch langfristige Verträge eine Form der vertikalen Integration entstanden war, die sich hemmend auf die Konzentrationsbewegung in der Brauwirtschaft ausgewirkt hätte.[185] Aufgehalten wurde eine Konzentration davon aber nicht und war in der Brauwirtschaft seit der zweiten Hälfte der 1960er Jahre immer deutlicher zu erkennen.[186]

4.2 Vom Höhepunkt in die Defensive: Die Dortmunder Brauindustrie in den 1960er Jahren

Die nicht mehr gleichförmige Steigerung des Dortmunder Bierausstoßes im Vergleich zum Bundes- und Landestrend bereitete den

Dortmunder Brauern zu Beginn der 1960er Jahre zunächst nur wenig Sorgen. „Es liegt nun einmal in der Natur der Statistik, daß einige Betriebe über und ein anderer Teil der Betriebe unter dem Durchschnitt liegen muss“[187], bewertete der VDB-Vorsitzende Günter Brand 1962 das Ergebnis gegenüber seinen Geschäftsführer-Kollegen aus den Dortmunder Braustätten. Zwar wurde thematisiert, dass neue Konsumgewohnheiten eine Möglichkeit für den geringeren Ausstoßzuwachs sein könnten, allerdings war Brand davon überzeugt, dass für eine solche Annahme keine Veranlassung bestehen würde: Das Dortmunder Exportbier, das bei den acht Brauereien jeweils zwischen 80 und 90 % des Ausstoßes auf sich vereinte, würde sich weiter größter Beliebtheit erfreuen, auch wenn verbesserte Absatzerfolge von Brauereien aus dem Sieger- und Sauerland mit Pilsbieren und von Braustätten aus dem Rheinland mit der Sorte Altbier festzustellen seien.[188]

Die unterdurchschnittlichen Ausstoßsteigerungen setzten sich in den folgenden Jahren in Dortmund fort, ohne dass bei den Brauereien zunächst ernsthafte Gegenmaßnahmen feststellbar waren. Noch hatte der Bierausstoß eine steigende Tendenz: 6,6 Mio. hl Bier wurden im Braujahr 1962/63 von den acht Dortmunder Betrieben produziert. Die Spitzenstellung nahm dabei die DUB mit einem Jahresausstoß von 1,7 Mio. hl ein. Ihr folgten die beiden weiteren „Hektoliter-Millionäre“ DAB mit 1,38 Mio. und Ritter mit etwa 1 Mio. hl. Kurz vor dem Erreichen der Millionen-Grenze stand die Brauerei Kronenburg, die damit den Status der größten Privatbrauerei in der Bundesrepublik bekam. Auf den weiteren Plätzen folgten die Hansa-Brauerei (ca. 700 000 hl Jahresausstoß), die Privatbrauerei Thier & Co. (ca. 500 000 hl), die Stifts-Brauerei (ca. 300 000 hl) und die seit 1952 zum Schultheiss-Konzern gehörende Bergmann-Brauerei (ca. 80 000 hl).[189] Die DUB, die bereits drei Tochterbrauereien in ihrem Besitz hatte, konnte trotz geringerer Ausstoßsteigerungen in der Dortmunder Braustätte ihre Spitzenposition in der Bundesrepublik ausbauen. Das Unternehmen erreichte 1963 in der Bundesrepublik einen Marktanteil von 2,7 %. Durch weitere Aufkäufe wuchs der „Brau-Riese“ in den folgenden Jahren weiter an.[190]

Die Geschäftsstrategie des Zukaufs von Betrieben war Anfang der 1960er Jahre in Dortmund noch eher unüblich. Dagegen gehörte bei nahezu allen Braustätten der Stadt der Ausbau der Kapazitäten zum Alltag. Hervorzuheben ist hierbei die Ritter-Brauerei, die als erstes Brauunternehmen in Deutschland seit 1900 eine neue Betriebsstätte auf der „grünen Wiese" errichtete. 1967 nahm der neue Betrieb im Stadtteil Lütgendortmund die Produktion auf und war zunächst ausschließlich für Flaschenbier und eine Jahreskapazität von 0,5 Mio. hl ausgelegt. 1969 wurde die komplette Produktion nach Lütgendortmund verlegt und nach weiterem Ausbau und einer Gesamtinvestition von 65 Mio. DM eine Jahresleistung von 1,5 Mio. hl ermöglicht.[191] Die frühere Ritter-Braustätte in der Innenstadt wurde samt Betriebsanlagen durch die DAB übernommen, die damit ihren eigenen Betrieb in unmittelbarer Nachbarschaft ausbauen konnte.[192]

Das Jahr 1965 markierte schließlich einen wirtschaftlichen Höhepunkt der Dortmunder Brauindustrie. Nicht nur die Mitarbeiterzahl in den acht Braustätten war mit etwa 6800 Beschäftigten auf einen historischen Höchststand geklettert, auch der Ausstoß von 7,39 Mio. hl Bier bedeutete unangefochten die Spitzenposition der Dortmunder Brauwirtschaft in Europa.[193] Allerdings war 1965 auch ein erster Wendepunkt in der Erfolgsgeschichte nach dem Zweiten Weltkrieg: Bezogen auf das Geschäftsjahr 1965/66 mussten sich die acht Brauereien erstmals nach 1948 mit einem rückläufigen Bierausstoß beschäftigen, der im Vergleich zum vorangegangenen Geschäftsjahr um 0,8 % zurückging.[194] Im Bundesschnitt war dagegen im gleichen Zeitraum eine Ausstoßsteigerung von 4 % gegenüber dem Vorjahr festzustellen. In NRW betrug die Steigerung immerhin noch 2,2 %.[195]

Bei der Ursachenanalyse wurde den 1965 erfolgten Preiserhöhungen in Nordrhein-Westfalen, bei denen die Dortmunder Brauereien Vorreiter waren, ein gewisser Einfluss auf das negative Ergebnis nachgesagt.[196] Auch setzten innerhalb des VDB erste Diskussionen ein, ob Absatz- und Preispolitik der Mitglieds-Brauereien überprüft werden müssen. Doch an erster Stelle machten die Dortmunder Brauer die wirtschaftliche Lage auf dem Heimatmarkt für die negativen

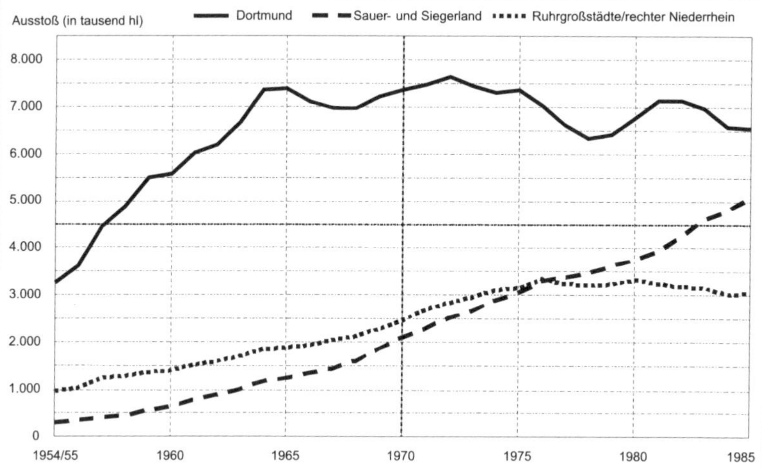

Quelle: Geschäftsberichte des Verbandes Rheinisch-Westfälischer Brauereien, WWA, S 7 Nr. 589.

Abb. 6: Bierausstoß nordrhein-westfälischer Orts- und Bezirksverbände in den Jahren 1954–1985 im Vergleich

Ergebnisse verantwortlich, wo sich die Krise im Bergbau weiter fortsetzte.[197]

Tatsächlich wurde in den 1960er Jahren der Strukturwandel im Ruhrgebiet immer offensichtlicher. Die Stahlerzeugung erreichte noch 1964 einen Höhepunkt und verharrte danach lange auf hohem Niveau, doch hatte sich von 1957 bis 1965 die Zahl der Bergwerke im Ruhrgebiet von 141 auf 90 vermindert, wodurch sich die Beschäftigtenzahl im Bergbau im gleichen Zeitraum um fast 180 000 Menschen verringerte.[198] Auch bundesweit gab es in der ersten Hälfte der 1960er Jahre die ersten Anzeichen für ein geringeres Wirtschaftswachstum, was schließlich 1966/67 in die erste Nachkriegs-Rezession in Westdeutschland mündete. Diese hatte zwar die gesamte Bundesrepublik erfasst, war jedoch im Ruhrgebiet durch die wirtschaftlichen Schwierigkeiten im Bergbau stärker als in anderen Regionen zu spüren und hatte sich dort deutlich auf die Kaufkraft der Bevölkerung ausgewirkt.[199]

Heinrich Tappe sieht keinen direkten Zusammenhang zwischen der wirtschaftlichen Situation im Ruhrgebiet und den Absatzschwierigkeiten der Dortmunder Brauindustrie, da sich der Lebensstandard der Bevölkerung nicht deutlich veränderte, große Teile der Absatzgebiete der Dortmunder Brauereien außerhalb des Reviers lagen und die Krise im Bergbau schon viel früher begann.[200] Der Blick auf Ausstoßstatistiken von Brauereien in anderen Großstädten des Ruhrgebiets unterstreicht diese These. Dort waren Mitte der 1960er Jahre keine vergleichbaren Absatzeinbrüche festzustellen (vgl. Abb. 6).[201] Es muss jedoch berücksichtigt werden, dass sich mit dem Strukturwandel, der sich nicht nur auf das Ruhrgebiet beschränkte, sondern dort nur am deutlichsten wahrzunehmen war, seit den späten 1950er Jahren eine „Tertiärisierung" der Arbeitswelt vollzog. Die Zahl der Beschäftigten in Industrie und Handwerk nahm zwar nicht ab, jedoch vollzog sich ein deutlicher Wandel zugunsten des Anteils der Angestellten, der sich in den 1960er Jahren verdoppelte, was einige Autoren von einer „Entproletarisierung" der Arbeitswelt sprechen ließ.[202] Der Bedarf an Arbeitern wurde verstärkt durch ausländische Zuwanderer gedeckt.[203] Unter Abrechnung der Zuwanderer hatte sich die Zahl der deutschen Arbeiter zwischen 1961 und 1971 um 30 % verringert. Die durchschnittlichen realen Arbeiterlöhne stiegen dagegen seit den 1880er bis zu den 1970er Jahren um mehr als das Dreifache an, wobei nach 1950 die größten Steigerungsraten zu verzeichnen waren. Gerade Arbeiterhaushalte hatten nach dem Zweiten Weltkrieg relativ stark vom Wohlstandsgewinn profitiert.[204]

Ein Zusammenhang zwischen diesen Veränderungen in der Arbeitswelt und einem Wandel beim Bierkonsum wird beim Blick auf die Dortmunder Brauwirtschaft besonders deutlich: Diese hatte bis in die 1960er Jahre hinein das dort dominierende Exportbier – die eigenen Pilsbiere spielten nur eine untergeordnete Rolle – immer stolz als Getränk für die schwer arbeitende Bevölkerung dargestellt. Auch die Stadt Dortmund zog in ihrer Eigenwerbung als „Bierstadt" alle Register, den Braustandort als Heimat des Exportbiers hervorzuheben (vgl. Abb. 7).[205] Bei vielen Konsumenten außerhalb des Milieus von Arbeitern und kleinen Angestellten hatte das Exportbier entsprechend den Ruf eines Proletarierbiers, zudem galt es als „schwer" und kalorienreich. Diese Kreise bevorzugten zunehmend Spezialbiere, wozu zu dieser Zeit die Biere Pilsener Brauart zählten, die zudem preislich in der Regel leicht über dem Exportbier lagen. Da immer mehr Menschen zur Gruppe der Beschäftigten im Dienstleistungssektor wechselten, kam mit dem gleichzeitigen Wechsel vom Export- zum eher exklusiven Pilskonsum eine Prestigekomponente hinzu. Diese konnte sich durch den Konsum eines überregional bekannten Biers gegenüber der lokalen Stammmarke noch verstärken, obwohl gerade deutschen Bierkonsumenten eine hohe Markentreue nachgesagt wurde.[206]

Bis zum Ende der 1960er Jahre konnten die Ausstoßzahlen in Dortmund nach den Rückgängen ab 1965 zunächst bei einer Jahresproduktion von etwa 7 Mio. hl stabilisiert werden und wiesen ab 1969 wieder eine leicht steigende Tendenz auf, die sich in der ersten Hälfte der 1970er Jahre zunächst fortsetzte.[207] Die Überwindung der ersten Nachkriegsrezession nach 1968, welche die weiter bestehenden konjunkturellen Schwächen des Ruhrgebiets scheinbar überdecken konnte, hatte sich auch unmittelbar positiv auf den Dortmunder Bierabsatz ausgewirkt.[208] Damit verbunden waren jedoch deutliche Strukturveränderungen in der Sortenpolitik, die von einer massiven Ausweitung der Kommunikationspolitik begleitet wurden. Die als Exportbier-Brauereien bekannten Dortmunder Betriebe versuchten, auf erstarkte Konkurrenz und die neuen Konsumgewohnheiten der Verbraucher zu reagieren, die dem traditionellen Bier vom Standort Dortmund zunehmend kritisch gegenüberstanden.[209]

Nach der Mangelsituation der Nachkriegszeit vollzog sich seit den späten 1950er Jahren auf den westdeutschen Konsumgütermärkten ein Wandel vom Verkäufer- zum Käufermarkt, auf dem die Verbraucher immer häufiger zwischen verschiedenen Produkten und Marken wählen konnten.[210] Damit stieg die Nachfragemacht der Konsumenten bedeutend an, was durch die Durchsetzung der Selbstbedienung im Einzelhandel weiter gefördert wurde. Seit den 1960er Jahren führte diese Entwicklung in vielen Wirtschaftszweigen zu ersten Verkaufsproblemen, wodurch dem Absatz, der in deutschen Unternehmen über lange Zeit hinter der Produktion eine nachrangige Position einnahm, eine größere Bedeutung zugesprochen wurde.

Abb. 7: Werbefoto in einer Imagebroschüre der Stadt Dortmund von 1964 (die Abbildung stammt aus Stadt Dortmund, Amt für Wirtschafts- und Verkehrsförderung (Hg.): Dortmund, die deutsche Bierstadt, Dortmund 1964, S. 3)

Ein Einstieg in neue Marketingmethoden begann seit dem Ende der 1950er oder zu Beginn der 1960er Jahre, doch gab es bei der Etablierung moderner Absatzmethoden und damit einem verstärkten Einsatz von Werbemitteln selbst innerhalb einer Branche über lange Zeit große Unterschiede.[211]

In der traditionsbezogenen Braubranche setzte dieser Prozess im größeren Stil erst vergleichsweise spät ein. Während in den USA der Bierkonsum schon wesentlich durch die Werbung gelenkt wurde, war dies in Deutschland Ende der 1950er Jahre durch die wirtschaftlich günstige Situation noch nicht der Fall, auch wenn Experten bereits anmahnten, dass dies ohne weitere Maßnahmen nicht so bleiben würde.[212] Ein Großteil der Werbeinvestitionen der Brauereien floss immer noch in die Wirtewerbung und Ausstattung der Gaststätten. Bei der direkten Konsumentenansprache außerhalb des traditionellen Verkaufsorts „Gaststätte“ war die Gemeinschaftswerbung der Branchenverbände noch immer von großer Bedeutung. Da diese keine unmittelbaren kommerziellen Interessen einzelner Brauereien verfolgte, wirkte sie seriös, glaubwürdig und diente gleichzeitig der Abgrenzung zu anderen Getränken. Die bundesweiten Kampagnen zielten in den 1960er Jahren vor allem darauf, Bier gesellschaftsfähig zu machen und als Alltagsgetränk für alle sozialen Schichten zu propagieren.[213] In der begrenzten Individualwerbung der Brauwirtschaft standen wie in vielen Konsumgüter-Branchen eine reine Namenswerbung und die Hervorhebung der Tradition – wie das Alter der Brauerei oder die alten Herstellungsvorschriften – im Vordergrund.[214] Eine segmentierte Marktbearbeitung war aufgrund der starken Homogenität von Bier kaum festzustellen.[215] Doch mit den sinkenden Zuwachsraten beim Bierkonsum stieg der Einsatz neuer Absatzmethoden bei einzelnen Brauereien an, denn neue Marktanteile konnten nur noch auf Kosten der Konkurrenz gewonnen werden.

Neben der Preisgestaltung war es vor allem die Kommunikationspolitik, die den durch Bierlieferungsverträge und „alte Gewohnheitsrechte“ geprägten Biermarkt in Bewegung brachte.[216] Während die Aufwendungen für Individualwerbung 1961 in der Bundesrepublik lediglich 6,3 Mio. DM betrugen, hatte sich diese Summe bis 1969 auf 63 Mio. DM verzehnfacht, wobei die größten Steigerungsraten ab 1966 zu verzeichnen waren.[217] Der Ausbau der Individualwerbung bei einzelnen Brauereien in den frühen 1960er Jahren wurde in der Branche zunächst durchaus kritisch betrachtet. 1964 konstatierte der Verband Rheinisch-Westfälischer Brauereien, dass die Individualwerbung für Bier zugenommen habe und „dem Wettbewerb eine besondere, nicht immer willkommene Note“[218] gebe. Jedoch hatten trotz des Anstiegs der Werbeausgaben bis zum Jahr 1967 lediglich fünf Brauereien einen Werbeetat über 1 Mio. DM. Ein deutlicher Anstieg begann erst zwischen 1967 und 1970.[219] Noch korrespondierte der Werbeaufwand stark mit dem Flaschenbieranteil und war ebenso vom Absatzradius der Brauerei abhängig. Bei den meisten Betrieben, die ihre Biere lediglich auf einem regionalen Markt „rund um den Schornstein“ absetzten, waren die Werbeaufwendungen entsprechend gering.[220]

Aus dieser Marktsituation heraus waren die Voraussetzungen schwierig, Bier zu einem Markenartikel zu entwickeln, der entsprechende Eigenschaften wie eine völlige Bekanntheit und Verfügbarkeit im nationalen Absatzgebiet, eine gleichbleibende Warenkennzeichnung, einen über einen längeren Zeitraum festen Verkaufspreis und einen konstanten oder verbesserten Nutzwert auf sich vereinen konnte.[221] Die Dortmunder Brauereien konnten durch den bereits in der Vorkriegszeit aufgebauten Markenstatus ihrer Biere „Dortmunder Typs“ und die weite Ausdehnung der Absatzmärkte sicher einen gewissen Vorsprung in dieser Hinsicht verbuchen. Doch sie hatten zwar ein breites, aber sehr grobmaschiges Distributionsnetz aufzuweisen, während andere Brauereien beim Ausbau der Marketing-Maßnahmen in den 1960er Jahren ihren Absatz in einzelnen Regionen stärker systematisierten.[222]

Um Bier aus der Homogenität und damit starken Substituierbarkeit zu lösen, wurde die Werbung zu einem wichtigen absatzpolitischen Instrument. Mit ihrer Hilfe gelang es, eine künstliche „Heterogenisierung“ herzustellen. Gerade mittelständische Braubetriebe hatten sich früh dieser Mittel bedient und sich dabei vor allem als Spezialitäten-Brauereien dargestellt. Als Beispiele für diese Profilierung werden immer wieder die privaten Unternehmen „Bitburger Brauerei Th. Simon" und die „König-Brauerei" aus Duisburg genannt, die durch die Selbstdarstellung als Pilsbrauerei in ihrer Markenpolitik überdurchschnittliche Zuwachsraten verzeichnen konnten, die im Gegensatz zu den Konzern-Brauereien allein auf internes Wachstum zurückzuführen waren. Seit den 1960er Jahren begannen diese Brauereien mit dem systematischen Aufbau einer bundesweiten Distribution.[223] Daneben lösten einige Unternehmen ihre Werbung zunehmend aus der Gastronomie und richteten sie vor dem Hintergrund des zunehmenden Absatzkampfs vielmehr auf den Flaschenbiermarkt aus. Damit befanden sie sich aus zeitgenössischer Sicht auf dem richtigen Weg, einen Markenartikel zu kreieren.[224] Die Gastronomie wurde aber ebenso absatzpolitisch berücksichtigt: Gerade die aufgeführten Brauereien konnten ihre Produkte besonders in der gehobenen Gastronomie etablieren.[225]

Auch wenn diese Brauereien mit dem Ausbau ihres Absatzraums und der Intensivierung der Werbung den Weg zu einer bundesweiten Distribution einschlugen, hatte Ende der 1960er Jahre kein Bier den Charakter eines nationalen Markenbiers, das im gesamten nationalen Absatzraum bekannt und verfügbar war. Zwar begannen in den späten 1960er Jahren in der Branche erste Diskussionen, dass ein nationales Markenbier nicht mehr lange auf sich warten lassen würde, doch wurde nur großen Braukonzernen wie der DUB, der Oetker-Gruppe oder der Brauerei Wicküler-Küpper aus Wuppertal die Fähigkeit eingeräumt, die nötigen Biermengen zu produzieren und diese Marke entsprechend zu bewerben.

Allerdings wurde in der Branche auch diskutiert, dass mit dem Aufbau einer nationalen Biermarke durch einen Braukonzern und der damit verbundenen Markenpolitik unter einem Namen das Risiko verbunden war, dass der Ruf der lokalen Marken der einzelnen Konzernbrauereien unter einer solchen Absatzausrichtung leiden könnte.[226] Dies hatte sich in den folgenden Jahren bestätigt: Gerade der lokale und familiäre Ruf einer Brauerei schien im Marketing ein großer Vorteil zu sein, was sich insbesondere auf dem lange von den Dortmunder Brauereien dominierten nordrhein-westfälischen Biermarkt zeigte.

In NRW waren es zunächst unscheinbare Privatbrauereien aus dem nahe gelegenen Sieger- und Sauerland, deren plötzliche Absatzerfolge die Dortmunder Brauer schon zu Beginn der 1960er Jahre registrierten. Bereits seit dem 19. Jahrhundert gab es eine gewisse Rivalität zwischen den übermächtigen „Brau-Riesen" des Ruhrgebiets und den vielen mittelständischen Familienunternehmen im übrigen Westfalen. Mit ihrer Expansionspolitik in der Zwischenkriegszeit und während des Wiederaufbaus nach 1945 stellten die kapitalstarken Dortmunder Brauereien zahllose kleinere Braubetriebe in der Region in den Schatten, die unter der mächtigen Konkurrenz meist nur einen begrenzten lokalen Markt bedienen konnten. Jedoch deuteten in den 1960er Jahren die Absatzzahlen darauf hin, dass die Polarität zwischen den Produkten „Dortmunder Export" und „Sauerländer Pils" nicht mehr einseitig zugunsten der Dortmunder Brauereien entschieden wurde.[227] Auf die geringeren Steigerungsraten und späteren Ausstoßrückgänge in Dortmund hatten die Braustätten, die mit Pilsener und Altbier Marktanteile für sich gewinnen konnten, einen nicht unerheblichen Einfluss. Diese Entwicklung wurde bis zur Mitte der 1960er Jahre noch mit Gelassenheit betrachtet, was sich auch darin zeigte, dass damals viele auf Exportbier ausgerichtete Brauereien ihren Vertrags-Gaststätten gestatteten, zusätzlich zum eigenen Sortiment auch Pilsener Biere kleinerer Brauereien als „Spezialität" auszuschenken, wodurch zum Beispiel die Warsteiner Brauerei neue Absatzräume erschließen konnte.[228]

Die Warsteiner Brauerei bei Soest gilt als Paradebeispiel für den Wachstumskurs mittelständischer Brauereien, der auf eine konsequente Absatzausrichtung zurückzuführen ist. Auch wenn der Familienbetrieb lange im Schatten der Dortmunder Brauereien stand und gerade in der Zwischenkriegszeit durch deren Expansionspolitik arg zurückgedrängt wurde, konnte Warsteiner nach dem Zweiten Weltkrieg aufgrund der Zerstörung der Dortmunder Betriebe Marktanteile zurückgewinnen. Dennoch blieb der Absatz der Brauerei regional begrenzt und betrug 1955 gerade 46 397 hl.[229] Der plötzliche

Zugewinn von Marktanteilen seit den 1960er Jahren ist vor allem einer offensiven Verkaufspolitik geschuldet, mit der die Brauerei schon in den 1950er Jahren begann. 1960 schaffte es das Unternehmen schließlich, beim Jahresausstoß die 100 000-Hektoliter-Marke zu überschreiten, und hatte schon drei Jahre später den Ausstoß nahezu verdoppelt.[230] Mit einem hohen Werbeeinsatz wurde die Marke Warsteiner weiter bekannt gemacht. Dabei sprach die Firma gezielt Konsumenten mit „gehobenem Stil" an und profilierte sich als Brauerei von Pilsener Bier, das die Bezeichnung „Premium Verum" trug.[231] Bis 1970 hatte sich der Jahresausstoß auf nahezu 400 000 hl erhöht, wobei ein noch deutlicherer Wachstumskurs erst in den folgenden Jahren eintrat.[232]

Eine ähnliche Entwicklung nahmen die Unternehmen Veltins (Grevenstein) und Krombacher (Kreuztal). Die Brauerei Veltins konnte allein zwischen 1959 und 1970 ihren Ausstoß von 60 000 auf 310 000 hl steigern.[233] All diese Brauereien hatten gemeinsam, dass sie das Pilsener Bier absatzpolitisch nicht nur in den Vordergrund stellten, sondern sich auch mit der Zeit auf diese Sorte spezialisierten.[234] In der Werbung, die im Vergleich zu anderen Brauereien überproportional intensiv war, konzentrierten sich diese Brauereien ähnlich wie Warsteiner auf die Vermittlung eines Exklusiv-Charakters, der durch eine Hochpreispolitik weiter gestärkt wurde. Diese und weitere Premium-Marken konnten 1968 etwa ein Viertel der gesamten Werbaufwendungen der Brauwirtschaft auf sich vereinen.[235]

4.3 Bedeutungsgewinn der Absatzpolitik in Dortmund

Nur wenige Brauereien hatten sich schon seit den frühen 1960er Jahren neuer Methoden der Kommunikationspolitik angenommen, konnten damit aber große Erfolge erzielen, ihre Absatzmärkte ausbauen und ihre Produkte mit Hilfe der Werbung aus der „homogenen Masse" der Biere herausholen. Bei der Betrachtung der Dortmunder Brauindustrie entsteht der Eindruck, dass die Brauereien dort auf diese Entwicklung erst reagierten, als sich die neuen Trends unmittelbar negativ auf den Absatz auswirkten. Aufgrund der überdurchschnittlichen Steigerungsraten wurde eine intensive Werbung für Dortmunder Bier bis zum Beginn der 1960er Jahre schlichtweg nicht für notwendig gehalten. Sowohl Aufwendungen für Gemeinschafts- als auch für Individualwerbung der acht Brauereien bewegten sich bis weit in die 1960er Jahre hinein auf einem geringen Niveau.[236] Ein vergleichsweise hoher Werbeaufwand war für die Zeit vor 1965 lediglich bei der Ritter-Brauerei festzustellen, die 1964 selbstbewusst behauptete, eine der ersten Brauereien gewesen zu sein, die begriffen hätte, was Marketing bedeutet und seit vielen Jahren nach einem festen Plan Werbung betreibe.[237]

Ein Umdenken war bei den erfolgsverwöhnten Dortmunder Brauereien erst nach den Ausstoßrückgängen Mitte der 1960er Jahre zu erkennen, wobei zunächst eine „kartellorientierte" Absatzpolitik im Vordergrund stand, da alle Brauereien „Dortmunder" im Markennamen nutzten und gleichermaßen von Absatzschwierigkeiten betroffen waren. Eine solche Kooperation war gerade für die kleineren Brauereien von Vorteil, da sie sich womöglich eine eigene umfangreiche Werbung nicht hätten leisten können.[238] So entschieden die Brauereien im VDB im November 1966, eine neue Gemeinschaftswerbung ins Leben zu rufen, die sich auf ganz NRW erstrecken sollte und für die ein Betrag von bis zu 1,5 Mio. DM bereitgestellt wurde.[239] Institutionell wurde dieses Projekt aus steuerlichen Gründen nicht durch den VDB selbst, sondern durch die neu gegründete „Werbegemeinschaft Dortmunder Brauereien" (WDB) gesteuert, die von allen acht Dortmunder Braubetrieben getragen wurde und deren Zweck die Initiierung und Durchführung gemeinschaftlicher Werbe- und PR-Maßnahmen war.[240]

Die gemeinsam mit der Agentur Brose & Partner aus Frankfurt/M. ausgearbeitete Werbekonzeption verwendete als wiederkehrende Aussage den Slogan „Der springende Punkt: Dortmunder" (vgl. Abb. 8). Trotz der neuen Konsumtrends sollte keine einzelne Sorte explizit beworben werden, um eine möglichst große Verbrauchergruppe anzusprechen. Der Begriff „Dortmunder", lange Synonym für das Exportbier, sollte nun Markenname für alle Biersorten aus der Stadt sein, sowohl Pils, Altbier als auch Export. Die seit Jahrzehnten bei den Konsumenten bestehende Assoziation des Begriffs „Dortmunder“ mit dem Exportbier sollte wohl aufgehoben werden.[241] Für eine Gemeinschaftswerbung war das Kriterium der Herkunft unerlässlich, schien aber zu dieser Zeit noch nicht erkennbar belastet zu sein: 1967 bestätigten Marktforschungen den Dortmunder Betrieben, dass deren Braustandort immer noch ein Garant für Qualität sei und einen ausgezeichneten Ruf genieße.[242] Zur Kampagne gehörten vor allem Plakate und Anzeigen in Tageszeitungen und Zeitschriften, die dem neuen Zeitgeist entsprechend auch Frauen als Biertrinkerinnen zeigten. Auffällig ist auch, dass die Werbefiguren keinen „Arbeiter-Touch“ mehr hatten.[243] Ergänzt wurden die neuen Werbemotive durch Filmwerbung in Kinos und TV-Spots im Westdeutschen Rundfunk sowie durch Informationsbroschüren und Pressekontakte.[244]

Obwohl die Anzeigenserie „Der springende Punkt: Dortmunder“ vom bayerischen Werbefachverband 1968 mit einer Silbermedaille ausgezeichnet und als Beispiel für Getränkewerbung in das Jahrbuch der Deutschen Werbung 1968 aufgenommen wurde, hielt es die Dortmunder nicht von der frühen Abkehr von dieser Kampagne ab. Bereits im Geschäftsjahr 1968/69 beschlossen die Brauereien, die gemeinschaftliche Werbekampagne nicht fortzusetzen, da mehrere Mitglieder einen wirtschaftlichen Erfolg in Frage stellten. Begründet wurde die Aufgabe auch damit, dass die einzelnen Brauereien ihre individuellen Werbetätigkeiten in den vergangenen Jahren enorm verstärkt hatten.[245]

Diese Aussagen beweisen, dass sich seit der zweiten Hälfte der 1960er Jahre angesichts des härteren Wettbewerbs der Konkurrenzkampf auch zwischen den Dortmunder Betrieben erhöhte. Damit veränderte sich die enge Zusammenarbeit der Brauereien und reduzierte sich in den folgenden Jahren – von wenigen gemeinschaftlichen Werbemaßnahmen abgesehen – auf die Bereiche Gesetzgebung sowie sozial- und tarifpolitische Angelegenheiten.[246]

Aus dem Bereich der Produktpolitik der Verbandsarbeit ist weiterhin die im Jahr 1966 gemeinsam von den Dortmunder Brauereien getroffene Entscheidung von Bedeutung, beim Flaschenbier von Bügelverschlussflaschen mit schweren Holzkisten einheitlich auf die

Abb. 8: Gemeinschaftswerbung der Dortmunder Brauereien, 1967 (die Abbildung stammt aus dem Geschäftsbericht 1967/68 des Verbandes Dortmunder Bierbrauer, WWA, S 7 Nr. 590)

neue Euroflasche mit Kronkorken sowie auf genormte Kunststoffkästen umzustellen. Für die Produzenten stellte das eine wesentliche Maßnahme zur Rationalisierung dar, da Kronkorken den Einsatz moderner und schnellerer Abfüllanlagen ermöglichten.[247] Aus Sicht des VDB und des Landesverbands hatte der Erfolg der kostspieligen Umstellung auf die neuen Flaschen alle Erwartungen übertroffen, sodass die Euroflasche von Dortmund aus ihren „Siegeszug" im deutschen Braugewerbe antrat, wie Gunther Tilse die Vorreiterrolle des VDB innerhalb der westdeutschen Brauwirtschaft herausstellte.[248]

Die Berücksichtigung gemeinsamer Interessen, wie bei der Einführung der Euroflasche, schien bei den Dortmunder Braustätten jedoch immer stärker an Bedeutung zu verlieren, was sich vor allem bei den steigenden individuellen Werbeausgaben zeigt: Seit dem Ende der 1960er Jahre standen die Dortmunder Brauereien der Konkurrenz nicht mehr nach und belegten bei den Werbeausgaben Spitzenplätze. Bei der DUB wurde 1968 ein Werbeetat von 1,9 Mio. DM erreicht, während die DAB im gleichen Jahr über 1,4 Mio. DM und die Brauerei Kronenburg über 1,3 Mio. DM verfügte.[249] Bei der Ritter-Brauerei soll 1968 sogar ein Betrag von 4 Mio. DM für eine neue Marketing-Konzeption investiert worden sein, um die bisherige regionale Ausrichtung der Brauerei zu überwinden.[250]

Trotz eigener Wege in der Kommunikationspolitik hatten alle Brauereien gemeinsam zum Ziel, sich auch als Produzent von Pilsener Bier zu etablieren, um von den neuen Konsumgewohnheiten profitieren zu können. Hier scheinen die Brauer erkannt zu haben, dass die einseitige Herausstellung einer weniger nachgefragten Biersorte zu einer existenzbedrohenden Situation führen konnte.[251] Der Anteil von Pilsener am Dortmunder Gesamtausstoß blieb bis in die 1960er Jahre hinein sehr gering, auch wenn einzelne Dortmunder Brauereien zu früheren Zeiten bereits vom steigenden Pils-Verkauf enorm profitieren konnten.[252]

Ebenso reagierten die Brauereien seit Mitte der 1960er Jahre auf die erhöhte Nachfrage nach obergärigem Altbier. So hatte neben den Brauereien Hansa und Stifts (1965) auch die Brauerei Kronenburg (1966) die Produktion von Altbier aufgenommen. Durch den VDB

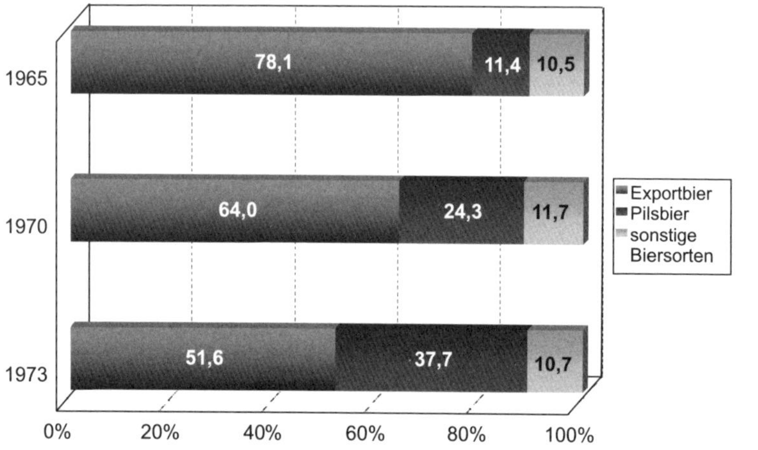

Eigene Darstellung nach Angaben der Geschäftsberichte des Verbandes Dortmunder Bierbrauer, WWA, S 7 Nr. 590.

Abb. 9: Entwicklung der Sortenanteile am Bierausstoß der Dortmunder Brauereien in den Jahren 1965–1973

wurden diese Maßnahmen mit dem Hinweis kommentiert, dass die typische Dortmunder Biersorte auch in Zukunft das helle Exportbier bleiben sollte, das am Gesamtausstoß der acht Unternehmen schließlich mit etwa 80 % beteiligt sei.[253]

Altbier erlangte in den Absatzstatistiken in den folgenden Jahren keine große Bedeutung, jedoch nahm das Pilsgeschäft deutlich zu. So bilanzierte die DUB 1969, dass Pilsener Bier an der positiven Entwicklung des Bierabsatzes einen erheblichen Anteil hätte, was insbesondere für die Betriebsstätte Dortmund der Fall wäre.[254] Auch bei den anderen Brauereien Dortmunds war eine ähnliche Entwicklung festzustellen, sodass der Pilsanteil zwischen 1965 und 1970 im Durchschnitt von 11,5 auf 24,3 % anstieg.[255] Von der Aussage, dass das Exportbier weiterhin die typische Dortmunder Biersorte bleiben sollte, war kurze Zeit später nicht mehr viel zu hören. Vielmehr sprach der VDB mit Hinweis auf die steigende Pilsbierproduktion davon, dass ein Umstellungsprozess im Biersortenbereich im vollen Gange sei.[256]

Begleitet wurde dieser Prozess von einer weiteren Ausdehnung der Werbeaufwendungen. Von den 20 westdeutschen Brauereien, die 1970 einen Werbe-Etat von mehr als 1 Mio. DM zur Verfügung hatten, befanden sich allein vier Betriebe in Dortmund. So erreichten die Werbeausgaben bei der DUB im Jahr 1970 einen Betrag von 4,5 Mio. DM. Es folgten die DAB (2,2 Mio. DM), die Kronen-Brauerei (1,9 Mio.) und die Ritter-Brauerei (1,3 Mio.). Als wichtigster Mitbewerber auf dem Heimatmarkt hatte die Wicküler-Brauerei aus Wuppertal gar einen Werbeetat von 6,6 Mio. DM vorzuweisen.[257]

4.4 Neue Absatzpolitik: Das Beispiel der Brauerei Thier & Co.

Auch die Dortmunder Privatbrauerei Thier & Co. gehörte zu den Betrieben, die in der zweiten Hälfte der 1960er Jahre ihre Absatzpolitik auf den Prüfstand stellte. Das Unternehmen lag in Dortmund beim Ausstoß immer deutlich hinter den mächtigen Brau-Aktiengesellschaften DUB, DAB, Ritter und Hansa sowie der weitaus größeren Privatbrauerei Kronenburg. Doch erreichte Thier ebenso den Status einer Großbrauerei, die zu Spitzenzeiten Mitte der 1960er Jahre einen Jahresausstoß von mehr als 500 000 hl Bier verzeichnen konnte.[258]

Seit der Gründung als „Brauerei von Hövel, Thier & Co." im Jahr 1854 befand sich der Betrieb, mitten in der Dortmunder Innenstadt gelegen, im Familienbesitz.[259] 1909 erreichte die jährliche Braukapazität eine Höhe von 300 000 hl, doch wurde die Aufwärtsentwicklung durch die Krisenjahre seit dem Ersten Weltkrieg verlangsamt. Im Gegensatz zu den Aktiengesellschaften hatte Thier ebenso wie die Privatbrauerei Kronenburg ihre Existenz während des Konzentrationsprozesses nicht durch externes Wachstum gesichert und konnte ohne Fusionen und Übernahmen ihre Marktstellung behaupten.[260]

Nach den immensen Zerstörungen durch die Luftangriffe im Zweiten Weltkrieg konnte die Produktion erst 1948 wieder aufgenommen werden. Danach erreichte die Privatbrauerei wie alle Dortmunder Betriebe ein überdurchschnittliches Wachstum: 1955/56 wurden bereits wieder 300 000 hl Bier produziert. Im Geschäftsjahr 1963/64 wurde der historische Höchststand von 509 278 hl erreicht, womit

Thier im Vergleich der Ausstoßmengen der acht Dortmunder Brauereien den sechsten Platz einnahm.[261] Ebenso war das Unternehmen, wie auch die meisten anderen Braustätten der Stadt, am Bierexport beteiligt. Für das Jahr 1959/60 wurde eine Ausfuhrmenge von 13 911 hl registriert, womit Thier an der westdeutschen Bierausfuhr einen Anteil von 2,84 % hatte.[262]

Die Absatzpolitik der Brauerei war lange Zeit stark auf das Fassbiergeschäft ausgerichtet, womit der Kontakt zu den Gastwirten im Vordergrund stand. Thier hatte dabei besonders den Qualitätscharakter seiner Biere hervorgehoben und sich entsprechend in der Preisrelation über andere Dortmunder Biere gesetzt, lag jedoch im Preisgefüge hinter der Brauerei Kronenburg, deren Produkte unter den Dortmunder Brauereien das höchste Qualitätsimage hatten.[263] Die hervorgehobene Ausrichtung auf das Fassbier bedeutete jedoch nicht, dass Thier die stärkere Flaschenbier-Nachfrage nach dem Zweiten Weltkrieg ignorierte: Mit dem Neubau des Flaschenkellers 1969 wurde zum dritten Mal nach dem Zweiten Weltkrieg die Flaschenabfüllstation vergrößert und modernisiert.[264] Nach der Inbetriebnahme der ersten Flaschenkellerei der Nachkriegszeit im Jahr 1950 erfolgte 1957 und 1961 aufgrund der gestiegenen Nachfrage jeweils ein weiterer Ausbau. Mit der Modernisierung 1969 reagierte Thier auf den schärferen Konkurrenzkampf auf dem Flaschenbiermarkt, denn nur durch eine Rationalisierung konnte die Privatbrauerei den Flaschenbierpreis auf einem wettbewerbsfähigen Niveau halten.[265] Dennoch konnte der Flaschenbieranteil nicht mit dem Durchschnitt der Branche mithalten: 1967 erreichte er 48 % des Gesamtausstoßes, während im Bundesschnitt 68 % gemessen wurden und der durchschnittliche Wert aller Dortmunder Brauereien bei etwa 57 % lag.[266] Trotz der ständigen Modernisierung stieß der beengte Standort in der Innenstadt an seine Grenzen, sodass das Unternehmen zeitweise nach dem Vorbild der Ritter-Brauerei über einen Neubau außerhalb des Stadtzentrums nachgedacht hatte. Diese Frage wurde auch bedeutsamer, weil es um 1969 Planungen gab, die Kapazität der Brauerei auf einen Jahresausstoß von 750 000 hl zu erhöhen.[267] Zu einer solchen Ausstoßerhöhung kam es aber nicht. Nachdem es im

Geschäftsjahr 1964/65 erstmals seit 1948 einen Ausstoßrückgang in Höhe von 3,19 % gab, setzte sich ein negativer Trend in den folgenden Jahren fort.[268] Besonders in den Altbier-Regionen im Rheinland sowie im Sauerland, wo die ansässigen Pils-Brauereien ihren Absatz ausweiten konnten, musste Thier starke Umsatzeinbußen hinnehmen.[269]

Bei der Überprüfung ihrer Unternehmenspolitik stellte die Brauerei vor allem die weite Streuung des Absatzmarkts als problematisch heraus. Neben NRW gehörten Regionen in Niedersachsen, so die Bereiche Oldenburg, Ostfriesland und die Nordseeküste sowie Hamburg, zum Absatzgebiet. Im Großraum Dortmund wurden die Geschäfte und Gaststätten auf dem direkten Absatzweg mit eigenen Fahrzeugen versorgt. In den weiter entfernten Vertriebsregionen griff Thier auf 259 Bierverleger zurück, die das Bier an die Einzelhändler oder direkt an die Konsumenten verkauften. Direkte Lieferverträge mit großen Einzelhandels-Zusammenschlüssen bestanden zu dieser Zeit nicht.[270] Diese Absatzorganisation stellte nichts Ungewöhnliches dar: Der indirekte Absatz in weiter entfernte Gebiete mit Hilfe von Biergroßhändlern war gerade für kleinere und mittlere Brauereien typisch, da der Markt mit der zunehmenden Entfernung für den Hersteller unübersichtlicher wurde.[271]

Vor dem Hintergrund dieser Ausgangssituation war in der Absatzpolitik in der zweiten Hälfte der 1960er Jahre eine Umorientierung bei Thier zu erkennen. Symbolträchtig für diesen Wandel wirkte eine Tagung, zu der die Geschäftsführung 1967 in Zusammenarbeit mit der Werbeagentur BBDO ihre Verkaufsmitarbeiter einlud. Solche Seminare galten in der Branche bis zur Mitte der 1960er Jahre noch als weitgehend unüblich.[272] Deutlich machte die Geschäftsführung die Mitarbeiter darauf aufmerksam, dass sie sich auf neue Verkaufsmethoden einzustellen hätten. Diese würden von anderen Betrieben schon seit längerer Zeit genutzt, womit sich die Brauerei eingestand, in der Anwendung moderner Marketingmethoden in die Defensive geraten zu sein. Ein Satz aus der Rede der Geschäftsführung fasste diese Problematik zusammen: „Aus ihren eigenen Reihen stammt die bemerkenswerte Feststellung: Bisher haben wir nur Bier verteilt; jetzt heisst es aber Bier verkaufen“[273]. Weiterhin machte die Geschäftsführung deutlich, dass es beim Flaschenbier-Verkauf einen großen Nachholbedarf gebe. An die für das Fassbiergeschäft eingesetzten Mitarbeiter ging die deutliche Aufforderung, in ihrer täglichen Arbeit auch jede Gelegenheit zu nutzen, den Absatz von Flaschenbier zu verbessern.[274]

Neben der Verkaufspolitik kam ebenso die weite Absatzstreuung von Thier-Bier auf den Prüfstand. Von einer bundesweiten Distribution, die schon Konkurrenten wie König-Pilsener, DAB oder Becks betrieben, wurde der Brauerei aufgrund der geringen Größe allerdings abgeraten. Auch von der Strategie, „weiße Flecken“ in den bestehenden weiter entfernten Absatzregionen besser auszunutzen, sah die Brauerei ab.[275] Stattdessen begann das Unternehmen, sich bei Marketingmaßnahmen stärker auf den Stammmarkt zu konzentrieren, wozu neben der Region um Dortmund weite Teile von NRW zählten.[276] Dort war die Absatzpolitik in den folgenden Jahren durch eine starke Ausdehnung der Werbe- und Verkaufsförderungsmaßnahmen geprägt. Dabei ist besonders erkennbar, dass die Brauerei versuchte, die Präferenzen der Verbraucher zu hinterfragen und stärker in der Absatzpolitik zu berücksichtigen.

Bei der Thier-Brauerei standen vor dem Hintergrund der Absatzprobleme nicht nur Produktpolitik und Absatzstreuung auf dem Prüfstand, ebenso war seit der zweiten Hälfte der 1960er Jahre ein Umdenken in der Kommunikationspolitik zu erkennen, die bei der Privatbrauerei zuvor nur einen geringen Stellenwert hatte. Noch 1965/66 investierte die Brauerei in die klassische Werbung[277] nur einen Betrag von 43 638 DM.[278] Der gesamte Etat „Kommunikation“ fiel gleichzeitig mit etwa 2 Mio. DM weitaus höher aus. Darin waren die Investitionen für Werbung an den Gaststätten und deren Ausstattung sowie die dazugehörigen Service-Leistungen enthalten. Auch bei Thier war die Außenwerbung in der Gastronomie – von wenigen Ausnahmen abgesehen – lange das einzige Medium, an dem sich die Brauerei in der Kommunikationspolitik bediente. Deren Werbewirkung wurde oftmals etwas überschätzt, wie es die Werbeabteilung der Brauerei selbstkritisch formulierte.[279]

Im Braujahr 1966/67 hatten sich die Aufwendungen für klassische Werbung bereits deutlich erhöht und mit 146 090 DM mehr als verdreifacht. Der größte Sprung fand jedoch 1967/68 statt, als dafür ein Betrag von 566 484 DM ausgewiesen war.[280] In diesem Zeitraum begann die Thier-Brauerei erstmals mit Planungen für eine größere Werbekampagne.[281]

Bei der Neukonzeption griff die Brauerei auf die Hilfe externer Werbeagenturen zurück, die Vorschläge zur Ausgestaltung der Absatzpolitik erarbeiteten. Dabei kamen die Agenturen zu unterschiedlichen Lösungsansätzen, wie sich die Thier-Brauerei auf dem Markt positionieren und entsprechend ihre Werbekonzeption ausrichten sollte. Während die Agentur „Brose und Partner" der Brauerei empfahl, aufgrund des guten Rufs der Bierstadt Dortmund weiter auf das Kriterium der Herkunft zu setzen und keine Neu-Profilierung vom Export zum Pils anzustreben, schlug die Agentur „Dettmar-Werbung" der Privatbrauerei vor, bei den Verbrauchern die Assoziation „Dortmunder Bier = Export" aufzuheben. Gegenüber den Konkurrenz-Brauereien in Dortmund sollte das Qualitätsimage ausgebaut werden. Begriffe wie „elegant" und „hochwertig" sollten den Thier-Bieren einen exklusiven Charakter geben und ihr Image in die Nähe von Pils-Brauereien lenken, die in ihrer Werbung mit ähnlichen Begriffen arbeiteten.[282]

Seit Ende 1967 setzte bei der Brauerei schließlich mit Unterstützung der Agentur BBDO eine größere Werbekampagne ein, die von Anzeigen in Tageszeitungen, Plakatwerbung und TV-Spots im WDR getragen wurde. In diesen Werbemotiven stellte sich die Brauerei bei den Konsumenten sowohl als „Spezialist" für Pilsener Bier als auch als Sortimentsbrauerei vor. Zwar war eine expansive Geschäftspolitik in den weiter entfernten Absatzgebieten in Niedersachsen, Bremen, Hamburg und Schleswig-Holstein noch nicht ausgeschlossen, doch sollte sich die neue Werbung aufgrund des Umsatzrückgangs in den Hauptabsatzgebieten und der stärkeren Werbung der Konkurrenten auf diesen eng umkämpften Markt konzentrieren und dort die Position von Thier festigen. Ein wirtschaftlicher Erfolg der Werbemaßnahmen wurde der Brauerei durch die betreuende Werbeagentur aber nur dann bescheinigt, wenn parallel im Hauptabsatzgebiet die Verfügbarkeit von Thier-Bieren erhöht werde und mindestens 50% der Bier-Verkaufstellen Produkte von Thier im Angebot hätten. Verkaufsförderungsmaßnahmen sollten auf dem Stammmarkt den Flaschenbierverkauf ausdehnen.[283]

In die weitere Absatzplanung flossen 1968 auch Ergebnisse einer Verbraucherbefragung ein, die im Auftrag der Brauerei von der Gesellschaft für Marktforschung (GFM) aus Hamburg erarbeitet wurde. Die befragten Konsumenten aus NRW, Niedersachsen, Bremen und Hamburg bescheinigten der Thier-Brauerei ein gutes und besonders traditionsbewusstes Image. Jedoch zeigte die Befragung, dass die Brauerei gleichzeitig als konservativ, unbeweglich und „verstaubt“ galt. Deutliche Kritik äußerten die Befragten gegenüber den Flaschenetiketten, die als unattraktiv und langweilig galten.[284] Eine werbepsychologische Untersuchung der Flaschenausstattung bescheinigte zwar eine hohe Produktidentifikation, brachte aber ebenso negative Assoziationen mit den Etiketten hervor.[285]

Aufgrund dieser Ergebnisse hatte Thier neben der Werbung auch die Gestaltung der „Verpackung“ überarbeitet, die auf dem hart umkämpften Flaschenbiermarkt eine besondere Bedeutung hatte. Mit der Verbreitung der SB-Geschäfte bekam die Verpackung die neue Rolle eines „Absatzmittlers“ zwischen Produzent und Konsument und hatte sich damit zu einem „stillen Verkäufer“ entwickelt. Sie sollte nicht nur die Aufgabe übernehmen, über Hersteller und Inhalt zu informieren, sondern durch ihre Aufmachung einen Kaufentschluss bei den Verbrauchern auslösen.[286] Die Thier-Brauerei verwendete dabei seit Anfang 1970 unterschiedliche Farben für die verschiedenen Biersorten. Damit sollten die Flaschen besser am „point of sale“ erkannt werden und dem Konsumenten beim Einkauf deutlicher auffallen.[287] Hier berücksichtigte die Brauerei Untersuchungsergebnisse, wonach Frauen beim Biereinkauf im Lebensmittelhandel weniger markenbewusst einkaufen als Männer und eher auf optische Reize reagieren würden.[288]

5 Der Beginn einer dauerhaften Krise? Dortmunder Absatzpolitik in den 1970er Jahren

5.1 Die Brauwirtschaft der Bundesrepublik in den 1970er Jahren

Zu Beginn der 1970er Jahre setzte sich auf dem westdeutschen Biermarkt die Abschwächung des Wachstumskurses fort. Die sinkenden Zuwachsraten waren ein deutliches Indiz dafür, dass der Biermarkt seine Sättigungsgrenze erreichte. Josef Pschorr spricht bereits ab 1974 von einer Stagnationsphase, die auf die Periode der Expansion (1950–1964) und die Ausreifungsphase (1965–1973) folgte.[289] Rückläufige Ausstoßergebnisse waren in der bundesdeutschen Brauwirtschaft jedoch erst im Jahr 1977 festzustellen, als erstmals seit 1950 ein Rückgang beim Bierausstoß zu verzeichnen war.[290] Bei der Betrachtung der Nachfrageseite ergibt sich ein ähnliches Bild: Auch der Pro-Kopf-Verbrauch von Bier erreichte Mitte der 1970er Jahre die Sättigungsgrenze. Mit jährlich 151 Litern nahm der Bierverbrauch im Jahr 1976 noch einen Spitzenwert ein, hatte in den folgenden Jahren aber ebenfalls eine sinkende Tendenz.[291]

Parallel zu dieser Entwicklung stieg der gesamte Getränkeverbrauch nach einzelnen Rückgängen weiter an, wobei der Anteil alkoholischer Getränke zurückging. Die Einstellungen der Verbraucher zum Alkoholkonsum hatten sich in den 1970er Jahren weiter verändert.[292] Mit dem steigenden Gesundheitsbewusstsein tranken viele Verbraucher weniger alkoholische Getränke bzw. fragten verstärkt „leichtere“ Produkte nach. Zudem hatte sich das Bewusstsein für die Gefahren von Alkohol im Straßenverkehr weiter erhöht. Bier diente kaum noch zur Befriedigung von Grundbedürfnissen, sondern wurde von den Verbrauchern verstärkt aus Geselligkeits- und Prestigemotiven nachgefragt. Genussorientierung, Erlebnischarakter und Individualitätsstreben bekamen beim Bierkonsum eine immer größere Bedeutung.[293]

Von diesen neuen Nachfragemustern beim Bierkonsum war vor allem das Exportbier negativ betroffen. Es bekam das Image, dick zu machen, womit es nicht mehr dem Leitbild der meisten Konsumenten entsprach. Die Nachfrage nach einem leichteren und alkoholärmeren Bier konnte dagegen durch das Pilsener gedeckt werden.[294] In NRW verzeichnete diese Sorte im Jahr 1974 bereits einen Anteil von 49,7 % am Gesamtausstoß, während das Exportbier nur noch einen Anteil von 22,6 % einnahm. Das gegenüber dem Export ebenfalls als leichter und „eleganter" geltende Altbier konnte 12,5 % des Bierausstoßes auf sich vereinen. Bis 1980 sank der Marktanteil des Exportbiers in NRW auf 10,4 %.[295] Die Tendenz zu einer weiteren Sortendifferenzierung hielt an: Zum Ende der 1970er Jahre nahm auch die Nachfrage nach Kölsch- und Weißbier sowie alkoholfreien bzw. Lightbieren zu, bekam allerdings erst in den darauf folgenden Jahren eine nennenswerte Bedeutung.[296]

Der Großteil des Bierabsatzes lief weiterhin über das Flaschenbier. Aufgrund des harten Preiskampfs im Einzelhandel wurden notwendige Preiserhöhungen meist überproportional auf den Fassbier-Sektor verlagert, was seit den 1960er Jahren die Abkehr der Konsumenten von der Gaststätte weiter förderte. Andere Branchenexperten waren dagegen der Meinung, dass zur gleichen Zeit beim Fassbier eine erneute Expansion zu erkennen war.[297] Vermutlich verlief die Entwicklung in der BRD sehr unterschiedlich, glich sich aber letztendlich aus: Die Statistiken zeigen, dass sich der Anteil des Fassbieres in den 1970er Jahren durchweg bei rund 30 % stabilisieren konnte.[298] Neben dem Lebensmittel-Einzelhandel[299], der sich seit den 1960er Jahren zum wichtigsten Absatzmittler von Bier entwickelt hatte, gewannen spezialisierte Getränkeabholmärkte an Bedeutung, die eine noch größere Auswahl verschiedener Biermarken anboten. Schon ab 1965 tauchten die ersten dieser Märkte auf, deren Blütezeit in den 1970er Jahren begann. 1976 wurden bereits 2450 solcher Geschäfte gezählt, wobei deren Zahl bis 1982 auf 3455 anstieg.[300] Mit dem Aufkommen der Getränkeabholmärkte konnte der Lebensmittel-Einzelhandel in den folgenden Jahren beim Bierabsatz nicht mehr zulegen und hatte in den 1980er Jahren sogar Marktanteile an die spezialisierten Getränkehändler verloren.[301]

In den Regalen aller Geschäfte standen nach wie vor sogenannte Billigbiere und stark umworbene Markenbiere nebeneinander, die trotz großer Preisunterschiede und in der Regel gleicher Qualität parallel ihre Existenz auf dem Biermarkt sichern konnten.[302] Bundesweit soll sich der Anteil von Billigbieren zwischen 1970 und 1972 von 36,4 % auf 43,8 % erhöht haben. Andere Quellen nennen dagegen für NRW einen Wert, der um 1970 bei lediglich 7 % lag.[303] Die preisgünstigen Biere stammten – wie erläutert – in der Regel aus den Überkapazitäten bekannter Marken-Brauereien. Nach Schätzungen gab es Anfang der 1970er Jahre etwa 17 Mio. hl nicht ausgenutzte Ausstoßkapazität in der Branche, die auf dem Flaschenbiermarkt weiterhin heftige Preiskämpfe verursachte und den Markt der Billigbiere vergrößerte.[304] Vor dem Hintergrund dieses verschärften Absatzkampfs hatte sich die seit Mitte der 1960er Jahre beschleunigte Konzentrationsbewegung in der westdeutschen Brauwirtschaft fortgesetzt und an Dynamik gewonnen. Solche Konzentrationsprozesse waren für die Brauwirtschaft keineswegs neu und gehörten seit der Industrialisierung zu einer immer wiederkehrenden bzw. sogar fortlaufenden Entwicklung. Allerdings erfolgten zahlreiche Betriebsstilllegungen seit Mitte der 1960er Jahre häufig erst, nachdem diese Braustätten durch andere Brauereien aufgekauft wurden, was umgekehrt das externe Wachstum anderer Unternehmen beschleunigte.[305]

Von der Konzentration in der westdeutschen Brauwirtschaft profitierten vor allem Großbetriebe mit einem Jahresausstoß über 500 000 hl, deren Anzahl sich zwischen 1962 und 1976 von 16 auf 43 erhöhte. Auch Brauereien mit einem Jahresausstoß zwischen 30 000 und 500 000 hl konnten zahlenmäßig von den Strukturveränderungen profitieren.[306] Bis 1980 sank die Anzahl der gewerblichen Braustätten auf 1364 Betriebe, wobei die durchschnittliche Betriebsgröße auf eine Jahresleistung von 67 700 hl anstieg. Dennoch befand sich zur gleichen Zeit noch immer die Hälfte aller Brauereien der Welt in der Bundesrepublik.[307] In der deutschen Brauwirtschaft kamen trotz dieser Konzentration Skaleneffekte durch Größenvorteile im Vergleich zu ausländischen Biermärkten geringer zum Tragen. Eine noch stärkere Konzentrationsbewegung sei aus Sicht einiger Beobachter vor allem durch die langfristigen Bierlieferungsverträge mit Gaststätten und eine vergleichsweise hohe Markentreue der deutschen Konsumenten verhindert worden. Jedoch muss auch berücksichtigt werden, dass die Konzentration von einer im internationalen Vergleich sehr hohen Anzahl von Braubetrieben ausging.[308]

Allerdings spiegelt die sinkende Anzahl der Betriebsstätten nur einen Teil der Konzentration wider. Durch eine stärkere Beteiligung und Aufkäufe großer Konzerne sank nicht zwangsläufig die Zahl der Brauereien, jedoch nahm die Verflechtung zwischen den Firmen zu. Die Gruppenbildung durch Konzerne wie Reemtsma, Oetker und einiger Banken ergab einen Konzentrationsprozess, der zunächst stärker „hinter den Kulissen" stattfand.[309] Seit 1965 begann der enorme Bedeutungszuwachs solcher Unternehmensgruppen in der Brauwirtschaft. Gründe für die Kapitalbeteiligung an Brauereien waren bei Reemtsma und Oetker vor allem Diversifizierungsstrategien. Bei Kreditinstituten wie der Bayerischen Hypotheken- und Wechselbank und zeitweise der Dresdner Bank war das Engagement einer konservativen Beteiligungspolitik geschuldet, da Brauereien als sichere und wertbeständige Kapitalanlage galten.[310] Fünf wachsende Braukonzerne konnten bis zum Jahr 1973 in der Bundesrepublik einen Marktanteil von 35 % auf sich vereinen.[311]

Konzernfreie Großbrauereien mit einem Jahresausstoß zwischen 0,5 und 2,5 Mio. hl hatten jedoch keinesfalls an Bedeutung verloren. Eher im Gegenteil: 1973 befanden sich noch neun der 25 größten Brauereien in Familienbesitz.[312] Diese Betriebe konnten durch eine interne Wachstumsstrategie ihre Marktstellung behaupten und waren in der Regel beim Einsatz der absatzpolitischen Instrumente wie Preispolitik, Werbung und Verkaufsförderung besonders erfolgreich.[313]

Alle Großbetriebe mit einem Jahresausstoß über 500 000 hl, sowohl Konzern- als auch Privatbrauereien, konnten ihren Marktanteil zwischen 1961 und 1976 von 20 auf 40 % steigern.[314] Innerhalb der Gruppe der Großbetriebe hatten die Braukonzerne nach der starken Expansion allerdings seit 1974 prozentual und mengenmäßig wieder Marktanteile verloren. Somit zeigte sich, dass theoretische Kostenvorteile beim externen Wachstum nur bedingt zum wirtschaftlichen Erfolg führten, wenn dabei die Bedürfnisse und Erwartungen der Verbraucher nicht berücksichtigt wurden. Denn anscheinend konnten diese Unternehmen ihre Kunden nicht mehr an sich binden, wenn zum Beispiel deren bevorzugte Biermarke von einem Konzern „geschluckt" wurde.[315]

Neben dem externen Wachstum der Braukonzerne und der internen Expansion von Privatbrauereien kam als dritte Unternehmensstrategie die horizontale Kooperation zwischen Braubetrieben hinzu, die unter Wahrung der juristischen Selbstständigkeit eine stärkere wirtschaftliche Zusammenarbeit in verschiedenen Bereichen wie Marktforschung, Einkauf und Sortenpolitik forcierte.[316] So erfolgte 1969 durch zunächst zwölf weit gestreute Regionalbrauereien mit einer Jahresleistung zwischen 100 000 und 600 000 hl die Gründung der Deutschen Brau-Kooperations-GmbH. Aus Dortmund gehörte als einziger Betrieb die Thier-Brauerei zu den Mitinitiatoren. Weitere Kooperationen dieser Art waren die Brau Ring GmbH & Co. KG mit 42 Mitgliedsbetrieben und die Brau Promotion, der 38 Unternehmen angehörten.[317] Zu den wichtigsten Zielen der Brau-Kooperations-GmbH zählte zunächst auch die gemeinsame Entwicklung eines nationalen Markenbiers, nachdem seit Ende der 1960er Jahre von einzelnen Braukonzernen solche Bestrebungen bekannt wurden. Die Planungen und Versuche, ein solches Bier auf dem Markt zu etablieren, haben die Marketing-Diskussionen der Brauwirtschaft zu Beginn der 1970er Jahre bestimmt.

Zu diesem Zeitpunkt hatte sich der Markt weiter polarisiert: Als Massenkonsumware und Volksgetränk sollte Bier möglichst kostengünstig zu erwerben sein. Dieses Segment wurde oftmals durch die Billigbiere bedient, die mit einem erheblichen Preiskampf im Handel den Wettbewerb zwischen den Brauereien weiter anheizten. Doch im Kampf um Marktanteile spielten nicht nur niedrige Preise eine Rolle. Gleichzeitig vergrößerte sich bei den Konsumenten immer deutlicher das Markenbewusstsein. Auf dem stark expandierenden Markt der „Spezialbiere" stieg die Preisbereitschaft bei den Konsumenten infolge von Prestige- und Erlebnisbedürfnissen weiter an.[318]

Aus Sicht von Müller und Schwalbach könne das Nebeneinander von billigen und hochpreisigen Bieren nur durch eine starke Produkt-

Loyalität erklärt werden. Jedoch wurde umgekehrt in dieser Zeit verstärkt deutlich, dass bei den Konsumenten Markenbewusstsein nicht gleichzeitig Markentreue bedeuten musste: Die Experimentierbereitschaft beim Bier stieg an und damit gleichzeitig der Trend zu bisher fremden Marken. Zudem galt das Markenbewusstsein bei Billigbieren aufgrund häufiger Sortimentswechsel im Handel als eher gering.[319]

In den 1970er Jahren war der westdeutsche Biermarkt keine Wachstumsbranche mehr: Mit dem Erreichen der Sättigungsgrenze konnten die Brauereien neue Marktanteile nur noch auf Kosten der Konkurrenz gewinnen, was den Wettbewerb weiter verschärfte.[320] Hinzu kam die Rivalität alkoholfreier Getränke: Mineralwasser und Limonaden konnten ein deutliches Konsumplus erzielen, das häufig zu Lasten von Bier ging.[321]

Als „Abwehrmaßnahme" gegen diesen Trend setzte hier die Gemeinschaftswerbung der Brauereiverbände ein, die ihre Kampagnen speziell darauf ausrichteten, junge Kunden nicht an die Hersteller alkoholfreier Getränke zu verlieren. Die 1969 eingeführte Kampagne „Bier hat Wumm" war auf eine solche jugendliche Zielgruppe zugeschnitten. Die spätere Gemeinschaftswerbung „Im Bier ist Reinheit" diente dagegen verstärkt dem Protest gegen Pläne der Europäischen Gemeinschaft, das Reinheitsgebot aufzuheben und bekam stärker den Charakter einer Öffentlichkeitsarbeit.[322] Doch insgesamt war die Bedeutung der Gemeinschaftswerbung in der Absatzpolitik seit den 1970er Jahren qualitativ und quantitativ gering. Anfang der 1970er Jahre wurden in NRW nur noch rund sechs Pfennig pro Hektoliter Bier in gemeinschaftliche Werbeprojekte investiert.[323] Bei zahlreichen Brauereien hatte sich eine individuelle Absatzorientierung durchgesetzt. Selbst die noch in den 1960er Jahren bei Führungskräften einiger Großbrauereien vorherrschende Meinung, Bier verkaufe sich auch ohne Marketing, war nun gänzlich verschwunden.[324] Gerade Unternehmen, die frühzeitig ihre Absatzpolitik intensivierten und dabei überdurchschnittliche Wachstumserfolge erzielen konnten, hatten die Wirksamkeit dieser Instrumente zur Absatzsteigerung bewiesen.[325]

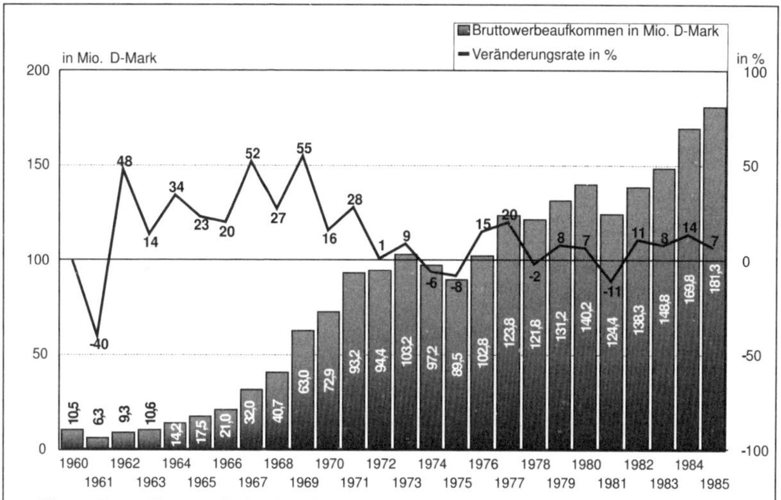

Eigene Darstellung nach den Angaben von Wiese, S. 370.

Abb. 10: Werbeaufwendungen der Brauindustrie in den klassischen Medien in den Jahren 1960–1985

Ein deutliches Indiz für die immer stärkere Absatzorientierung war die weitere Expansion der individuellen Werbeausgaben in der bundesdeutschen Brauwirtschaft. Kritische Stimmen aus den Branchenverbänden, die feststellten, dass die Individualwerbung deutlich aggressiver geworden sei und nur noch wenig mit den konventionellen Vorstellungen des Braugewerbes zu tun habe, schienen bei den Unternehmen keine Beachtung mehr zu finden.[326]

1971 wurde in der bundesdeutschen Brauwirtschaft ein Betrag von 93,2 Mio. DM in die klassische Werbung investiert (vgl. Abb. 10), was etwa 1,04 DM pro Hektoliter bedeutete.[327] Trotz zeitweiliger Rückgänge in den Jahren 1974 und 1975 stiegen die Investitionen bis zum Jahr 1979 auf 131 Mio. DM an. Diese Zahlen stellen allerdings nur einen Teil der Investitionen für die Kommunikationspolitik dar. Zur klassischen Werbung wurden nur Aufwendungen für Anzeigen in Tageszeitungen und Zeitschriften, TV- und Radiowerbung gezählt, hinzu kamen noch einmal erhebliche Investitionen für Plakat-, Kino- und Verkehrsmittelwerbung sowie Werbegeschenke und Verkaufsförderung. Unter Berücksichtigung dieser Werbemittel wurden die Ausgaben pro Hektoliter im Jahr 1972 schon auf etwa 4 DM geschätzt.[328] Gerade der Plakatanschlag hatte bei vielen Brauereien eine sehr hohe Bedeutung und betrug nach Schätzungen in den 1970er Jahren etwa 40 % der sonstigen Werbeausgaben.[329]

Parallel zu dieser Entwicklung hatte ein neues Schlagwort auf dem Biermarkt eine wichtige absatzpolitische Bedeutung bekommen: Die Wünsche der Konsumenten nach „etwas Besonderem" und nach einem prestigeträchtigen Konsumgut sollte nicht mehr nur die Biersorte „Pils", sondern auch das „Premium-Bier" erfüllen. Zwischen Konsum- und Premiumbieren gab es objektiv keinen nennenswerten Qualitätsunterschied. Zudem existierte kein eindeutiger Konsens in der Branche, welche Eigenschaften ein solches Bier vorweisen müsste.[330] „Premium" hatte sich aber als Branchenbegriff für ein Bier durchgesetzt, das eine gleichbleibende hohe Qualität und somit einen hohen Verkaufspreis rechtfertigte sowie über einen bekannten Markennamen verfügte. Zudem musste es eine nationale oder zumindest überregionale Distribution vorweisen. Eine weitere Erklärung nennt die gleichen Eigenschaften, hebt jedoch zusätzlich hervor, dass auch viele lokale Brauereien der Leitmarke ihres Sortiments den Beinamen „Premium" gaben. Weiterhin seien Premium-Biere durch eine luxuriösere Ausstattung gekennzeichnet und sollten damit Exklusivität ausstrahlen. Doch bei allen Biermarken, die mit diesem Zusatz ausgestattet wurden, war der Qualitätsaspekt rein subjektiv.[331]

Gerade große Privatbrauereien konnten Erfolge erzielen, wenn sie ihre Produkte mit dieser Bezeichnung ausstatteten. Zu den erfolgreichsten Bieren auf dem Premium-Markt, der in den 1970er Jahren zwischen 15 und 20 Marken umfasste, zählten Becks-Bier, König-Pilsener, Krombacher, Warsteiner, Bitburger und Veltins. Bis 1977 erreichten die Premium-Biere einen Marktanteil von 9 %.[332] Die weiter steigende Tendenz ließ Branchenexperten davon sprechen, dass die seit den 1960er Jahren in den Biermarkt eingebrochene „Pilswelle" nun durch eine „Premium-Welle" abgelöst werde.[333]

Ebenfalls unter dem „Premium"-Aspekt hatten in den 1970er Jahren die ersten Bestrebungen begonnen, ein nationales Markenbier auf dem bundesdeutschen Biermarkt zu etablieren. Der Oetker-Konzern begann im September 1971 in Zusammenarbeit mit allen angeschlossenen Brauereien mit der Vermarktung der neu geschaffenen sortenneutral gehaltenen Premium-Marke „Prinz-Bräu".[334] Diese neue Sorte, ohne Heimatbezug oder Image einer einzelnen Brauerei, wurde wie ein klassischer Markenartikel aufgebaut und nach einem standardisierten Verfahren in den verschiedenen Brauereien des Konzerns produziert.[335] Mit einem hohen Werbeaufwand ging die neue Sorte an den Start. Der Oetker-Gruppe wurde als Newcomer in der Branche dennoch eine hohe Marktorientierung nachgesagt, da der Konzern bereits in anderen Bereichen des Nahrungs- und Genussmittelsektors zahlreiche Marketingerfahrungen gesammelt hatte.[336] Einen ähnlichen Weg ging bereits zwei Jahre früher der DUB-Konzern mit der ebenfalls neu geschaffenen Premium-Sorte „Pils 2000".[337]

Trotz der Kalkulation, mit der Konzentration der Marketingaktivitäten auf ein Produkt die Kosten für Werbung, Verkaufsförderung und Produktgestaltung zu senken, war der wirtschaftliche Erfolg eher dürftig: Den Status einer nationalen Marke erreichte „Prinz-Bräu" nie. Auch millionenschwere Werbeetats konnten nichts daran ändern, dass die Konsumenten eine Biermarke aus der „Retorte" ablehnten, bei der Heimatimage und Tradition fehlten. Vor weiteren Versuchen in diese Richtung warnten Branchenexperten andere Brauereien und räumten eher überregionalen Marken einzelner Unternehmen Chancen ein, den „Charakter" eines nationalen Markenbiers zu erreichen.[338]

Nach dem Misserfolg von „Prinz-Bräu" verloren weitere Gruppen auf dem Biermarkt das Interesse am Aufbau einer nationalen Biermarke. Die als Reaktion auf die Oetker-Pläne für „Prinz-Bräu" im Jahr 1969 von zwölf Brauereien gegründete Brau-Kooperations-GmbH, der 1972 bereits 33 Brauereien mit einer Jahresleistung von insgesamt 8,5 Mio. hl angehörten, konzentrierte sich nur noch auf Marktforschung, gemeinsamen Einkauf und Sortenpolitik.[339]

Weitaus erfolgreicher auf dem Weg zu einer nationalen Distribution waren die weiter expandierenden Premium-Marken. Gerade die erwähnten Privatbrauereien aus Nordrhein-Westfalen hatten seit den 1960er Jahren durch eine intensive Absatzpolitik mit hohem Werbeeinsatz ihre Absatzräume enorm ausbauen können. Die König-Brauerei aus Duisburg baute bis 1976 ihre Marke „König-Pilsener" mit einer Jahresleistung von rund 2 Mio. hl zur führenden deutschen Biermarke aus.[340] Auch andere Brauereien aus dem Einzugsbereich der Dortmunder Betriebe konnten ihre Ausstoßzahlen enorm erweitern: Bitburger hatte zwischen 1966 und 1976 seine Produktionsmenge von 385 000 auf 1,3 Mio. hl gesteigert. Im Jahr 1978 erreichte die Warsteiner-Brauerei die Ausstoßmenge von 1 Mio. hl. Veltins konnte innerhalb der 1970er Jahre seinen Ausstoß auf über 600 000 hl nahezu verdoppeln.[341] Diesen Brauereien war gemeinsam, dass sie ihr Bier zu hohen Preisen verkauften, mit einem überproportional hohen Werbeeinsatz arbeiteten und dabei dem Verbraucher Prestige und Anspruch vermittelten. Durch die Bindung an gehobene Gastronomiebetriebe wurde diese Imageprofilierung weiter gestärkt.[342]

Die These wäre allerdings zu kurz gegriffen, dass neue Konsumenten in den 1970er Jahren lediglich durch eine Ausweitung der Absatzmärkte und einen starken Werbeeinsatz in den Medien gewonnen werden konnten. Die Marktforschungsgesellschaft Nielsen machte noch einmal auf die zunehmende Bedeutung der Verbrauchermärkte aufmerksam und stellte heraus, dass Marktanteile beim Bierverkauf im Einzelhandel nicht zwangsläufig durch Werbung erhöht werden könnten, da die endgültige Kaufentscheidung der Konsumenten mittlerweile häufig erst vor den Supermarkt-Regalen stattfinde. Entsprechend nahmen innerhalb der Ausgaben für Werbung die Investitionen für verkaufsfördernde Maßnahmen zu: Während 1969 in der Branche noch 80 % der Werbeausgaben in die klassischen Medien und den Plakatanschlag investiert wurden, war das Verhältnis zwischen Werbung und Verkaufsförderungsmaßnahmen am „point of sale" 1974 ausgeglichen.[343]

5.2 Die Dortmunder Brauindustrie in den 1970er Jahren

Angesichts von Betriebsstilllegungen und Konzentrationstendenzen in der Brauwirtschaft der Bundesrepublik wirkt es beim Blick auf die Dortmunder Brauindustrie eher ungewöhnlich, dass sich die

Unternehmensstruktur in der westfälischen Bierstadt zu Beginn der 1970er Jahre augenscheinlich noch nicht verändert hatte. Seit 1924 produzierten in Dortmund acht Brauereien. Die Ausstoßentwicklung zeigte zu Beginn der 1970er Jahre nach den Absatzeinbrüchen ab 1965 wieder eine positive Tendenz. Seit 1969 bewegte sich die jährliche Bierproduktion wieder über 7 Mio. hl und konnte 1972 mit über 7,6 Mio. hl sogar den bisherigen Höchststand aus dem Jahr 1965 übertreffen. Allerdings veränderten sich die Marktanteile der Dortmunder Brauereien trotz dieser positiven Entwicklung in eine gegenläufige Richtung: 1972 konnten die Dortmunder Braustätten 29 % des Bierausstoßes von NRW und etwa 8,4 % der bundesdeutschen Bierproduktion auf sich vereinen. Diese Zahlen waren zwar immer noch beachtlich, jedoch bedeuteten sie gegenüber dem Zeitraum der späten 1950er bis zur Mitte der 1960er Jahre einen deutlichen Rückgang.[344] Im Vergleich zur gesamten Branche hielt die unterdurchschnittliche Ausstoßentwicklung, die erstmalig 1960 einsetzte, weiter an: Die Zuwachsraten bewegten sich in dieser Zeit weiterhin unter dem Niveau anderer Brauereien, auch wenn es einzelne überdurchschnittliche Ergebnisse gab.[345]

Zeitweise steigende Ausstoßzahlen dürfen nicht darüber hinwegtäuschen, dass sich die Dortmunder Brauereien in einer schwierigen Situation befanden, die aus Sicht der Unternehmen immer noch eng mit der wirtschaftlichen Situation im Ruhrgebiet verbunden war. Mit weiteren Zechenstilllegungen und einer fortschreitenden Rationalisierung und Konzentration in der Stahlindustrie war die gesamtwirtschaftliche Leistung in der Region weiter rückläufig.[346] Hier den wichtigsten Grund für wirtschaftliche Probleme des Braugewerbes zu suchen, wäre jedoch angesichts der ausgedehnten Absatzmärkte eine zu einseitige Betrachtung.

Seit der zweiten Hälfte der 1960er Jahre mussten sich die Dortmunder Brauer mit einer geringeren Nachfrage nach ihrem traditionellen Exportbier beschäftigen. Ohne es detailliert belegen zu können, muss vermutet werden, dass die zeitweiligen Ausstoßzuwächse in dieser Zeit eher auf der Aufnahme von Billigbieren in das Sortiment als auf dem Wachstum der Dortmunder Markenbiere beruhen, worüber aber nur die wenigsten Brauereien offen sprachen. Zwar mahnten der VDB und einzelne Dortmunder Brauereien die Praxis der Preisunterbietungen durch Billigbiere massiv an, doch darf dies nicht den Eindruck erwecken, dass Dortmunder Unternehmen sich an solchen Geschäftsstrategien nicht beteiligten.[347]

Auf den ersten Blick scheinen die Bemühungen der Brauereien, mit einer Steigerung des Ausstoßes von Pilsener Bier stärker die Nachfragepräferenzen der Verbraucher zu bedienen, erfolgreich gewesen zu sein. Der Pilsanteil in den Dortmunder Betrieben konnte bis 1973 auf 37 % gesteigert werden. Daraus folgerte die DAB 1974 stolz, dass Dortmund auf dem besten Wege sei, sich von der klassischen Exportbier-Stadt zur Pils-Stadt zu entwickeln.[348] Dies schien angesichts der Schwierigkeiten beim Exportabsatz etwas zu euphorisch gewesen zu sein: Auf den zweiten Blick zeigte sich, dass die Erhöhung des Pilsanteils keineswegs den Rückgang der Nachfrage nach Exportbier ausgleichen konnte. Auch hatten die Dortmunder Brauereien noch nicht den Anschluss an die Entwicklung in der Branche gefunden. Bei allen Brauereien in NRW wurde beim Pilsanteil bereits ein Durchschnittswert von fast 50 % erreicht.[349] Intern waren die Verbands-Brauereien etwas selbstkritischer: Eine Steigerung des Gesamtabsatzes wurde für die folgenden Jahren aufgrund der Veränderungen in der Nachfragestruktur als „schwer überwindbares Hindernis“[350] betrachtet.

Eine Betriebsstättenreduzierung war in Dortmund bis zum Beginn der 1970er Jahre noch ausgeblieben, doch zeigt sich bei genauer Betrachtung, dass auch die Dortmunder Brauereien am Konzentrationsprozess in der Brauwirtschaft beteiligt waren. Besonders engagiert war hierbei die Union-Brauerei, die seit Mitte der 1960er Jahre ihre Stellung als größter Braukonzern in der Bundesrepublik ausbaute. Das starke Wachstum der Ausstoßzahlen der DUB war im Wesentlichen auf den Zukauf anderer Betriebe zurückzuführen. 1969 gehörten zum Konzern 17 Brauereien, bei denen der Besitzanteil mindestens 37 % betrug.[351]

Bei der DAB bestand schon seit der Zeit nach dem Ersten Weltkrieg eine Schachtelbeteiligung der Oetker-Gruppe, was selbst vielen

Branchenkennern erst in den 1960er Jahren bekannt wurde, als sich der Konzern stärker auf dem Biermarkt engagierte. Die DAB selbst beteiligte sich jedoch im Vergleich zur Union-Brauerei zunächst eher wenig am Geschäft der Zukäufe.[352] Die Oetker-Gruppe übernahm sukzessive immer mehr Anteile der zweitgrößten Dortmunder Brauerei von den Familien Mauritz und Stade, die über Jahrzehnte Mehrheitsaktionäre waren. 1971 besaß Oetker bereits 40 % der DAB-Aktien.[353] Im gleichen Jahr hatte die DAB 31 % des Aktienkapitals der Dortmunder Hansa-Brauerei übernommen. Weitere Anteile von Hansa gingen direkt auf Oetker über. Damit kam es zur Verschmelzung beider Unternehmen: Während zunächst in der Actien-Brauerei die Pils-Herstellung für alle Gruppen konzentriert wurde, übernahm die Hansa-Brauerei die Produktion von Export-, Spezial- und Auslandsbieren sowie die zentrale Abfüllung und den Vertrieb. Die ebenfalls zur Gruppe gehörende Linden-Brauerei im benachbarten Unna übernahm die Herstellung von Handelsmarken. Mit dieser Neuorganisation sollten 300 Arbeitsplätze eingespart werden.[354] Laut VDB konnte die DAB im Laufe des Geschäftsjahrs 1971/72 sogar bereits 90 % des Aktienkapitals der Hansa-Brauerei auf sich vereinen.[355]

1972 kam es zur ersten Betriebsstilllegung seit 1924: Die Besitzanteile der Dortmunder Bergmann-Brauerei gingen vom Berliner Schultheiss-Konzern auf die Dortmunder Ritter-Brauerei über, die die gesamte Produktion zu ihrem Standort nach Dortmund-Lütgendortmund verlegte.[356] Im gleichen Jahr markierte eine „Elefantenhochzeit" für Dortmund und den gesamten Biermarkt der Bundesrepublik einen Höhepunkt im Konzentrationsprozess: Mit dem Zusammenschluss der DUB und der Schultheiss-Gruppe, der 1973 wirksam wurde, entstand der größte deutsche Braukonzern. Die Zusammenarbeit zwischen beiden Unternehmen begann bereits 1969 mit der Gründung einer Arbeitsgemeinschaft.[357] Eingeleitet wurde die Fusion der beiden Braukonzerne durch die Dresdner Bank AG und die Bayerische Hypotheken- und Wechselbank, die bei den Firmen Mehrheitsaktionäre waren. Durch diese Vereinigung erreichte DUB-Schultheiss eine Jahresleistung von 11 Mio. hl, womit die zugehörigen

Brauereien, deren Selbstständigkeit zunächst durch zwei Betriebsführungsgesellschaften innerhalb des Konzerns gewahrt wurde, einen Anteil von 12 % an der westdeutschen Biererzeugung hatten.[358] Durch diese Fusion wurde auch die Ritter-Brauerei, an der zuvor beide Brauereien Besitzanteile hielten, als selbstständige Tochtergesellschaft in den neuen Konzern integriert.[359] Auch ausländische Investoren konnten auf dem Dortmunder Biermarkt Fuß fassen: Seit 1973 verfügte bei der Dortmunder Stifts-Brauerei mit der Watney Mann Ltd. aus London ein britischer Investor zusammen mit der Stern-Brauerei aus Essen über die qualifizierte Mehrheit.[360]

Ein Konzentrationsprozess „hinter den Kulissen" war also auch in Dortmund in den 1970er Jahren mehr als deutlich und betraf alle Brau-Aktiengesellschaften in der Stadt. Lediglich die Privatbetriebe Kronenburg und Thier blieben von dieser Entwicklung zunächst unberührt. Gleichermaßen waren dagegen die Betriebe von den Absatzschwierigkeiten erfasst, die sich in den 1970er Jahren verstärkten.[361] Nach der letzten Ausstoßspitze 1972 begann ein massiver Einbruch: Bis 1979 sank die Dortmunder Bier-Produktion von 7,6 auf 6,4 Mio. hl, was einen Rückgang um fast 16 % bedeutete.[362]

Ihren Größenvorteil konnten die Dortmunder Brauereien in den 1970er Jahren auf dem hart umkämpften Biermarkt nicht mehr ausspielen. Dieser entwickelte sich von einem Erfolgsfaktor immer mehr zu einer Last für die Großbetriebe. Um einen Bedeutungsverlust aufzuhalten und keine weiteren Marktanteile mehr zu verlieren, war eine deutlich höhere Absatzorientierung und eine stärkere Berücksichtigung der Verbraucher-Präferenzen nicht mehr wegzudenken. In seiner Ausgestaltung erfuhr auch dieser Teil der Unternehmenspolitik einen deutlichen Strukturwandel.

Eine offensive Absatzpolitik mit intensivem Werbeeinsatz gehörte bei den Dortmunder Brauereien in den 1970er Jahren zum gewohnten Geschäft. Doch war angesichts der schwierigen wirtschaftlichen Situation im Vergleich zu den erfolgreichen Privatbrauereien im Sauerland die Absatzpolitik weniger auf Expansion ausgerichtet. Vielmehr ging es um die Abwehr eines weiteren Bedeutungsverlusts, der sich spätestens seit Mitte der 1970er Jahre noch deutlicher in den Ausstoßzahlen niederschlug. Vom absatzpolitischen Erfolg der „Ein-Marken-Strategien“ aufstrebender Brauereien auf dem bundesdeutschen Biermarkt ließen sich die Betriebe in Dortmund allerdings nicht beeindrucken. Trotz Fusionen und Konzentration blieb in allen Braustätten der Stadt die Markenvielfalt – Exportbier und Pilsener sowie unterschiedliche Sondersorten – bestehen.[363]

Als besonders problematisch erwies sich in Dortmund der scharfe Preiswettbewerb auf dem Biermarkt. Zwar konnten 1972 aufgrund der Kostenerhöhungen die Bierpreise angehoben werden, eine weitere Umwälzung der gestiegenen Kosten auf die Verkaufspreise war aus Sicht der Unternehmen in den folgenden Jahren jedoch aufgrund des Preisdrucks unmöglich. Der VDB stellte fest, dass die „Premium-Brauereien“ aus der Umgebung von diesem Absatzkampf unbeeindruckt blieben und sich mit Preiserhöhungen weiter von den anderen Wettbewerbern absetzen konnten.[364] Zudem schien bei der Preisgestaltung unter den Dortmunder Brauereien anders als in den vergangenen Jahrzehnten keine kartellähnliche Einigkeit mehr zu bestehen: So mahnte der VDB eine starke preisliche Divergenz zwischen den einzelnen Dortmunder Marken an, die aufgrund des gemeinsamen Herkunftsbegriffs „Dortmunder“ aus Sicht des Verbands eigentlich nicht bestehen dürfte.[365]

Unter absatzpolitischen Aspekten wurde zwar noch bei Preisfragen miteinander gesprochen, jedoch gingen die einzelnen Brauereien bei ihrer Marktausrichtung weitgehend eigene Wege. Die Gemeinschaftswerbung für Dortmunder Bier hatte in den 1970er Jahren nur noch geringe Bedeutung. Auf lokaler Ebene gab es über die WDB gemeinsame Werbebanner in Sportstätten und Veranstaltungshallen sowie Gemeinschaftsanzeigen in Fest- und Gelegenheitsschriften. Dies geschah jedoch nur noch dort, wo es der Verband aus „Repräsentationszwecken“ für zwingend erforderlich hielt. Individuelle Werbeinserate der einzelnen Brauereien in der Tagespresse waren zudem seit 1967 keinen Beschränkungen mehr durch den VDB unterworfen.[366]

Das eingesparte Geld investierten die Dortmunder Brauereien stärker in individuelle Werbemaßnahmen, die in den 1970er Jahren noch einmal an Intensität zunahmen. Schon 1970 hatten einige Dortmunder Großbetriebe bei den Ausgaben für Werbung Spitzenplätze innerhalb der Brauwirtschaft erreicht. Eine undifferenzierte Ansprache der Konsumenten wich immer häufiger einer segmentierten Marktbearbeitung, bei der die Zielgruppen mit speziell auf sie zugeschnittenen Produkten und einer eigens dafür ausgerichteten Werbung angesprochen werden sollten. Das Vorgehen war nicht nur dem allgegenwärtigen Trend zum Pilsener geschuldet, bei dem Genussorientierung und Erlebnischarakter viel stärker im Vordergrund standen: Auch das Stichwort „Premium“ gewann in Dortmund an Bedeutung.

Seit dem Ende der 1960er Jahre begannen in Dortmund erste Versuche, mit Premium-Bieren den Markt zu erobern. 1969 führte die DUB zunächst in NRW die neue Marke „Pils 2000“ ein, die – ebenso wie das erwähnte „Prinz-Bräu“ der Oetker-Gruppe – ein Versuch war, durch einen seit 1970 begonnenen bundesweiten Absatz mit Hilfe aller Konzern-Brauereien ein nationales Markenbier im Hochpreissegment zu kreieren.[367] Im Vergleich zu anderen Bieren der Union war die Werbung für das neue „Pils 2000“ eindeutig auf eine einkommensstarke Konsumentengruppe ausgerichtet und verzichtete auf die Herausstellung des Herkunftsortes. Der Erfolg dieser Retorte war trotz eines immensen Werbeetats genauso wie bei „Prinz-Bräu“ äußerst gering.[368] Seit 1977 wurde stattdessen mit hohem Werbeaufwand die neue Premium-Marke „Brinkhoff's No. 1“ vermarktet.[369]

Die Werbung für die traditionellen DUB-Biere, die Anfang der 1970er Jahre erneuert und innerhalb des Unternehmens neu organisiert wurde, stellte dagegen den Herkunftsort mit Slogans wie „Union … das dortmundige“ und „das mundige Bier aus Dortmund“ weiter deutlich heraus.[370] Diese Werbung war eher auf die traditionelle Käuferschaft bezogen, was sich auch darin zeigte, dass die DUB in ihrer Werbung kein besonderes Gewicht auf das Pils legte.[371]

Auch bei der mittlerweile zum Oetker-Konzern gehörenden DAB/Hansa-Brauerei war bei einem 1971 neu eingeführten Marketing-

Konzept eine Segmentierung der Zielgruppen deutlich erkennbar. Die neue Werbung richtete sich besonders an jugendliche Konsumenten: Aktive und immer besser verdienende Verbraucher mit immer mehr Freizeit sollten sich von der neuen Kampagne angesprochen fühlen. Parallel zur verjüngten Werbung ergänzte DAB/Hansa ihre Produktpalette durch neue Einwegverpackungen mit einem modernisierten Markenbild. Gerade bei Einwegflaschen und Dosen erwartete das Unternehmen eine höhere Nachfrage. Auffällig war bei der neuen Ausrichtung, dass bei allen Bieren der Marke DAB der Herkunftsort nicht mehr herausgestellt wurde.[372]

Auch im Pilssegment wurde stärker differenziert: Seit Oktober 1971 brachte DAB die neue Sorte „DAB Meister-Pils" auf den Markt, die sogar den Ausstoß des etablierten DAB-Pilseners nach kurzer Zeit deutlich überschritt. Ein rückläufiger Ausstoß konnte zwar auch bei der DAB nicht verhindert werden, doch war die Steigerung des Pilsanteils von 23 auf 61 % zwischen 1971 und 1975 vor allem auf den Erfolg der Marke „Meister-Pils" zurückzuführen.[373]

Die stärkere Differenzierung der Produktpalette sollte nicht mehr über neu geschaffene Kunstmarken erreicht werden, die nachweislich keinen Erfolg brachten. Vielmehr arbeiteten die Brauereien daran, neue Produkte innerhalb bestehender Traditions-Marken aufzubauen. Der wirtschaftliche Erfolg der Premium-Brauereien auf dem Biermarkt zeigte, dass diese Unternehmen die langjährige Braukompetenz geschickt mit den neuen Prestigebedürfnissen verbinden konnten, was bei den Konsumenten eine viel höhere Akzeptanz fand.[374] Daraus schien auch die DUB gelernt zu haben, die 1973 zusätzlich zum bisherigen Sortiment das „Union-Siegel-Pils" auf den Markt brachte, das zwar mit neu gestalteten Gläsern und Flaschen sowie einer neuen Werbung aufwartete, jedoch durch das traditionelle Siegel an die Brautradition des Unternehmens anknüpfte. Bei der Stifts-Brauerei sollte der Ausstoßrückgang neben einer neuen Etikettenausstattung auch durch die Luxusmarke „Dortmunder Stiftsherrenpils" ausgeglichen werden.[375]

Entgegen dem allgemeinen Trend brachte die Privatbrauerei Kronenburg 1975 ein Premium-Exportbier auf den Markt. Der neue

Biertyp „Kronen Classic", ausgeschenkt in einem im Vergleich zum schlichten Exportglas eleganten Pokal-Becher, sollte den Rückgang des Exportabsatzes bremsen. Da im folgenden Jahr die Exportbier-Nachfrage bei Kronen nur um 3,3 % sank, sah sich die Brauerei in dieser Strategie bestätigt.[376] Kronen blieb lange auf das Exportbier spezialisiert, dessen Anteil am Gesamtausstoß der Privatbrauerei noch im Jahr 1973 68,8 % betrug. Eine Ausrichtung auf das Pils begann dort etwas zögerlicher: So wurde 1974 die erst zwei Jahre zuvor eingeführte Pils-Standardmarke unter der neuen Bezeichnung „Pilskronen-Pils" ohne Angabe des Herkunftsorts zum Verkauf gebracht.[377] Zur Vermarktung ihrer Produkte hatte die Kronen-Brauerei sowohl in absoluten Zahlen als auch umgerechnet auf den Ausstoß im Jahr 1975 innerhalb Dortmunds den höchsten Werbeetat für klassische Medien aufzuweisen. Er betrug etwa 2,9 Mio. DM, was Investitionen in Höhe von 2,40 DM pro Hektoliter bedeutete. Bei den anderen Dortmunder Brauereien lagen dagegen die Investitionen für klassische Werbung lediglich zwischen 0,16 und 1,04 DM pro Hektoliter.[378]

Trotz unterschiedlicher Marketing-Ansätze hatten die Dortmunder Brauereien gemeinsam, dass sie in den 1970er Jahren entsprechend dem allgemeinen Trend mit neuen Produkten und mit Hilfe der Werbung eine künstliche Heterogenisierung und Aufwertung von Bier erreichen wollten. Die Unternehmen waren bestrebt, aus dem sättigenden Grundnahrungsmittel ein trendiges Erfrischungsgetränk zu machen, um das Profil gegenüber den aufstrebenden alkoholfreien Erfrischungsgetränken zu stärken. Der Markenname „Dortmunder" hatte in der Absatzpolitik der Brauereien deutlich an Bedeutung verloren, auch wenn er nicht grundsätzlich aus dem Markenbild der Brauereien verschwand. Vielfach rief der frühere Erfolgsgarant bei den Konsumenten negative Assoziationen hervor, was den Dortmunder Bierproduzenten auch durch Verbraucherbefragungen bestätigt wurde, deren Ergebnisse in den Absatzplanungen der Brauereien in den 1970er Jahren immer mehr Berücksichtigung fanden.[379]

Diesen erlittenen Bedeutungswandel unterstrich zum Beispiel eine im Jahr 1978 von der Werbegemeinschaft Dortmunder Brauereien (WDB) an die Beratungsgruppe Oppermann in Auftrag gegebene

Grundlagenstudie „Dortmunder Bier".[380] Auf der einen Seite zeigte die Untersuchung, dass die verstärkten Vertriebsbemühungen in den vergangenen Jahren durchaus Erfolg hatten, denn Dortmund wurde von den befragten Personen sowohl mit der Biersorte Export als auch mit Pils in Verbindung gebracht. Teilweise ergab sich sogar schon eine stärkere Tendenz zum Pils. Doch waren auf der anderen Seite Vorbehalte gegen Dortmunder Pils vor allem im erweiterten Absatzgebiet festzustellen. Dort mussten sich die Dortmunder mit Bieren der sauerländischen Brauereien messen, die bei vielen Befragten als anspruchsvoller galten.[381]

Ganz deutlich brachte die Studie hervor, dass es für die Dortmunder Brauereien nicht mehr ratsam wäre, sich weiter als „Bierstadt Nr. 1" darzustellen, da im Meinungsbild vieler Konsumenten München als „die deutsche Bierstadt" gegenwärtiger war. Auch setzten die meisten Verbraucher Unternehmensgröße nicht mehr mit Qualität gleich: Der Braustandort Dortmund war gerade durch die Bekanntheit von Großbetrieben wie der DUB und der DAB geprägt. Andere Betriebe waren außerhalb des Heimatmarkts kaum bekannt. Größere Unternehmen wurden jedoch immer häufiger mit Massenproduktion, industriemäßigem Ausstoß und wenig Qualität in Verbindung gebracht. Von einer weiteren Profilierung durch die Unternehmensgröße, die von Brauereien in der Werbung bis in die 1960er Jahre noch herausgestellt wurde, sollten die Dortmunder Unternehmen gemäß der Studie in Zukunft Abstand nehmen.[382]

5.3 Neues Marketing bei der Privatbrauerei Thier & Co.

Im stärkeren Absatzkampf auf dem Biermarkt musste sich auch die Privatbrauerei Thier & Co. zwischen den weitaus größeren Dortmunder Braukonzernen behaupten. Mit einem vergleichsweise kleinen Etat für Marketingmaßnahmen versuchte das Unternehmen vor allem, den Status als Privatbrauerei als Wettbewerbsvorteil herauszuheben, um sich deutlicher von den zu Konzernen gehörenden Großbrauereien abzuheben. Unternehmensgröße galt – anders als in den vergangenen Jahren – nicht mehr als Erfolgsgarant im Absatzkampf, was die wirtschaftlichen Erfolge der aufstrebenden Premium-Brauereien zeigten, die nicht über Fusionen, sondern durch internes Wachstum ihre Marktstellung ausbauten.[383]

Bei der Bierproduktion war die Thier-Brauerei zunächst ein Spiegelbild der gesamten Entwicklung in der Dortmunder Brauwirtschaft: Bis zum Anfang der 1970er Jahre hatte die Ausstoßentwicklung bei Thier ähnlich wie in der gesamten Stadt unter Rückgängen zu leiden. Nachdem im Geschäftsjahr 1969/70 mit etwa 422611 hl ein vorläufiger Tiefpunkt erreicht wurde, war in den folgenden Jahren parallel zur steigenden Ausstoßentwicklung in der Dortmunder Branche auch bei Thier eine Aufwärtsbewegung festzustellen. Im Geschäftsjahr 1971/72 erreichte die Bierproduktion bei der Privatbrauerei einen Stand von 480954 hl und konnte damit annährend die Werte aus den wirtschaftlich erfolgreichsten Jahren zwischen 1961 und 1965 erreichen. Allerdings zeigte die Ausstoßentwicklung nach 1972 bei der Privatbrauerei wiederum für einige Jahre eine sinkende Tendenz.[384]

Bei der Neuausrichtung der Absatzpolitik seit den späten 1960er Jahren berücksichtigte die Brauerei auch Ergebnisse aus Verbraucherbefragungen, in denen die Konsumenten die Marke Thier sowohl mit positiven Bezugspunkten wie „qualitätsvoll und traditionsbezogen" aber auch mit Assoziationen wie „weniger modern, dynamisch und fortschrittlich" in Verbindung brachten.[385] Zudem gaben die Befragungen vermehrt Aufschluss über die „Struktur" der typischen Thier-Kunden: So zählten vor allem Verbraucher aus dem breiten Mittelstand und ältere Menschen zur Kundschaft der Brauerei. Typische Thier-Trinker wurden als „elegante Konsumenten" und „gutmütige Familienväter" beschrieben.[386]

Mit der Betonung des Qualitätscharakters in der Absatzpolitik sollten nicht nur die positiven Assoziationen der Verbraucher berücksichtigt werden, auch diente diese Strategie einer besseren Abgrenzung von den Dortmunder Großbrauereien DUB und DAB, die zunehmend unter einem schlechteren Qualitätsimage zu leiden hatten, was sich auf den gesamten Braustandort Dortmund niederschlug.[387] Die Tradition als Privatbrauerei sollte mit einem gehobenen und zeitgemäßen Anspruch verbunden werden. Obwohl die Sozialstruktur der typischen Thier-Konsumenten stärker eingegrenzt werden konnte, lehnte die Brauerei eine segmentierte Marktbearbeitung nach Zielgruppen ab, da dies auf einem regionalen Markt die Absatzchancen enorm verschlechtern würde. Junge und alte Biertrinker sollten mit der neuen Werbung gleichermaßen angesprochen werden.[388]

Allerdings legte die Werbung ein noch stärkeres Gewicht auf die Sorte Pils und hatte als Ziel, das Unternehmen als Brauerei mit der längsten Pils-Tradition in Dortmund hervorzuheben.[389] Eine Abkehr vom Exportbier fand jedoch nicht statt: Thier blieb weiterhin eine Sortimentsbrauerei und plante keine Neuausrichtung als Pils-Spezialist. Vielmehr sollte Pilsener als Sortimentsführer etabliert werden.[390] Die Vertriebsbemühungen der Thier-Brauerei wurden seit 1970 auf das sogenannte Intensivgebiet konzentriert, zu dem neben Dortmund und einem Großteil des Ruhrgebiets auch Regionen im Münsterland und in Ostwestfalen gehörten. In diesem Bereich war eine systematische Bearbeitung des Lebensmittel-Einzelhandels geplant, um den Flaschenbierabsatz weiter zu forcieren.[391] Im Intensivgebiet sollte die Marke als Sortimentsangebot durchgesetzt werden, während im erweiterten Absatzgebiet, in Regionen in Nord- und inzwischen auch Süddeutschland, lediglich eine Profilierung der Marke als Spezialangebot stattfinden sollte.[392]

Aus dem Sortiment der Dachmarke „Thier“ herausgelöst wurde das Malzbier „Thier-Kindl“. Gemeinsam mit weiteren Privatbrauereien aus der Brau-Kooperations-GmbH brachte die Thier-Brauerei seit 1971 als Franchise-Nehmer die Malzbiermarke „Vitamalz“ auf den Markt. Bis 1973 hatten sich insgesamt 21 Brauereien dem Vitamalz-Verbund angeschlossen und setzten ihre Malzbiere fortan unter dem gleichen Markennamen ab. Mit einer bundesweit einheitlichen Werbung, an der sich auch prominente Identifikationsfiguren wie Franz Beckenbauer beteiligten, sollte das Malzbier als erfrischendes Getränk für die ganze Familie positioniert werden und das Image als Nährbier für Kleinkinder und werdende Mütter verlieren. Während Versuche zur Schaffung eines nationalen Markenbiers gescheitert oder in der Planungsphase stecken geblieben waren, konnte ein solches Vorhaben zumindest bei Spezialprodukten wie dem Malzbier erfolgreich umgesetzt werden.[393]

Ein besonderes Merkmal der Werbung und Verkaufsförderung für die Thier-Biere war der „Aktionscharakter", mit dem die Brauerei bei den Konsumenten, aber auch innerhalb der Branche auf sich aufmerksam machte. Seit 1969 begannen Werbeaktionen für sogenannte Party-Fäßchen, die passend zu Festtagen wie Weihnachten und Ostern besonders forciert und mit Gewinnspielen für Verbraucher und Händler gekoppelt wurden. Bei der neuen Flaschenausstattung Anfang 1970 hatte die Brauerei eine Gutschein-Aktion und weitere Preisausschreiben eingesetzt.[394]

In den 1970er Jahren wurden die Verkaufsförderungsmaßnahmen mit Aktionscharakter weiter ausgebaut, systematisiert und zu einer wichtigen Säule in der Kommunikationspolitik gemacht. Mit zahlreichen Aktionen sollte das verstaubte Imagebild der Brauerei dynamisiert und ein Gegenpol zur Privatbrauerei Dortmunder Kronen geschaffen werden, die unter den Dortmunder Brauereien bei den Konsumenten zwar den besten Ruf genoss, jedoch gleichzeitig als sehr konservativ galt.[395] So wies der Werbeplan für das im Oktober 1970 begonnene Braujahr 1970/71 neben tagesgenau geplanten Verkaufsförderungsmaßnahmen für Händler und Kunden und einer detaillierten Anzeigenplanung auch die Herausgabe einer eigenen achtseitigen Zeitschrift, der „Thier-Pils-Illustrierten" aus, die mit einer Auflage von einer Million Exemplaren bei Händlern und Gastwirten verteilt wurde. Zudem beteiligte sich die Brauerei mit Gutscheinaktionen und Werbegeschenken an zahlreichen Neueröffnungen von Lebensmittel-Geschäften, wodurch die Distribution von Thier-Bieren in neuen Supermärkten sichergestellt und der Kontakt zu den Händlern intensiviert werden sollte.[396] Höhepunkt der Verkaufsaktionen waren die Thier-Pils-Wochen in den umsatzstarken Sommermonaten mit einer großen Abschlussparty in der Westfalenhalle.[397]

Als prägendes Symbol und Blickfang in der Werbung setzte die Brauerei seit 1970 für mehrere Jahre den sogenannten Mehrhandhumpen ein, einen Bierkrug mit drei Griffen. Dieses Gefäß sollte nach den Vorstellungen der Werbeplaner den Konsumenten Originalität vermitteln, Aufmerksamkeit erregen, ein Gesprächsthema bieten sowie signalisieren, dass „alle Hände nach Thier-Bier greifen".[398] Die Werbung wurde durch Fernsehspots im WDR, Kinospots und Anzeigen in Tageszeitungen getragen, in der das Wort „Privat" eine hervorgehobene Stellung bekam.[399] Der Schwerpunkt lag jedoch neben den erläuterten Verkaufsförderungsmaßnahmen bei Großflächenplakaten, deren Gewichtung weiter ausgebaut wurde und Ende der 1970er Jahre 90 % des Werbeetats der Brauerei beanspruchte.[400]

Die Werbe- und Verkaufsförderungsmaßnahmen mit Aktionscharakter setzten sich bis zum Ende der 1970er Jahre fort. So wurden die „Thier-Pils-Wochen" mit Party-Aktionen in den angeschlossenen Gaststätten und einer großen Abschlussparty in der Westfalenhalle mehrfach wiederholt.[401] Mit diesen Marketing-Maßnahmen machte das Unternehmen zwar bundesweit innerhalb der Branche auf sich aufmerksam, jedoch ging der Novitätsbonus in den folgenden Jahren verloren, da auch andere Brauereien ähnliche Werbeaktionen konzipierten und die Gefahr bestand, dass die Verbraucher durch solche Maßnahmen übersättigt wurden.[402]

Zur Imageprofilierung in der Öffentlichkeit setzte die Thier-Brauerei außerdem auf Sponsorentätigkeit und „social marketing". Dabei übernahm das Unternehmen durchaus eine Vorreiterrolle, da Werbung in diesen Bereichen in der Bundesrepublik erst in den 1970er Jahren langsam Fuß fasste.[403] Seit 1972 unterstützte die Privatbrauerei den Wildpark Voss-Winkel im nahe gelegenen Sauerland. Hierbei wurde eine Zusammenarbeit mit dem Wildpark zum Ausbau zu einem Freizeitzentrum in der Randlage des Ruhrgebiets vereinbart.[404]

Auch Sportsponsoring hatte sich in der Bundesrepublik in den 1970er Jahren erst langsam etabliert. Die Thier-Brauerei begann bereits 1970 mit der finanziellen Förderung des Leichtathletik-Vereins OSC Dortmund. Diese Förderung erreichte 1973 ihren Höhepunkt, als der Sportverein zum OSC Thier umbenannt und das Firmenlogo zum Vereinslogo wurde.[405] 1977 hatte die Brauerei außerdem eine Sponsorentätigkeit mit Trikotwerbung für den Fußballverein Borussia

Abb. 11: Werbeanzeige der Brauerei Thier & Co., 1970 (Quelle: WWA, F 122 Nr. 5166)

Dortmund (BVB) in Erwägung gezogen, von der das Unternehmen nach Beratungen mit einer Werbeagentur jedoch wieder absah. So befürchtete die Brauerei, dass sich das Firmenlogo auf den Trikots des BVB negativ auf den Absatz in anderen Regionen außerhalb Dortmunds, speziell in Gelsenkirchen und Essen, auswirken könnte. Auch sei die Trikotwerbung nach Einschätzung der Agentur kein Garant für eine positive Verbreitung des Namens, da ein Erfolg dieser Maßnahme eng mit dem sportlichen Erfolg des Vereins verbunden sei.[406]

Entgegen dem allgemeinen Trend in Dortmund konnte die Thier-Brauerei ähnlich wie die Privatbrauerei Kronen nach dem Einbruch der Ausstoßzahlen seit 1972 wieder steigende Produktionszahlen vermelden. Die Ausstoßzahlen bei Thier erreichten im Geschäftsjahr 1974/75 einen Wert von 462 262 hl.[407] Somit scheint in dieser Zeit die neue Absatzausrichtung und die Profilierung als Privatbrauerei gewisse Erfolge gezeigt zu haben. Zum 120-jährigen Bestehen 1975 konstatierte die Geschäftsführung, dass Thier mit über 60 % die Dortmunder Brauerei mit dem höchsten Pilsanteil sei. Herausgehoben wurde auch ein überdurchschnittlicher Fassbier-Anteil von 44 %.[408]

Im Vergleich zu anderen Dortmunder Braustätten konnte Thier seine Marktstellung relativ gut behaupten, sich allerdings im Erscheinungsbild nicht sehr stark von anderen Dortmunder Brauereien absetzen. So gestanden Händler von Thier-Bier in Expertengesprächen mit der Gesellschaft für Konsumforschung (GFK) der Brauerei nur ein durchschnittliches Image zu. Eine klare Markenkonzeption wurde eher der Dortmunder Privatbrauerei Kronen nachgesagt. Einige Gesprächspartner empfahlen der Brauerei zudem, noch stärker im Preiskampf mitzumischen.[409]

Ein solcher Absatzkampf kam für die Brauerei allerdings nicht in Frage. Thier war weiterhin bestrebt, über einen vergleichsweise hohen Verkaufspreis den Qualitätscharakter seiner Biere zu betonen. Die Produkte sollten mit einem einheitlichen Preis im gesamten Absatzgebiet den Markencharakter unterstreichen, der Händler sollte nur noch eine Verteilerfunktion übernehmen. Angesichts des harten Absatzkampfs auf dem Flaschenbiermarkt und der höheren Nachfragemacht des Handels gestaltete sich dieses Ziel jedoch als äußerst schwierig: Aktionspreise in Einzelhandelsgeschäften, die den Verkaufspreis für Thier zeitweise auf das Niveau von Billigbieren drückten, konnten von der Brauerei trotz Gesprächen mit den Einzelhändlern nicht verhindert werden.[410]

6 Fazit und Ausblick

Bei der Betrachtung der wirtschaftlichen Entwicklung der Dortmunder Brauindustrie nach dem Zweiten Weltkrieg fallen vor allem die überdurchschnittlichen Ausstoßsteigerungen bis zum Beginn der 1960er Jahre auf, die die gleichzeitig rasant ansteigende Bierproduktion in der gesamten Bundesrepublik weit in den Schatten stellten. Dieser imposante Wiederaufstieg seit 1949 war deshalb möglich, weil die durch Kriegszerstörungen schwer geschädigten Dortmunder Brauereien die Phase von Brauverboten und Dünnbieren für ihren Wiederaufbau und die Modernisierung nutzen konnten, die rechtzeitig mit dem Anstieg der Biernachfrage abgeschlossen waren. Zwar gab es eine ähnliche Entwicklung in anderen Ballungszentren der Bundesrepublik, doch die Betriebe in Dortmund profitierten wie keine andere lokale Bierbranche während der sogenannten „Wirtschaftswunder-Ära“ von einer großen Bevölkerungszahl in unmittelbarer Umgebung. Hinzu kamen die überdurchschnittlichen Einkommensverbesserungen der Menschen im Ruhrgebiet, das sich nach dem Zweiten Weltkrieg zur Leitregion des industriellen Wachstums in der Bundesrepublik entwickelte.

Eine starke Absatzorientierung in der Unternehmensführung hatte für diesen Aufstieg keine hohe Bedeutung. Die Brauereien profitierten vom Markenstatus des Dortmunder Biers, den sich die Betriebe bereits seit dem frühen 20. Jahrhundert aufgebaut hatten. Diese Markenpolitik setzten die Dortmunder ohne wesentliche Änderungen fort und betrachteten angesichts der zunächst überdurchschnittlichen Steigerungsraten „Dortmunder Bier“ als Selbstläufer auf den Verkäufermärkten der Nachkriegszeit. Eine systematische Kommunikationspolitik blieb weitgehend aus oder war auf eine Namens- und Gemeinschaftswerbung beschränkt, obwohl es den Dortmunder Brauereien aufgrund ihrer vergleichsweise hohen Kapitalkraft möglich gewesen wäre, in diesen Bereich zu investieren. Doch ebenso stolz, wie die Braubetriebe in dieser Zeit ihr Exportbier als das Getränk für die schwer arbeitende Bevölkerung propagierten, waren die Unternehmen auch, dass der wirtschaftliche Erfolg ohne einen wesentlichen Einsatz von Werbemitteln zustande kam.

Absatzschwierigkeiten wurden bei den Dortmunder Brauereien erst nach 1965 deutlicher thematisiert, obwohl es schon Anfang der 1960er Jahre erste Anzeichen für einen Wandel der Geschmackspräferenzen beim Bierkonsum gab. Die unterdurchschnittlichen Zuwachsraten seit 1961 gaben den Brauereien zunächst aber keinen Grund zur Sorge. Erst als die Ausstoßstatistik rückläufige Ergebnisse anzeigte und die Nachfrage nach Pilsener Bieren deutlich anstieg, war ein langsames Umdenken bei den Unternehmen zu erkennen. Doch anstatt die Absatzpolitik intensiv auf den Prüfstand zu stellen und die neuen Wünsche der Konsumenten genauer zu hinterfragen, versteckten die Betriebe die rückläufige Nachfrage nach Dortmunder Bier lange hinter den allgemeinen wirtschaftlichen Schwierigkeiten auf dem Heimatmarkt, sodass der Bedeutungsverlust häufig als natürliche Folge des Niedergangs der Montanindustrie gedeutet wurde. Diese Untersuchung hat jedoch gezeigt, dass diese Erklärung nicht nur aufgrund der weit ausgedehnten Absatzmärkte viel zu kurz gegriffen ist, wie es auch Heinrich Tappe in seinen Thesen zum wirtschaftlichen Niedergang der Dortmunder Brauindustrie bereits unterstreicht.[411] Schließlich wirkte sich die wirtschaftliche Entwicklung nur sehr gering auf die Biernachfrage in der Bundesrepublik aus.

Die Brauereien hatten die erstarkte Nachfragemacht der immer besser verdienenden Konsumenten zunächst wenig beachtet. Als Absatzprobleme in Dortmund offensichtlicher wurden, war in der westdeutschen Konsumgüterindustrie ein Wandel vom Verkäufer- zum Käufermarkt längst im vollen Gange. Den Verbrauchern stand auf dem Biermarkt nicht nur eine immer größere Auswahl verschiedener Marken und Sorten zur Verfügung, auch fragten die Konsumenten Bier nicht mehr als reinen „Durstlöscher“, sondern vielmehr zur Befriedigung neuer Genuss- und Prestigebedürfnisse nach. Eine Biersorte wie das traditionelle Export, das noch am ehesten den Charakter eines Nahrungsmittels hatte, konnte diese Ansprüche nicht mehr erfüllen.

Andere Brauereien hatten diese Nachfragemuster viel früher erkannt und ihre Absatzpolitik auf die neuen Konsumwünsche ausgerichtet. Vor allem konnten sie mit Hilfe der Werbung eine künstliche „Heterogenisierung“ des lange als sehr homogen betrachteten Produkts Bier herstellen. Als in der Dortmunder Brauindustrie die Absatzpolitik in den späten 1960er Jahren einen spürbaren Bedeutungsgewinn erfuhr, liefen die Brauereien aus der westfälischen Industriemetropole den neuen Konsumtrends bereits hinterher. Trotz oder gerade wegen ihrer Führungsrolle in der Bierbranche war der Strukturwandel in der Absatzpolitik erst eine Reaktion auf wirtschaftliche Schwierigkeiten und auf die neue und erfolgreiche Geschäftspolitik der Konkurrenz, die in diesem Bereich neue Maßstäbe setzte.

Verstärkt wurde der härtere Absatzkampf auf dem Biermarkt durch zunehmende Sättigungstendenzen. Doch auch hier waren die Dortmunder Brauereien erst spät einsichtig. Selbstkritisch formulierte es 1972 der Betriebsratsvorsitzende der DUB: „Aber wie oft haben wir uns bei dem Streben nach mehr dabei erwischt, dass wir glauben, diese Aufwärtsbewegung sei doch eine Dauererscheinung“[412]. Erst spät registrierten nicht nur die Dortmunder, sondern auch viele andere Brauereien, dass neue Marktanteile nur noch auf Kosten der Konkurrenz gewonnen werden können. Wenige Unternehmen hatten diese Entwicklung rechtzeitig erkannt und entsprechend eine offensive Absatzpolitik zur Geschäftsstrategie erklärt. Zumeist waren diese Brauereien Privatunternehmen, was noch einmal deutlich bestätigt, dass in der bundesdeutschen Brauwirtschaft anders als in anderen Ländern Größenvorteile von Konzernbrauereien nicht zwangsläufig Erfolgsgarant und Wachstumsmotor waren.

Mit der langsamen Neuausrichtung der Absatzpolitik seit den späten 1960er Jahren hatten alle Dortmunder Brauereien gemeinsam, sich nach der jahrzehntelangen Dominanz des traditionellen Exportbiers auch als Braustätte für Pilsener Bier zu profilieren. Eine komplette Abkehr vom Exportbier gab es in keinem Unternehmen. Hier wirkten wohl Pfadabhängigkeiten aus der einseitigen Absatzpolitik der Vergangenheit. Alle Betriebe richteten sich als Sortimentsbrauerei aus, die Exportbier, Pilsener und andere Sorten im Angebot hatten. Doch die Dortmunder hätten nicht nur die aufstrebenden Premium-Brauereien, sondern auch sich selbst als Beispiel heranziehen können, dass Ein-Marken-Strategien einen größeren wirtschaftlichen Erfolg auf dem Biermarkt versprachen.

Spätestens in den 1970er Jahren hatten alle Braubetriebe in Dortmund den Trend zu einer marktorientierten Absatzpolitik erkannt und besetzten gemessen an den Werbeinvestitionen wieder Spitzenplätze in der deutschen Brauwirtschaft. Während sich die Braukonzerne der Stadt zunächst mit wechselndem Erfolg den Marketing-Trends anderer „Brau-Riesen" anschlossen, versuchten die Unternehmen Thier und Kronen ihren Status als Privatbrauereien in der Absatzpolitik auszuspielen, womit viele Konkurrenzbetriebe auf dem Biermarkt große Erfolge hatten. Gerade die Betrachtung der Thier-Brauerei zeigt, dass eine individuelle und für die damalige Zeit innovative Absatzpolitik im Vergleich zu anderen Betrieben in der Stadt gewisse Absatzerfolge erzielen konnte.

Jedoch wurde immer deutlicher, dass auch diese Brauereien nicht dauerhaft aus dem Schatten der großen Brau-Aktiengesellschaften heraustreten konnten. Vielmehr stand dem gesamten Braustandort Dortmund spätestens seit den 1970er Jahren ein massives Imageproblem im Weg, aus dem sich die Unternehmen nicht mehr befreien konnten. Auch eine stärker konsumentenorientierte Absatzpolitik, die aus den Dortmunder Betrieben nicht mehr wegzudenken war, konnte dieses Problem nicht völlig auflösen.

Die Dortmunder Brauindustrie hatte nach dem Zweiten Weltkrieg zu spät die neuen Bedürfnisse der Konsumenten realisiert und die Verbraucher als einen ernst zu nehmenden Marktpartner in den Mittelpunkt ihrer Geschäftspolitik gesetzt. Scheinbar „stolz und unbelehrbar"[413], wie es Josef Pschorr ausdrückt, haben sie lange die neuen

Erwartungen der Verbraucher nach Genuss und Prestige beim Bierkonsum missachtet und diese erst berücksichtigt, als wirtschaftliche Schwierigkeiten immer offensichtlicher wurden. Marktanteile, die die Betriebe der westfälischen Biermetropole bereits an andere Brauereien verloren hatten, konnten auch durch eine neue Absatzorientierung nicht mehr zurück gewonnen werden. Zu lange hatten sich die Brauereien in Dortmund auf ihren Status als mächtige Bierstadt berufen und dabei geglaubt, die Aufwärtsentwicklung auf dem Biermarkt würde kein Ende finden. Erst langsam haben sie bemerkt, dass sich der gute Ruf der Marke „Dortmunder" in ein schlechtes Image umgewandelt hatte und die Verbraucher „Dortmunder" zunehmend mit eher negativen Assoziationen wie „Massenproduktion" und „Arbeiterbier" in Verbindung brachten. Die eigene Markenpflege mit der einseitigen Ausrichtung zum Exportbier und die jahrelange Profilierung als Bierhauptstadt mit Rekord-Ausstößen und „Hektoliter-Millionären" schien den Brauereien nach den riesigen Erfolgen seit den späten 1960er Jahren zum Verhängnis geworden zu sein. Natürlich hätte eine früh einsetzende marktorientierte Absatzpolitik den Konzentrationsprozess nicht völlig verhindern, jedoch auf diese Entwicklung eine bremsende Funktion ausüben können. Wie die Betrachtung der bundesdeutschen Brauwirtschaft zeigt, ist dies aber nur dann möglich, wenn eine solche Unternehmenspolitik nicht erst als Folge wirtschaftlicher Schwierigkeiten Einzug hält.

Bei der weiteren Entwicklung der Dortmunder Brauindustrie fallen nach den massiven Produktionsrückgängen Mitte der 1970er Jahre die kurzzeitigen Ausstoßsteigerungen zu Beginn der 1980er Jahre auf, bis es wiederum zu einem massiven Einbruch kam.[414] Wie diese kurze „Erholung" zustande kam, kann an dieser Stelle nicht eindeutig beantwortet werden. Vermutlich beruhten diese Zuwächse aber nicht auf einer Festigung der traditionellen Dortmunder Biermarken, sondern eher auf der Hereinnahme von Billigbieren zur Auslastung der Produktion. Aufgrund der noch fehlenden Zugänglichkeit der Quellen muss eine belegbare Antwort jedoch zukünftigen Untersuchungen überlassen werden.

Nachdem sich von 1924 bis Anfang der 1970er Jahre die Zahl der Brauereien in Dortmund lediglich von acht auf sieben Unternehmen verringert hatte, verschärfte sich in den 1980er Jahren der Konzentrationsprozess: Seit 1987 befand sich die Stifts-Brauerei im Besitz der Privatbrauerei Kronen.[415] Aus dem Unternehmen DUB-Schultheiss ging 1988 der Getränkekonzern Brau und Brunnen hervor, der 1989 die Ritter-Brauerei vollständig übernahm, mit der zuvor schon ein Gewinnabführungsvertrag bestand. 1994 gab Brau und Brunnen die traditionelle und markante Union-Betriebsstätte in der Innenstadt auf und verlagerte die Produktion auf den modernisierten und ausgebauten Ritter-Standort in Lütgendortmund.[416] Die Thier-Brauerei verlor 1992 ihre Selbstständigkeit und wurde durch die Kronen-Brauerei übernommen, die selbst nur vier weitere Jahre ein eigenständiges Unternehmen blieb. 1996 wurde Kronen in die DAB eingegliedert, die wie erläutert seit den 1970er Jahren Teil der Oetker-Gruppe war.[417] Mit der Übernahme von Brau und Brunnen durch den Oetker-Konzern befanden sich seit 2004 die beiden verbliebenen Dortmunder Brauereien unter dem Dach der Oetker-Tochter Radeberger. Seit der Schließung des Standorts in Lütgendortmund im Jahr 2005 werden alle Dortmunder Traditionsmarken heute bei der DAB in der Dortmunder Nordstadt gebraut.[418] Die jährliche Ausstoßleistung der einzig verbliebenen Großbrauerei wird vom Unternehmen nicht veröffentlicht, jedoch auf 2,5 Mio. hl geschätzt, was etwa der Ausstoßmenge aller Dortmunder Brauereien in den frühen 1950er Jahren entspricht, als der rasante Wiederaufstieg bei den Betrieben in der westfälischen Industriemetropole begann.[419]

Tab. 1: Kennzahlen der Entwicklung des Biermarkts in der Bundesrepublik Deutschland und Nordrhein-Westfalen in den Geschäftsjahren 1950–1985

Jahr	BRD Gesamtausstoß in hl	NRW Gesamtausstoß in hl	Bierverbrauch Pro-Kopf und Jahr in der BRD in Liter	Anzahl der gewerblichen Brauereien in der BRD
1950	18 176 000	4 013 764	35,6	
1951	23 916 000	5 728 546	49,9	
1952	27 309 000	6 634 054	52,0	
1953	30 521 000	7 502 780	57,6	
1954	31 981 000	8 009 846	59,8	
1955	36 130 000	9 775 331	67,0	
1956	39 381 000	10 543 908	72,3	2280
1957	45 463 000	11 798 342	82,7	2274
1958	47 809 000	12 451 838	86,0	2241
1959	51 645 000	13 773 060	92,0	2219
1960	53 739 000	14 187 293	94,7	2218
1961	58 263 000	15 479 234	101,6	2186
1962	62 140 000	16 308 878	107,3	2155
1963	66 384 000	17 687 070	113,3	2125
1964	72 315 000	19 671 171	122,4	2083
1965	73 178 000	19 960 086	122,1	2034
1966	76 099 000	20 397 948	125,9	1998
1967	77 263 000	20 863 040	127,2	1963
1968	79 126 000	21 913 923	129,4	1908
1969	83 981 000	23 560 969	135,7	1864
1970	87 051 000	24 719 641	141,1	1815
1971	90 035 000	25 676 541	144,4	1777
1972	91 044 000	26 251 552	145,3	1723
1973	92 467 000	26 697 676	146,7	1667
1974	92 785 000	27 229 415	146,9	1636
1975	93 457 000	27 413 735	147,8	1568
1976	95 679 000	27 767 294	151,0	1525
1977	94 347 000	26 941 838	148,9	1490
1978	91 656 000	26 368 618	145,9	1447
1979	91 643 000	26 418 535	145,4	1406
1980	92 342 000	26 922 353	145,9	1364
1981	93 721 000	27 363 028	147,1	1328
1982	94 826 000	27 735 377	148,2	1292
1983	94 983 000	27 845 299	148,7	1268
1984	92 585 000	27 023 372	144,8	1248
1985	93 303 000	27 130 000	145,8	1219

Quellen: Statistische Berichte des Verbandes Rheinisch-Westfälischer Brauereien, WWA, S 7 Nr. 589, Deutscher Brauer-Bund, zitiert nach Wiese, S. 337, und Geschäftsberichte des Verbandes Dortmunder Bierbrauer, WWA, S 7 Nr. 590.

Tab. 2: Ausstoßstatistik der Dortmunder Brauindustrie in den Geschäftsjahren 1948–1985

Jahr	Gesamtausstoß in hl	Veränderung gegenüber dem Vorjahr in %	Anteil des Flaschenbiers am Gesamtausstoß in %	Anteil des Pilsbieres am Gesamtausstoß in %	Dortmunder Anteil am Gesamtausstoß der BRD in %	Dortmunder Anteil am Gesamtausstoß von NRW in %
1948	612 409					
1949	814 076	32,9	29,8	13,8	5,4	28,0
1950	1 240 253	52,4	38,1	14,4	6,8	30,9
1951	1 941 977	56,6	41,1	12,4	8,1	33,9
1952	2 321 919	19,6	40,9	10,6	8,5	35,0
1953	2 663 487	14,7	41,4	9,5	8,7	35,5
1954	3 259 681	22,4	42,2	8,9	9,0	35,8
1955	3 609 514	10,7	43,5	8,4	9,6	36,5
1956	3 901 246	8,1	45,2	7,8	9,7	37,0
1957	4 468 156	14,5	46,1	7,4	9,8	37,9
1958	4 887 666	9,4	47,3	7,0	10,2	39,3
1959	5 505 938	12,6	49,3	6,8	10,7	40,0
1960	5 588 072	1,5	50,1	7,1	10,4	39,4
1961	6 018 362	7,7	51,6	7,8	10,3	38,9
1962	6 187 329	2,8	52,4	8,3	10,0	37,9
1963	6 661 173	7,7	54	8,9	10,0	37,7
1964	7 378 930	10,8	55,5	9,8	10,2	37,5
1965	7 391 212	0,2	56,7	11,9	10,1	37,0
1966	7 119 994	-3,7	57,2	13,9	9,4	34,9
1967	6 986 372	-1,9	57,4	16,9	9,0	33,5
1968	6 979 549	-0,1	56,8	18,8	8,8	31,8
1969	7 236 399	3,7	57,4	22,2	8,6	30,7
1970	7 374 535	1,9	57,6	24,3	8,5	29,8
1971	7 477 391	1,4	59	28,1	8,3	29,1
1972	7 637 292	2,1	60,1	33,3	8,4	29,1
1973	7 461 672	-2,3	62,2	37,7	8,1	27,9
1974	7 319 995	-1,9			7,9	26,9
1975	7 371 313	0,7			7,9	26,9
1976	7 024 536	-4,7			7,3	25,3
1977	6 597 907	-6,1			7,0	24,5
1978	6 334 198	-4,0			6,9	24,0
1979	6 426 199	1,5			7,0	24,3
1980	6 785 439	5,6			7,3	25,2
1981	7 156 524	5,5			7,6	26,2
1982	7 155 478	0,0			7,5	25,8
1983	6 978 312	-2,5			7,3	25,1
1984	6 590 727	-5,6			7,1	24,4
1985	6 546 127	-0,7			7,0	24,1

Quellen: Geschäftsberichte des Verbandes Dortmunder Bierbrauer, WWA, S 7 Nr. 590 und Geschäftsberichte des Verbandes Rheinisch-Westfälischer Brauereien, WWA, S 7 Nr. 589.

Anmerkungen

Bei den unter WWA, F 122 genannten Nummern handelt es sich um vorläufige Signaturen.

1 Der vorliegende Beitrag ist die leicht überarbeitete Fassung einer Abschlussarbeit, die im April 2009 für den Master-Studiengang Wirtschafts- und Sozialgeschichte an der Georg-August-Universität Göttingen eingereicht wurde.

2 Vgl. Ewald Brandfass: Rede zur 100-Jahr-Feier der Dortmunder Union, in: Union-Brauerei Aktiengesellschaft (DUB): Ansprachen und Festvortrag anlässlich des 100-jährigen Bestehens der Dortmunder Union-Brauerei Aktiengesellschaft, o. O., o. J. [Dortmund 1973], S. 17.

3 Vgl. Heinrich Tappe (Hg.): Brauerei-Museum Dortmund, Dortmund 2006, S. 41.

4 Vgl. Hartmut Berghoff: Moderne Unternehmensgeschichte. Eine themen- und theorieorientierte Einführung, Paderborn u. a. 2004, S. 313.

5 Vgl. Tanja Bessler-Worbs: Die Annäherung an den Verbraucher. Werbe- und Marketingkonzeptionen Dortmunder Brauereien von den 1920er bis zu den 1970er Jahren, in: Christian Kleinschmidt und Florian Triebel (Hg.): Marketing. Historische Aspekte der Wettbewerbs- und Absatzpolitik, Essen 2004 (= Bochumer Schriften zur Unternehmens- und Industriegeschichte 13), S. 135–157.

6 Vgl. u. a. Heinrich Tappe: Dortmunder Bierproduktion und -ausfuhr, in: Gesellschaft für Geschichte des Brauwesens e. V.: Jahrbuch 2005, Berlin 2004, S. 49–84.

7 Vgl. Frank Wiese: Strukturwandel im deutschen Biermarkt. Eine Analyse unter besonderer Berücksichtigung des Konsumentenverhaltens und der Absatzpolitik der Brauereien, Köln 1993.

8 Vgl. Uwe Spiekermann: Biermarkt und Bierkonsum im 19. und 20. Jahrhundert (Tagungsbericht), in: Archiv und Wissenschaft 40 (2007), S. 153–158, hier S. 153 ff.

9 Vgl. Franz Suntrup: Dortmunds Braugewerbe im Wandel der Zeit, in: Brauwelt 45 (1964), S. 822–829, hier S. 822.

10 Vgl. Tappe, Bierproduktion, S. 50; Clemens Wischermann: Zur Industrialisierung des deutschen Braugewerbes im 19. Jahrhundert: Das Beispiel der Reichsgräflich zu Stolbergschen Brauerei Westheim in Westfalen 1860–1913, in: Zeitschrift für Unternehmensgeschichte 30 (1985), S. 143–180, hier S. 147 ff. Untergäriges Bier wird bei Temperaturen zwischen 5 und 10 Grad Celsius gegoren, wobei sich die Hefe auf dem Boden absetzt. Obergäriges Bier gärt dagegen bei 15 bis 20 Grad Celsius. Die Hefe sammelt sich bei dieser Methode an der Oberfläche (vgl. Wiese, S. 131 f.).

11 1882: Dortmunder Löwenbrauerei AG, 1883: Dortmunder Viktoria Brauerei AG, 1889: Germania-Brauerei AG und Dortmunder Ritterbrauerei AG, 1894: Kaiser-Brauerei AG, 1896: Dortmunder Bürgerliches Brauhaus

AG, 1898: Bergschlößchen-Brauerei, 1899: Gilden-Brauerei AG, 1900: Stiftsbrauerei AG, 1902: Dortmunder Hansa Brauerei AG, 1905: Glückauf-Brauerei AG, 1906: Dortmunder Westfalia Brauerei AG, 1908: Tremonia Brauerei AG (vgl. Angela Zatsch: Die Brauwirtschaft Westfalens. Ein Wegbereiter modernen Getränkekonsums, in: Hans Jürgen Teuteberg (Hg.): Durchbruch zum modernen Massenkonsum. Lebensmittelmärkte und Lebensmittelqualität im Städtewachstum des Industriezeitalters, Münster 1987 (= Studien zur Geschichte des Alltags 8), S. 237–276, hier S. 268 f.; Heinrich Frisch: Die Konzentration in der Dortmunder Brauindustrie, Dortmund 1934, S. 13).

12 Vgl. Tappe, Bierproduktion, S. 51.

13 Vgl. Mikuláš Teich: The mass production of draught and bottled beer in Germany, 1880–1914, in: T. R. Gourvish und R. G. Wilson (Hg.): The Dynamics of the International Brewing Industry since 1800, London 1998, S. 75–79, hier S. 75.

14 Vgl. Theobald Simon: Werbung für Bier, Nürnberg 1960, S. 24. Die enge wirtschaftliche Abhängigkeit wurde durch die Brauer schon damals deutlich hervorgehoben (vgl. Roman Köster: Die Konzentrationsbewegung in der Dortmunder Brauindustrie 1914–1924. Das Beispiel der Dortmunder Actien-Brauerei, Essen 2003 (= Bochumer Schriften zur Unternehmens- und Industriegeschichte 10), S. 23).

15 Vgl. Tappe, Bierproduktion, S. 52.

16 Vgl. Köster, S. 15 ff.; Jürgen Müller und Joachim Schwalbach: Brauereiindustrie, in: Peter Oberender (Hg.): Marktstruktur und Wettbewerb in der Bundesrepublik Deutschland, München 1984, S. 421–455, hier S. 426.

17 Vgl. Geschäftsbericht 1950/51 des Verbands Dortmunder Bierbrauer (VDB), S. 11, Westfälisches Wirtschaftsarchiv (WWA), S 7 Nr. 590; Karl-Peter Ellerbrock und Heinrich Tappe: Von der „Hektoliterwut“ zum Strukturwandel. Entwicklungslinien der Dortmunder Brauereiwirtschaft im 19. und 20. Jahrhundert, in: Heimat Dortmund 3 (2003), S. 6–8, hier S. 8.

18 Vgl. Köster, S. 9.

19 Vgl. Ellerbrock/Tappe, S. 7.

20 Um 1900 kam ein Viertel der kommerziellen Welt-Bierproduktion aus Deutschland, wobei Dortmund am Exportgeschäft massiv beteiligt war. Die Actien-Brauerei lieferte ihr Bier bereits nach Holland, Belgien, Frankreich, aber auch bis nach Indien, Japan und Australien. Zur ausführlichen Erläuterung des Dortmunder Bierexports vgl. Tappe, Bierproduktion, S. 49 ff.

21 Bier wurde zwar auch damals schon in den eigenen vier Wänden konsumiert, jedoch war es bei den Verbrauchern weit verbreitet, das Getränk für den Heimkonsum beim Gastwirt abfüllen zu lassen (vgl. Simon, Werbung für Bier, S. 45).

22 Durch die Bierlieferungsverträge wurde der Wettbewerb nicht über die Bierpreise ausgetragen. Die Verträge brachten den Brauereien eine hohe finanzielle Belastung und begründeten einen Kapitalmangel bei den Braubetrieben, da es sich in vielen Fällen nicht um Darlehen handelte, weil eine Tilgung häufig ausblieb. Zudem beschleunigte die Darlehenspraxis

den Konzentrationsprozess, da Großbetriebe in der Regel umfangreichere Möglichkeiten zur Darlehensvergabe hatten (vgl. Köster, S. 28 f.; Frisch, S. 12; Karl-Peter Ellerbrock: Geschichte der deutschen Nahrungs- und Genußmittelindustrie 1750–1914, Stuttgart 1993, S. 297).

23 Zur Jahrhundertwende wurden in Dortmund bei einer Einwohnerzahl von 130 000 Menschen etwa 400 Gasthäuser gezählt, was im Vergleich zu anderen Städten nach Ermittlungen des VDB eine sehr hohe Anzahl gewesen sei (vgl. Gunther Tilse: 75 Jahre Verband Dortmunder Bierbrauer 1898–1973, in: Gesellschaft für die Geschichte und Bibliographie des Brauwesens e. V.: Jahrbuch 1975, Berlin 1974, S. 83–107, hier S. 84).

24 Vgl. Thomas Stötter: Unternehmenszusammenschlüsse als Wachstumsalternative. Eine Darstellung und kritische Beurteilung des externen Unternehmenswachstums am Beispiel der deutschen Brauindustrie, Frankfurt/M./München 1976 (= Europäische Hochschulschriften, Reihe 5, 128), S. 83 f.; Bessler-Worbs, Annäherung, S. 135 ff.

25 Vgl. Bessler-Worbs, Annäherung, S. 137 ff.; Simon, Werbung für Bier, S. 83 f. Die Gemeinschaftswerbung diente auch der Abwehr einer Biersteuererhöhung, die letztlich 1930 durchgesetzt werden konnte (vgl. ebd.).

26 Vgl. Theobald Simon: Werbung auf neuen Wegen, in: Der Volkswirt 26 (1952), Beilage „Brauereien", S. 16.

27 Vgl. Bessler-Worbs, Annäherung, S. 139 f.

28 Über die Entstehung des Dortmunder Biertyps gibt es zahlreiche Legenden, da mehrere Brauereien von sich behaupten, das erste Dortmunder „Helle" hergestellt zu haben. Sicher ist, dass in den 1880er Jahren die meisten Dortmunder Betriebe mit der Herstellung dieses Biertyps begannen. Zur Geschichte und den dazugehörigen Debatten vgl. Suntrup, S. 823; Heinrich Tappe: Wer braute zuerst das Dortmunder „Helle"? In: Heimat Dortmund 3 (2003), S. 26 f. Untergäriges Bier wurde deshalb als „Export" bezeichnet, da es aufgrund der guten Haltbarkeit für einen größeren Markt geeignet war (vgl. Wolfgang König: Geschichte der Konsumgesellschaft, Stuttgart 2000 (= Vierteljahrschrift für Sozial- und Wirtschaftsgeschichte, Beihefte, 154), S. 150).

29 Vgl. VDB-Geschäftsbericht 1950/51, S. 27, WWA, S 7 Nr. 590.

30 Mit der neuen Marktordnung sollte auch der extreme Wettbewerb in der Brauwirtschaft, der sich kaum noch durch einen Leistungswettbewerb auszeichnete, beseitigt werden. Aus diesem Grund wurde die Darlehensgewährung der Brauereien und Biergroßhändler an Gastwirte stark eingeschränkt und Preisunterbietungen gegenüber konkurrierenden Brauereien verboten (vgl. Wiese, S. 24 f.).

31 Vgl. Leo Thoma: Die Änderungen der Konsumgewohnheiten in ihrem Einfluss auf die Dortmunder Brauindustrie, Dipl.-Arbeit, Köln 1954, S. 3 f.

32 Vgl. Wiese, S. 25.

33 Vgl. Tappe, Bierproduktion, S. 69 f.; Walter Schmischke: Das Dortmunder Braugewerbe in Geschichte und Gegenwart, in: Brauwelt 47/48 (1957), S. 815–820, hier S. 817.

34 Vgl. Gustav Luntowski u. a.: Geschichte der Stadt Dortmund, Dortmund 1994, S. 457f.

35 Vgl. Walter Schmischke: Das Dortmunder Braugewerbe, in: Mitteilungen der Handels- und Gewerbevertretung der Industrie- und Handelskammer (IHK) zu Dortmund, Dortmund 1956, S. 1–4, hier S. 2.

36 Vgl. VDB-Geschäftsbericht 1952/53, S. 35, WWA, S 7 Nr. 590; Artikel Dortmund – Stadt der Gastwirtschaften, in: Brauwelt 59 (1955), S. 985.

37 Vgl. Thoma, S. 4; Tappe, Bierproduktion, S. 70f.

38 Aufgrund der angespannten Rohstoffversorgung wurde 1949 sogar eine „Anordnung über die Abweichung vom Reinheitsgebot" erlassen, die erst 1952 zurückgenommen wurde (vgl. Wiese, S. 26f.).

39 Vgl. DUB-Geschäftsbericht des erweiterten Geschäftsjahrs vom 21. Juni 1948 bis zum 31. Dezember 1949, S. 20, WWA, S 7 Nr. 135; Tappe, Bierproduktion, S. 71.

40 Vgl. VDB-Geschäftsbericht 1950/51, S. 11, WWA, S 7 Nr. 590.

41 Vgl. Tappe, Bierproduktion, S. 71.

42 Laut VDB ließ es die politische Entwicklung, die den Zwangsorganisationen der gewerblichen Wirtschaft eine herrschende Stellung zuerkannte, nicht zu, den Verband in seiner bisherigen Form aufrecht zu erhalten (vgl. VDB-Geschäftsbericht 1950/51, S. 1f., WWA, S 7 Nr. 590).

43 Vgl. Thoma, S. 4.

44 Vgl. L. C. Baumann: Die Brauwirtschaft Nordrhein-Westfalens, in: Statistische Rundschau für das Land Nordrhein-Westfalen (1952), Heft 1, S. 22; Tanja Bessler-Worbs: Werbung für Dortmunder Bier im Wandel eines Jahrhunderts, in: Heimat Dortmund 3 (2003), S. 45–49, hier S. 47.

45 Vgl. Wiese, S. 29.

46 Vgl. VDB-Geschäftsbericht 1950/51, S. 11, WWA, S 7 Nr. 590.

47 Vgl. Ellerbrock/Tappe, S. 8.

48 Vgl. Tappe, Bierproduktion, S. 71.

49 Vgl. Artikel Ertragsstarke Dortmunder Actien-Brauerei. Wieder 5. v. H. Dividende, in: Der Volkswirt 13 (1953), S. 24f.

50 Vgl. Tappe, Bierproduktion, S. 71.

51 Vgl. Baumann, S. 21f. In der Literatur gibt es unterschiedliche Ausstoßwerte, nach deren Überschreitung eine Brauerei als Großbetrieb bezeichnet wird. Die Landesstatistik NRW nennt 120 000 hl (vgl. ebd.), der Deutsche Brauer-Bund bezeichnet Brauereien mit einem Jahresausstoß über 200 000 hl als Großbetrieb (vgl. Wiese, S. 40f.). Andere Zählweisen nennen einen Wert von 100 000 hl Jahresausstoß (vgl. Barbara Scheffran: Die Warsteiner Brauerei 1753–2003, in: Gesellschaft für die Geschichte und Bibliographie des Brauwesens e. V.: Jahrbuch 2003, Berlin 2002, S. 7–52, hier S. 39).

52 Vgl. Tappe, Bierproduktion, S. 72.

53 Vgl. VDB-Geschäftsbericht 1950/51, S. 6f., WWA, S 7 Nr. 590.

54 Vgl. Tappe, Bierproduktion, S. 84 (Endnote 74); Walter Schmischke: Das Dortmunder Braugewerbe in Geschichte und Gegenwart, in: Brauwelt 47/48 (1957), S. 815–820, hier S. 818.

55 Vgl. Tab. 2 am Textende.

56 Vgl. Tilse, Verband, S. 102; Walter Schmischke: Das Dortmunder Braugewerbe in Geschichte und Gegenwart, in: Brauwelt 47/48 (1957), S. 815–820, hier S. 817.

57 Vgl. VDB-Geschäftsbericht 1956/57, S. 9, WWA, S 7 Nr. 590; DUB-Geschäftsbericht 1956, S. 7, WWA, S 7 Nr. 135.

58 Vgl. Bernhard Käseborn: Dortmund als Brauereistandort, Dipl.-Arbeit, Köln 1960, S. 179.

59 Vgl. Tappe, Bierproduktion, S. 72. Die DAB überschritt 1959 einen Jahresausstoß von 1 Mio. hl (vgl. VDB-Geschäftsbericht 1959/60, S. 9, WWA, S 7 Nr. 590), die Ritter-Brauerei 1964 (vgl. Artikel Dortmunder Ritter-Brauerei. Zum Jubiläum Hektolitermillionär, in: Der Volkswirt 26 (1964), S. 1319). Die Brauerei Kronenburg erreichte diese Ausstoßzahl Ende 1964 und war damit zeitweise die größte Privatbrauerei in der Bundesrepublik (vgl. Schmischke, S. 3; IHK Dortmund-Geschäftsbericht 1964, S. 167, WWA, S 6 Nr. 949).

60 Die Bergmann-Brauerei war zunächst ein Privatunternehmen, wurde jedoch 1952 in eine GmbH umgewandelt und in den Braukonzern Schultheiss (Berlin) eingegliedert. Vor der Übernahme lag der Jahresausstoß bei etwa 20 000 hl, konnte aber bis 1959 auf 50 000 hl gesteigert werden (vgl. Walter Schmischke: Das Dortmunder Braugewerbe in Geschichte und Gegenwart, in: Brauwelt 47/48 (1957), S. 815–820).

61 Vgl. Thoma, S. 37 f.

62 Vgl. Tab. 2 am Textende.

63 Vgl. Thoma, S. 32 f.

64 Vgl. Artikel „Dortmunder" – Eine Weltmarke für gutes Bier, in: Industriekurier vom 23. 06. 1960, Sonderbeilage zur Jahrestagung des Deutschen Brauer-Bundes in Hannover, S. 18.

65 Pilsener Bier war ebenso wie Export eine untergärige Biersorte, hatte aber im Vergleich zum Exportbier einen niedrigeren Stammwürzegehalt, damit auch einen geringeren Alkoholgehalt und war kalorienärmer. Geschmacklich galt es gegenüber dem Export als herber und spritziger (vgl. Wiese, S. 81 f.).

66 Vgl. VDB-Geschäftsbericht 1951/52, S. 11, WWA, S 7 Nr. 590.

67 Vgl. ebd., S. 12 ff.; Felix Eckhardt: Ein „Dortmunder", in: Die Zeit 10 (1952), S. 15.

68 Vgl. diverse VDB-Geschäftsberichte von 1951/52 bis 1953/54, WWA, S 7 Nr. 590. Wie lange diese Sorte gebraut wurde, ist nicht genau feststellbar. Bei einigen Brauereien tauchte der „Urtyp" noch in den 1960er Jahren ohne Angabe des Ausstoßanteiles in den Absatzstatistiken auf (vgl. WWA, F 122 Nr. 5175 (Werbung und Verkaufsförderung für das Braujahr 1970); Dortmunder Ritter-Brauerei Aktiengesellschaft (Hg.): In einer der modernsten Braustätten Europas mit Erfahrung und Sorgfalt gebraut, Stuttgart 1969, S. 5).

69 Artikel „Dortmunder", S. 18.

70 Ebd.

71 Rede von Felix Eckhardt auf der Hauptversammlung der DUB am

29. 5. 1951, in: Dortmunder Union-Brauerei Aktiengesellschaft (Hg.): Die Dortmunder Union-Brauerei im Wiederaufbau 1945–1959. Eine Sammlung der auf den Hauptversammlungen der Dortmunder Union-Brauerei Aktiengesellschaft gehaltenen Reden, Dortmund 1960, S. 38.

72 Vgl. Schmischke, S. 4; Artikel Erfolgreichstes Jahr der Dortmunder Brauereien, in: Brauwelt 87 (1956), S. 1566 f.

73 Rede von Felix Eckhardt, S. 82.

74 Vgl. Artikel „Dortmunder", S. 18.

75 Rede von Felix Eckhardt, S. 82.

76 Vgl. VDB-Geschäftsbericht 1958/59, S. 12, WWA, S 7 Nr. 590.

77 Vgl. Joachim Huske: Die Steinkohlenzechen im Ruhrrevier. Daten und Fakten von den Anfängen bis 1986, Bochum 1987, S. 37; Christoph Nonn: Die Ruhrbergbaukrise, Entindustrialisierung und Politik 1958–1969, Göttingen 2001, S. 11. Bis 1987 sank die Zahl der im Bergbau beschäftigten Menschen auf etwa 120 000, in der Eisen schaffenden Industrie von 219 000 Beschäftigten in 1958 auf 154 000 in 1987 (vgl. Stefan Goch: Eine Region im Kampf mit dem Strukturwandel. Bewältigung von Strukturwandel und Strukturpolitik im Ruhrgebiet, Essen 2002, S. 156; Huske, S. 29 f.).

78 Vgl. Tappe, Bierproduktion, S. 73 und Tab. 2 am Textende.

79 Vgl. VDB-Geschäftsbericht 1960/61, S. 7 ff., WWA, S 7 Nr. 590.

80 Altbier ist ein dunkles, untergäriges Vollbier (Stammwürzegehalt zwischen 11 und 14 %), das zunächst nur eine regionale Verbreitung im Rheinland hatte (vgl. Wiese, S. 132; WWA, F 122 Nr. 5101 (Briefing Agenturwahl 69/70, S. 5)).

81 Vgl. VDB-Geschäftsbericht 1961/62, S. 40 f., WWA, S 7 Nr. 590. Konsumtrends zum Pilsener Bier, die jedoch aus Sicht der Dortmunder Brauereien nicht lange anhielten, waren wie erwähnt zu Beginn der 1950er Jahre festgestellt worden und bereits 1955 als rückläufig erklärt worden. Zudem wurden solche Trends auch schon in den VDB-Geschäftsberichten 1935 und 1936 erwähnt (vgl. Rede von Felix Eckhardt, S. 82; Tilse, Verband, S. 103).

82 Während der Index der industriellen Nettoproduktion (1950 = 100) 1960 für die gesamte Industrie bei 249 lag, wurde durch die Brauereien im gleichen Jahr eine Indexziffer von 338 erreicht (vgl. Michael Wildt: Vom kleinen Wohlstand. Eine Konsumgeschichte der fünfziger Jahre, Frankfurt/M. 1996, S. 99).

83 Vgl. Wiese, S. 67.

84 Vgl. Tab. 1 am Textende.

85 Vgl. Wiese, S. 35 ff.

86 Einen vergleichbaren Wert gab es lediglich in Belgien (24 400 hl). In anderen Ländern wie den USA (455 700 hl), Dänemark (122 600 hl), Großbritannien (121 100 hl), den Niederlanden (93 500 hl), Italien (85 700 hl) und Frankreich (74 200 hl) lag der durchschnittliche Ausstoßwert pro Braustätte deutlich über dem westdeutschen Ergebnis (vgl. Uwe Paulsen: Durch staatliche Eingriffe ausgelöste Wettbewerbsprobleme der deutschen Brauwirtschaft im Gemeinsamen Markt, Hamburg/Berlin 1963, S. 17).

87 Vgl. Wiese, S. 67; Paulsen, S. 10 f.
88 Vgl. Paulsen, S. 10 f.
89 Vgl. Thoma, S. 21.
90 Vgl. Paulsen, S. 68 ff.; Artikel Hauptversammlung der Union-Brauerei am 20. Juni 1963, in: Brauwelt 51 (1963), S. 952.
91 Vgl. Simon, Werbung für Bier, S. 23.
92 Vgl. Axel Schildt: Freizeit, Konsum und Häuslichkeit in der „Wiederaufbau"-Gesellschaft. Zur Modernisierung von Lebensstilen in der Bundesrepublik Deutschland in den 1950er Jahren, in: Hannes Siegrist, Hartmut Kaelble und Jürgen Kocka (Hg.): Europäische Konsumgeschichte. Zur Gesellschafts- und Kulturgeschichte des Konsums (18. bis 20. Jahrhundert), Frankfurt/M. 1997, S. 327–348, hier S. 334.
93 Vgl. Wiese, S. 75.
94 Vgl. WWA, F 122 Nr. 5328 (Ausschnitt aus „Der Biergroßhandel" vom 1.12.1953, S. 191 f.).
95 Vgl. Simon, Werbung für Bier, S. 45.
96 Theobald Simon hatte sich in der Branche nicht nur durch Veröffentlichungen zum Thema „Bierwerbung" einen Namen gemacht. Er war zugleich Inhaber der Bitburger Brauerei Th. Simon GmbH, die sehr früh umfangreiche Werbemaßnahmen einleitete (vgl. Simon, Werbung für Bier, S. 61 f.; Bitburger Brauerei, http://www.bitburger.de/das_unternehmen_bitburger/historie/unternehmen/die_geschichte_der_bitburger_brauerei_aufbaujahre/index.html, Recherche am 23.10.2010).
97 Vgl. Simon, Werbung für Bier, S. 9 ff.
98 Vgl. Wiese, S. 81 f. und S. 91.
99 Vgl. Thoma, S. 6 f.; Wiese, S. 340.
100 Vgl. Paulsen, S. 13.
101 Vgl. Bessler-Worbs, Annäherung, S. 142.
102 Vgl. Simon, Werbung für Bier, S. 43.
103 Vgl. Schildt, S. 331 ff.
104 1955 war Dortmund im Verhältnis zur Einwohnerzahl in NRW die Stadt mit den meisten Gastwirtschaften. Auf 500 Einwohner entfiel eine Gaststätte. Auch das Stadtzentrum hatte zu dieser Zeit wieder den Vorkriegsstand von 400 Gasthäusern erreicht, insgesamt waren es in der Stadt etwa 1200 gegenüber 1500 vor dem Zweiten Weltkrieg (vgl. Artikel Dortmund, S. 985; VDB-Geschäftsbericht 1952/53, S. 35).
105 Vgl. Schildt, S. 338 ff.
106 Vgl. Wiese, S. 88. Die Verbreitung von Kühlschränken stieg in den westdeutschen Haushalten von 19 % in 1958 auf etwa 50 % in 1962/63 an (vgl. Michael Wildt: Privater Konsum in Westdeutschland in den 50er Jahren, in: Axel Schildt und Arnold Sywottek (Hg.): Modernisierung im Wiederaufbau. Die westdeutsche Gesellschaft der 50er Jahre, Bonn 1993, S. 275–289, hier S. 283).
107 Der Autor beruft sich bei seinen Ergebnissen auf die Befragung der Führungskräfte der Dortmunder Brauindustrie und auf die Befragung eines

größeren Kreises von Konsumenten, deren genaue Anzahl nicht genannt wird. Inwieweit diese Aussagen daher repräsentativ sind, muss an dieser Stelle offen bleiben (vgl. Thoma, S. 14 ff.).

108 Vgl. Paulsen, S. 13.

109 Trotz der schwierigen statistischen Einordnung schätzte Theobald Simon, dass der Anteil des Gaststättenkonsums, sowohl von Fass- als auch von Flaschenbier, Ende der 1950er Jahre sogar noch bei etwa 70 % gelegen haben dürfte (vgl. Simon, Werbung für Bier, S. 45).

110 Vgl. Thoma, S. 14.

111 Vgl. J. Ecker: Geschmälerte Ertragsverhältnisse, in: Der Volkswirt 26 (1952), Beilage „Brauereien", S. 9 f.

112 Vgl. Harm Schröter: Die Amerikanisierung der Werbung in der Bundesrepublik Deutschland, in: Jahrbuch für Wirtschaftsgeschichte (1997), Heft 1, S. 93–115, hier S. 102 f.

113 Paul Massfeller: Neue Impulse für die Bierwerbung, in: Brauwelt 61 (1959), S. 1176.

114 Guido G. Sandler: Bierwerbung – ein Erfordernis der Zeit, in: Brauwelt 74 (1958), S. 1405.

115 Vgl. Simon, Werbung auf neuen Wegen, S. 17.

116 Vgl. Siegfried J. Schmidt: Werbung, in: Jürgen Wilke (Hg.): Mediengeschichte der Bundesrepublik Deutschland, Köln u. a. 1999, S. 518–537, hier S. 519 f.

117 Vgl. Schröter, Amerikanisierung, S. 96 f.

118 Vgl. Bessler-Worbs, Annäherung, S. 141; Artikel 10 Jahre Bierwerbe-GmbH. Ein Rückblick auf die deutsche Bier-Gemeinschaftswerbung, in: Brauwelt 71 (1963), S. 1285 f.

119 Vgl. Bessler-Worbs, Annäherung, S. 141.

120 Simon, Werbung auf neuen Wegen, S. 17.

121 Vgl. ebd. Zur allgemeinen Werbekritik in den 1950er und 1960er Jahren vgl. Dirk Reinhardt: Vom Intelligenzblatt zum Satellitenfernsehen: Stufen der Werbung als Stufen der Gesellschaft, in: Peter Borscheid und Clemens Wischermann (Hg.): Bilderwelt des Alltags. Werbung in der Konsumgesellschaft des 19. und 20. Jahrhunderts, Stuttgart 1995, S. 44–63, hier S. 57 f.

122 Vgl. R. Luedtke und R. Biergans: Wettbewerb und Marktordnung, in: Der Volkswirt 26 (1952), Beilage „Brauereien", S. 7.

123 Vgl. Artikel 10 Jahre Bierwerbe-GmbH, S. 1286 ff.

124 Vgl. Wiese, S. 171 f.

125 Vgl. Simon, Werbung auf neuen Wegen, S. 16 f.

126 Vgl. Paulsen, S. 73 f. Auch setzte sich die schon lange vor dem Zweiten Weltkrieg herausgebildete Praxis fort, dass Brauereien die Wirte durch Darlehen für den Ausbau und die Ausstattung der Gaststätten unterstützten und dafür im Gegenzug langfristige Lieferverträge abschlossen. Dieser Nebenleistungswettbewerb wurde an vielen Stellen scharf kritisiert, da er weder dem Konsumenten noch den Brauern oder Gastwirten zugute käme und einen Leistungswettbewerb verhindere (vgl. Luedtke/Biergans, S. 6).

127 Vgl. Massfeller, S. 1176.
128 Vgl. Harm Schröter: Konsumpolitik und „Soziale Marktwirtschaft". Die Koexistenz liberalisierter und regulierter Verbrauchsgütermärkte in der Bundesrepublik der 1950er Jahre, in: Hartmut Berghoff (Hg.): Konsumpolitik. Die Regulierung des privaten Verbrauchs im 20. Jahrhundert, Göttingen 1999, S. 113–133, hier S. 113 f.
129 Vgl. Simon, Werbung für Bier, S. 61 f.; Spiekermann, Geselligkeit, S. 10 f.
130 Vgl. DUB-Geschäftsbericht 1950, S. 28, WWA, S 7 Nr. 135.
131 Vgl. Simon, Werbung auf neuen Wegen, S. 17.
132 Vgl. Schröter, Amerikanisierung, S. 98.
133 Vgl. Tappe, Bierproduktion, S. 71.
134 Vgl. Artikel Dortmunder Brauereien verzeichneten neuen Produktionshöchststand, in: Brauwelt 18 (1956), S. 299.
135 Vgl. Thoma, S. 147.
136 Vgl. diverse VDB-Geschäftsberichte von 1951/52 bis 1968/69, WWA, S 7 Nr. 590.
137 Vgl. VDB-Geschäftsbericht 1961/62, S. 40 f., WWA, S 7 Nr. 590. Im Inland konnten sich die Dortmunder Brauereien auf ein Gerichtsurteil aus dem Jahr 1904 berufen, wo aufgrund einer Klage des VDB die Entscheidung fiel, dass „Dortmunder" für Bier nicht die Bezeichnung einer Sorte, sondern des Herkunftsortes sei (vgl. Tilse, Festvortrag, S. 11).
138 Vgl. u. a. Bessler-Worbs, Annäherung, S. 141.
139 Gerade wegen der bundesweiten Gemeinschaftswerbung wurden eigene Werbemaßnahmen als entbehrlich betrachtet (vgl. VDB-Geschäftsbericht 1952/53, S. 39, WWA, S 7 Nr. 590).
140 VDB-Geschäftsbericht 1950/51, S. 31, WWA, S 7 Nr. 590. Diese Beschränkungen wurden 1967 wieder abgeschafft (vgl. WWA, F 122 Nr. 5229 (Schriftverkehr WDB)). Nach der Auflösung dieser Absprache kehrte sich das Verhältnis um, sodass Gemeinschaftsinserate nur noch in Ausnahmefällen und nach Absprache mit den Mitgliedern geschaltet wurden.
141 Vgl. Simon, Werbung für Bier, S. 93.
142 Vgl. VDB-Geschäftsbericht 1957/58, S. 16, WWA, S 7 Nr. 590.
143 Im Geschäftsjahr 1950/51 wurde für die Gemeinschaftswerbung des VDB ein Gesamtbetrag von 6655,94 DM zur Verfügung gestellt (vgl. VDB-Geschäftsbericht 1950/51, S. 31, WWA, S 7 Nr. 590).
144 Vgl. VDB-Geschäftsbericht 1952/53, S. 39, WWA, S 7 Nr. 590.
145 Vgl. Bessler-Worbs, Annäherung, S. 141.
146 Vgl. Simon, Werbung für Bier, S. 78.
147 Vgl. Heinrich Tappe: Vom Pferdefuhrwerk zum Tanklastzug: Der Biertransport, in: Heimat Dortmund 3 (2003), S. 33–37, hier S. 37; Simon, Werbung für Bier, S. 79.
148 Vgl. Wiese, S. 178 f.
149 Vgl. Simon, Werbung auf neuen Wegen, S. 17.
150 Vgl. Thoma, S. 146 f.
151 Wegen technischer Schwierigkeiten waren DUB, Hansa und Stifts aber nach kurzer Zeit auf ein Halsetikett übergegangen (vgl. Thoma, S. 149 ff.).

152 1957 wurden durch den Verband des Biergroßhandels in NRW Flaschenbierplakate herausgebracht und an die Mitglieder verteilt (vgl. Simon, Werbung für Bier, S. 93).

153 Vgl. Thoma, S. 154 ff.

154 Bei den Verbrauchszahlen ist zu beachten, dass es bei der Höhe des Bierkonsums ein deutliches Nord-Süd-Gefälle gab. Während in Norddeutschland 1960 ein jährlicher Pro-Kopf-Verbrauch von 50,0 Litern gemessen wurde, lag dieser Wert in NRW bei 88,7 und in Bayern bei 168,5 Litern (vgl. Paulsen, S. 11).

155 Höhere Steigerungsraten beim Bierverbrauch konnten in diesem Zeitraum zum Beispiel für Spanien und Italien festgestellt werden, wobei in diesen Ländern die Steigerung von einem sehr geringen Konsumniveau ausging. In Spanien stieg zwischen 1960 und 1970 der jährliche Pro-Kopf-Bierkonsum von 11 auf 38 Liter, in Italien von 5 auf 11 Liter an (vgl. T. R. Gourvish: Concentration, Diversity and Firm Strategy in European Brewing, 1945–90, in: Gourvish / Wilson, S. 80–92, hier S. 84).

156 Vgl. Gourvish, S. 86.

157 Zwar war auch dieser Wert im europäischen Vergleich gering, jedoch gibt er über den westdeutschen Biermarkt ein differenzierteres Bild: Gerade die zahlreichen Kleinbrauereien in Bayern, deren Anzahl noch 1980 mit 931 angegeben wurde, brachten mit ihrer geringen Ausstoßzahl den statistischen Effekt, dass der Konzentrationsgrad in der Bundesrepublik äußerst niedrig wirkte (vgl. Gourvish, S. 85; Jürgen Müller und Joachim Schwalbach: Structural change in West Germany's Brewing Industry: Some Efficiency Considerations, in: The Journal of Industrial Economics, Bd. 28 Nr. 4 (1980), S. 353–368, hier S. 354). Vgl. auch Herbert Greiner: Bier als Markenartikel, Berlin 1969, S. 88 f.

158 Vgl. Bessler-Worbs, Annäherung, S. 142; Simon, Werbung für Bier, S. 45; Wiese, S. 83.

159 Vgl. WWA, F 122 Nr. 5314/3 (Vorschlag einer Werbekonzeption 1967/68, S. 7 f.).

160 Vgl. Artikel 72 % trinken Bier vornehmlich zuhause, in: Brauwelt 17 (1968), S. 302. 1953 gaben bei Umfragen 42 % der Biertrinker an, den Heimkonsum zu bevorzugen (vgl. Wiese, S. 88 f.).

161 Vgl. Klaus Tenfelde: Ein bewegtes Jahrzehnt. Strukturwandel und Sozialgeschichte des Ruhrgebietes in den 1960er Jahren, in: Marcus Gräser u. a. (Hg.): Staat, Nation, Demokratie. Traditionen und Perspektiven moderner Gesellschaften, Festschrift für Hans-Jürgen Puhle, Göttingen 2001, S. 156–176, hier S. 170f; Arnold Sywottek: Konsum, Mobilität, Freizeit. Tendenzen gesellschaftlichen Wandels, in: Martin Broszat (Hg.): Zäsuren nach 1945. Essays zur Periodisierung der deutschen Nachkriegsgeschichte, München 1990, S. 95–111, hier S. 99 ff.

162 Vgl. Wiese, S. 340; IHK Dortmund-Geschäftsbericht 1963, S. 169, WWA, S 6 Nr. 949.

163 Vgl. DUB-Geschäftsbericht 1961, S. 10 f., WWA, S 7 Nr. 135.

164 Vgl. Gerhard Koch: Die Absatzpolitik deutscher Brauereien unter besonde-

rer Berücksichtigung der Absatzfinanzierung und der Preispolitik, Freiburg 1965, S. 68.

165 In den USA und in anderen europäischen Staaten begann dieser Prozess viel früher, während in Deutschland zunächst ein geringes Wohlstands- und Kaufkraftniveau, Restriktionen des Marktes und die Ablehnung dieser Verkaufsform durch den Einzelhandel selbst die Durchsetzung verzögerten (vgl. Karl Ditt: Rationalisierung im Einzelhandel: Die Einführung und Entwicklung der Selbstbedienung in der Bundesrepublik Deutschland 1949–2000, in: Michael Prinz (Hg.): Der lange Weg in den Überfluss. Anfänge und Entwicklung der Konsumgesellschaft seit der Vormoderne, Paderborn u. a. 2003, S. 315–356, hier S. 318 f.).

166 Die Zahl der SB-Geschäfte stieg bis 1971 auf 86 398 und hatte anschließend eine deutlich sinkende Tendenz auf 66 964 in 1980, was auf den Wegfall vieler kleiner SB-Geschäfte zurückzuführen ist, die sich nicht mehr im Wettbewerb halten konnten. Die Zahl der Bediengeschäfte ging ebenso weiter zurück und sank auf 41 149 im Jahr 1970 und erreichte 1980 nur noch eine Zahl von 9021 (vgl. Ditt, S. 334).

167 Vgl. Artikel Hauptversammlung, S. 952.

168 Vgl. IHK Dortmund-Geschäftsbericht 1967, S. 140, WWA, S 6 Nr. 949.

169 Vgl. WWA, F 122 Nr. 5101 (Briefing Agenturwahl 69/70, S. 5).

170 Über die genaue Anzahl von Trinkhallen im Untersuchungszeitraum gibt es keine detaillierten Angaben. Im Jahr 1910 wurden in Dortmund 144 Trinkhallen gezählt. 1984 gab es in NRW 4056 Trinkhallen, die einen Jahresumsatz von jeweils mehr als 20 000 DM vorweisen konnten (vgl. Berthold Heizmann: Trinkhallen. Versuch einer volkskundlich-historischen Annäherung an die Alltagskultur, in: Volkskultur an Rhein und Maas 8 (1984), Heft 1, S. 16–24, hier S. 16 ff.; Elisabeth Naumann: Kiosk. Entdeckungen an einem alltäglichen Ort. Vom Lustpavillon zum kleinen Konsumtempel, Marburg 2003, S. 35 ff.). Auch die Thier-Brauerei hob die hohe absatzpolitische Bedeutung der Kioske auf dem Heimatmarkt hervor (vgl. WWA, F 122 Nr. 5175 (Werbung und Verkaufsförderung für das Braujahr 1970, S. 4)).

171 Vgl. Ditt, S. 326 f.

172 Vgl. WWA, F 122 Nr. 5101 (Briefing Agenturwahl 69/70, S. 5).

173 Vgl. Bessler-Worbs, Annäherung, S. 143 f.

174 Vgl. DUB-Geschäftsbericht 1964, S. 17, WWA, S 7 Nr. 135.

175 Vgl. Greiner, S. 64; Wiese 162 f.; Koch, S. 158 ff.

176 Vgl. Wiese, S. 192 f.; Greiner, S. 59 f.

177 Zur Entwicklung der Personalkosten vgl. u. a. diverse Berichte zu Tarifverhandlungen in den Geschäftsberichten des VDB und der DUB zwischen 1955 und 1965. Der VDB verwies bei den geplanten Preiserhöhungen darauf, dass sich allein die Löhne zwischen 1952 und 1965 um 130 % erhöht hatten (vgl. VDB-Geschäftsbericht 1965/66, S. 20, WWA, S 7 Nr. 590).

178 Vgl. Koch, S. 158; Müller/Schwalbach, Brewing Industry, S. 365 f.; Wiese, S. 160 ff.; Josef Pschorr: Marketing von Markenbieren unter besonde-

rer Berücksichtigung wettbewerbsorientierter und markentechnischer Gesichtspunkte, Krefeld 1992, S. 38 f.

179 Vgl. DUB-Geschäftsbericht 1960, S. 10 und DUB-Geschäftsbericht 1962, S. 16 f., WWA, S 7 Nr. 590; Wiese, S. 162 f. Die Überkapazitäten in vielen Brauereien entstanden bis in die 1960er Jahre hinein häufig durch Fehleinschätzungen der Sättigungstendenzen auf dem Biermarkt (vgl. Jan-Bernd Berentzen: Wettbewerb, Kooperation und Konzentration in der Brauwirtschaft: Eine empirische Analyse im nordwestdeutschen Raum, Münster 1983, S. 93 f.).

180 Die Preiserhöhungen konnten 1962 auch deshalb nicht durchgesetzt werden, weil sich die DUB und die Ritter-Brauerei als Preisführer nicht an der Bierpreiserhöhung beteiligten (vgl. Stötter, S. 59 f.). Zur Preisproblematik vgl. auch Koch, S. 213; Artikel Dortmunder Brauereien erhöhen Preise, in: Brauwelt 26 (1962), S. 545; Artikel Preiserhöhung rückläufig, in: Brauwelt 34 (1962), S. 690.

181 Der Verkaufspreis von Exportbier pro hl betrug nun 85 DM, von Pils pro hl 88 DM (vgl. DUB-Geschäftsbericht 1965, S. 20, WWA, S 7 Nr. 135; Artikel Alle Dortmunder Brauereien erhöhen Bierpreis, in: Brauwelt 95 (1965), S. 1817; VDB-Geschäftsbericht 1965/66, S. 19, WWA, S 7 Nr. 590).

182 Artikel Bericht über die wirtschaftliche Lage des rheinisch-westfälischen Braugewerbes im 2. Halbjahr 1968, in: Brauwelt 3 (1969), S. 20.

183 Vgl. Artikel Weitere Verschärfung des Wettbewerbs – Handel auf Markenbiere angewiesen, in: Brauwelt 61 (1968), S. 1121 f.; Artikel Bericht, S. 20.

184 Vgl. Greiner, S. 62 ff.; Wiese, S. 196 f. Der Wettbewerb um Bierlieferungsverträge blieb auch deshalb auf einem hohen Niveau, da die Gaststätten bis in die 1960er Jahre hinein auch für Flaschenbier eine wichtige Absatzstätte waren (vgl. Koch, S. 68).

185 Dass Bierlieferungsverträge eine „Konzentrationsbremse" waren, würde sich im Vergleich zum viel stärker konzentrierten Biermarkt der USA zeigen, wo diese Form der Geschäftsbeziehung rechtlich stark eingeschränkt war (vgl. William James Adams: Beer in Germany and the United States, in: Journal of Economic Perspectives, Bd. 20 Nr. 1 (2006), S. 189–205, hier S. 198 f.).

186 Vgl. Artikel Keine befriedigende Bierpreisentwicklung in Nordrhein-Westfalen, in: Brauwelt 45 (1962), S. 900 sowie Wiese, S. 196 f. und Abschnitt 5.1.

187 VDB-Geschäftsbericht 1961/62, S. 40, WWA, S 7 Nr. 590.

188 Vgl. VDB-Geschäftsbericht 1961/62, S. 40, WWA, S 7 Nr. 590.

189 Vgl. Suntrup, S. 822 f.

190 Anfang 1963 erfolgte der Aufkauf der Germania-Brauerei in Münster, der statistisch gesehen für den Konzern eine Ausstoßsteigerung von 570 000 hl brachte (vgl. Artikel Dortmunder Union-Brauerei AG. Zwei Millionen Hektoliter Bierausstoß. An der Grenze der Produktionssteigerung, in: Der Volkswirt 17 (1963), S. 1217; Artikel Dortmunder Union-Brauerei AG. Fast 3 Millionen hl Getränkeausstoß. Töchter wieder in stärkerer Expansion,

in: Der Volkswirt 23 (1964), S. 1118 f.). Bis 1967 stieg der Marktanteil der DUB auf 3,8 % (vgl. Greiner, S. 88 f.).

191 Vgl. Artikel Zum Jubiläum Hektolitermillionär, S. 1319; Artikel Dortmunder Ritter-Brauerei. Im neuen „Anzug“, Mit steigendem Werbeaufwand zur Biermarke – Seit drei Jahren Ausstoßeinbußen, in: Der Volkswirt 29 (1969), S. 91 f.

192 Vgl. Dortmunder Ritter-Brauerei Aktiengesellschaft, Braustätten Europas, S. 5; Artikel Dortmunder Actien-Brauerei. Erlösstarkes Pils. Weiter auf Platz zwei – Eigenwillige Politik, in: Der Volkswirt 15 (1969), S. 68.

193 Vgl. Tappe, Bierproduktion, S. 72.

194 Vgl. VDB-Geschäftsbericht 1965/66, S. 9, WWA, S 7 Nr. 590.

195 Vgl. IHK Dortmund-Geschäftsbericht 1966, S. 127, WWA, S 6 Nr. 949. Schon für das Kalenderjahr 1965 berechnete die IHK Dortmund, dass in ihrem Kammerbezirk zwar noch ein Wachstum bei der Bierproduktion um 2,3 % auf 7,99 Mio. hl festzustellen war, hob allerdings hervor, dass davon nur Brauereien außerhalb Dortmunds profitiert hätten, während die Dortmunder Betriebe selbst 1965 nur ein Wachstum von 0,2 % vorzuweisen hatten (vgl. IHK Dortmund-Geschäftsbericht 1965, S. 149, WWA, S 6 Nr. 949).

196 Vgl. DUB-Geschäftsbericht 1966, S. 13, WWA, S 7 Nr. 135.

197 Vgl. VDB-Geschäftsbericht 1965/66, S. 9, WWA, S 7 Nr. 590.

198 Vgl. Tenfelde, Strukturwandel, S. 162 f.; Huske, S. 29.

199 Vgl. Werner Abelshauser: Deutsche Wirtschaftsgeschichte seit 1945, Bonn 2005, S. 288 ff.; IHK Dortmund-Geschäftsbericht 1966, S. 5 und Geschäftsbericht 1967, S. 7, WWA, S 6 Nr. 949.

200 Vgl. Tappe, Bierproduktion, S. 75 f.

201 Vgl. Abb. 6.

202 Vgl. Abelshauser, S. 327 ff.; Josef Mooser: Abschied von der „Proletarität“. Sozialstruktur und Lage der Arbeiterschaft in der Bundesrepublik in historischer Perspektive, in: Werner Conze (Hg.): Sozialgeschichte der Bundesrepublik Deutschland. Beiträge zum Kontinuitätsproblem, Stuttgart 1983, S. 143–186, hier S. 143 ff.; Gerd Hardach: Die Wirtschaftsentwicklung der fünfziger Jahre. Restauration und Wirtschaftswunder, in: Dieter Bänsch (Hg.): Die fünfziger Jahre. Beiträge zu Politik und Kultur, Tübingen 1985, S. 49–60, hier S. 52.

203 Vgl. Tenfelde, Strukturwandel, S. 164 f.

204 Vgl. Mooser, S. 147 und S. 162; Tenfelde, Strukturwandel, S. 169.

205 Eine 1964 erschienene Imagebroschüre der städtischen Wirtschaftsförderung zum Thema „Bierstadt Dortmund“ beinhaltet zum Beispiel ein ganzseitiges Bild eines gefüllten Export-Bierglases. Vom Biertrinker sind lediglich die beiden staubigen Arbeiterhände zu sehen (vgl. Abb. 7).

206 Vgl. Wiese, S. 91 f.; Tappe, Bierproduktion, S. 77. Die Preisdifferenz zwischen Export und Pilsbier lag seit 1952 bei etwa 3 DM pro Hektoliter (vgl. VDB-Geschäftsbericht 1961/62, S. 41, WWA, S 7 Nr. 590). Zur Markenloyalität der Konsumenten vgl. Gabriele Wiedenmayer: Die Entwicklungsdynamik in der deutschen Brauindustrie. Eine empirische Überprüfung

des organisationsökologischen Ansatzes, Frankfurt/M. u. a. 1992, S. 107; Müller/Schwalbach, Brewing Industry, S. 365.

207 Vgl. Tappe, Bierproduktion, S. 72.

208 Vgl. IHK Dortmund-Geschäftsbericht 1969, S. 11 ff. und S. 20f, WWA, S 6 Nr. 949.

209 Vgl. Bessler-Worbs, Annäherung, S. 155; Tappe, Bierproduktion, S. 76 f.

210 Vgl. Berghoff, Unternehmensgeschichte, S. 313.

211 Vgl. Christian Kleinschmidt: Der produktive Blick. Wahrnehmung amerikanischer und japanischer Management- und Produktionsmethoden durch deutsche Unternehmer 1950–1985 (= Jahrbuch für Wirtschaftsgeschichte, Beiheft 1), Berlin 2002, S. 226 und S. 235; Schröter, Amerikanisierung, S. 98 ff. In der Forschung wird inzwischen teilweise in Frage gestellt, ob dieser Paradigmenwechsel in der westdeutschen Wirtschaft erst in den 1950er/60er Jahren oder doch viel früher begann (vgl. hierzu Roman Rossfeld: Unternehmensgeschichte als Marketinggeschichte. Zu einer Erweiterung traditioneller Ansätze in der Unternehmensgeschichtsschreibung, in: Kleinschmidt/Triebel, S. 43–66).

212 Vgl. Sandler, S. 1405 ff.

213 Vgl. Wiese, S. 172 f.; Simon, Werbung für Bier, S. 68 ff.

214 Vgl. König, S. 405 f.

215 Ausnahmen sind in vereinzelten Werbeanzeigen, auch bei Dortmunder Brauereien, festzustellen, wo besonders der Flaschenbierkonsum propagiert wurde (vgl. Tappe, Brauerei-Museum, S. 56; Dortmunder Ritter-Brauerei Aktiengesellschaft (Hg.): Bier, wie es sich gehört – Dortmunder Ritterbier, Dortmund/Stuttgart, o. J. [1964], S. 109.

216 Vgl. Peter Kreuzpaintner: Wer bringt die nationale deutsche Biermarke? In: Brauwelt 89 (1968), S. 1641.

217 Vgl. auch Abb. 10. Trotz dieser Steigerungen erreichte der individuelle Werbeaufwand im Braugewerbe 1967 im Verhältnis zum Produktionswert des Bieres nur 0,5 % (vgl. Greiner, S. 74).

218 Geschäftsbericht des Verbandes Rheinisch-Westfälischer Brauereien (VRWB) 1964, S. 29, WWA, S 7 Nr. 589.

219 Für Gemeinschaftswerbung kamen noch einmal etwa 3,5 Mio. DM hinzu (vgl. Greiner, S. 74 f.). Bei 59 Brauereien, deren Werbeetat 1969 höher als 200 000 DM lag, hatten die Werbeausgaben bereits einen durchschnittlichen Wert von 959 322 DM erreicht (vgl. Bessler-Worbs, Annäherung, S. 147).

220 Vgl. Wiese, S. 176 f.

221 Vgl. Greiner, S. 19 ff.; Bessler-Worbs, Annäherung, S. 145.

222 Vgl. WWA, F 122 Nr. 5101 (Briefing zur Agenturwahl 69/70, S. 6).

223 Vgl. Stötter, S. 84; Simon, Werbung für Bier, S. 61 f.

224 Neben den Brauereien Bitburger und König-Pilsener werden als Beispiele aus damaliger Betrachtung vor allem die Brauereien „Hannen-Alt" und „Beck" genannt (vgl. Greiner, S. 77). Die König-Brauerei hatte im Jahr 1968 der Dortmunder Brauerei Kronenburg den ersten Rang als größte Privatbrauerei Deutschlands abgenommen (vgl. Bessler-Worbs, Annäherung, S. 155).

225 Vgl. Artikel Bier. Schäumender Erfolg, in: Der Spiegel 44 (1976), S. 89.
226 Vgl. Kreuzpaintner, S. 1641 ff.
227 Vgl. Wischermann, S. 151.
228 Vgl. Adams, S. 195. Die Aufnahme von fremden Sorten in einer Vertragsgaststätte konnte ermöglicht werden, wenn zwischen Brauerei und Gastwirt statt einer Ausschließlichkeitsklausel (ausschließliche Abnahme der Produktpalette von einer Brauerei) lediglich eine Teilausschließlichkeit in Bezug auf Marken und Sorten vereinbart wurde (vgl. Müller/Schwalbach, Brauereiindustrie, S. 446).
229 Vgl. Scheffran, S. 34 ff.
230 Schon in den 1950er Jahren begann die Brauerei mit dem Aufbau eines Außendienstes, der auch im Ruhrgebiet tätig war (vgl. Scheffran, S. 37).
231 Vgl. Scheffran, S. 42; Wiese, S. 117 f.
232 Vgl. Scheffran, S. 43.
233 Vgl. Elmar Bamfaste: Portrait Privatbrauerei Veltins Grevenstein, in: Brauen und Brennen im kurkölnischen Sauerland, hg. vom Schieferbergbau- und Heimatmuseum Schmallenberg-Holthausen, Fredeburg 1991, S. 137–140, hier S. 139.
234 Veltins braute bereits seit 1926 nur Bier nach Pilsener Brauart, bei Bitburger erfolgte die Spezialisierung Ende der 1950er Jahre. Warsteiner stellte erst in den 1970er Jahren die Produktion von Altbier und Export vollständig ein (vgl. Wiese, S. 116 f.). Zur Sortimentsvervollständigung nahmen einige dieser Brauereien durch eine Kooperation Altbier anderer Hersteller ins Verkaufssortiment auf (vgl. ebd., S. 60).
235 Als Premium-Marken wurden zu dieser Zeit neben Warsteiner, Krombacher und Veltins auch Beck's, Bitburger, Fürstenberg, Jever und König bezeichnet (vgl. Wiese, S. 116).
236 Zur Gemeinschaftswerbung des VDB zwischen den 1950er und 1960er Jahren vgl. diverse VDB-Geschäftsberichte, WWA, S 7 Nr. 590.
237 Die hohen Werbeaufwendungen, deren genauer Umfang nicht bekannt ist, waren bei der Ritter-Brauerei auf den hohen Flaschenbieranteil zurückzuführen, der 1964 bereits etwa 70 % betrug (vgl. Dortmunder Ritter-Brauerei Aktiengesellschaft, Bier, S. 93 und S. 107).
238 Vgl. VDB-Geschäftsbericht 1966/67, S. 33 f., WWA, S 7 Nr. 590; Bessler-Worbs, Annäherung, S. 143.
239 Vgl. VDB-Geschäftsbericht 1966/67, S. 33 f., WWA, S 7 Nr. 590.
240 Vgl. Bessler-Worbs, Annäherung, S. 143 und VDB-Geschäftsbericht 1967/68, S. 29, WWA, S 7 Nr. 590.
241 Jedoch wurde „Dortmunder“ auch zu dieser Zeit noch immer als ein Sorten- bzw. Gattungsbegriff für das Exportbier der Dortmunder Brauereien eingeordnet (vgl. WWA, F 122 Nr. 5314/3 (Vorschlag einer Werbekonzeption der Dettmar-Werbung KG, 1967, S. 13 f.)).
242 In dieser Untersuchung wurde den Brauereien noch von einer stärkeren Profilierung in Richtung Pilsener Bier abgeraten (vgl. WWA, F 122 Nr. 5341/1 (Verbraucherbefragung über Bier in NRW, S. 2 f.); Bessler-Worbs, Annäherung, S. 143).

243 Vgl. Abb. 8 sowie Heinrich Tappe: Der Genuss, die Wirkung und ihr Bild: Werte, Konventionen und Motive gesellschaftlichen Alkoholgebrauchs im Spiegel der Werbung, in: Borscheid/Wischermann, S. 222–241, hier S. 233 ff.

244 Vgl. VDB-Geschäftsbericht 1967/68, S. 30, WWA, S 7 Nr. 590.

245 Vgl. VDB-Geschäftsbericht 1968/69, S. 26, WWA, S 7 Nr. 590. Die Gemeinschaftswerbung für Dortmunder Bier verlief in den folgenden Jahren nur noch auf einem eher geringen Niveau und überwiegend auf lokaler Ebene. Die Werbegemeinschaft Dortmunder Bierbrauer blieb jedoch als eigenständige Gesellschaft bestehen (vgl. VDB-Geschäftsberichte von 1969/70 bis 1973/74, WWA, S 7 Nr. 590). Im Vergleich zu anderen gemeinschaftlichen Werbemaßnahmen für Bier wies die Dortmunder Kampagne zeitweise den höchsten Etat auf: 1968 wurden für Dortmunder Bier 0,5 Mio. DM, für Kulmbacher Bier 0,3 Mio. DM und für Münchener Bier 0,25 Mio. DM in die Gemeinschaftswerbung investiert (vgl. Artikel Werbeetats der Brauereien 1968, in: Brauwelt 96 (1969), S. 1804 f.).

246 Vgl. Bessler-Worbs, Annäherung, S. 147 f.

247 Die Menge von einem halben Liter pro Flasche hatte sich nicht geändert, allerdings war die Euroflasche gegenüber den alten Bügelverschlussflaschen leichter und hatte einen geringeren Umfang (vgl. VRWB-Geschäftsbericht 1965, S. 52 und VRWB-Geschäftsbericht 1966, S. 53, WWA, S 7 Nr. 589). Zur Einführung der Euroflasche vgl. auch IHK Dortmund-Geschäftsbericht 1966, S. 127 und Geschäftsbericht 1967, S. 139, WWA, S 6 Nr. 949, sowie Wiese, S. 107.

248 Vgl. Tilse, Verband, S. 104; Artikel Dortmunder Actien-Brauerei. Große Ausbaupläne, Ausstoß behauptet – Verbesserte Ertragslage, in: Der Volkswirt 16 (1967), S. 663; VDB-Geschäftsbericht 1966/67, S. 30 ff., WWA, S 7 Nr. 590; VRWB-Geschäftsbericht 1966, S. 54, WWA, S 7 Nr. 589; Greiner, S. 67 f.

249 Vgl. Artikel Werbeetats, S. 1804 f.

250 1968 hatte Ritter einen Ausstoßrückgang von 6 % gegenüber dem Vorjahr zu verzeichnen (vgl. Artikel Im neuen „Anzug", S. 91 f.).

251 Vgl. Roland Berger: Absatzpolitik der Brauereien zwischen Tradition und Wandel, in: Brauwelt 44 (1971), S. 907.

252 So hebt Heinrich Tappe heraus, dass die DAB ihr Wachstum in der Zwischenkriegszeit vor allem dem steigenden Verkauf von Pilsener zu verdanken hatte (vgl. Tappe, Bierproduktion, S. 77).

253 Vgl. VDB-Geschäftsbericht 1966/67, S. 9, WWA, S 7 Nr. 590.

254 Von der DUB-Gruppe wurde 1969 bei einer Gesamtproduktion von 3,95 Mio. hl 1,1 Mio. hl Pilsener Biere verkauft, wobei unklar ist, wie viel Hektoliter auf den Standort Dortmund entfielen (vgl. DUB-Geschäftsbericht 1969, S. 16, WWA, S 7 Nr. 135; Artikel Dortmunder Union-Brauerei AG. Vierfacher Hektoliter Millionär. Wird Reemtsma neuer Schachtelaktionär? Kooperation mit der Berliner Schultheiss-Brauerei, in: Der Volkswirt 49 (1969), S. 63).

255 Vgl. Abb. 9 und Tab. 2 am Textende.

256 Vgl. VDB-Geschäftsbericht 1969/70, S. 10, WWA, S 7 Nr. 590.

257 Vgl. WWA, F 122 Nr. 5177 (Werbung und Verkaufsförderung für das Braujahr 1971/72, S. 37 ff.).

258 Vgl. WWA, F 122 Nr. 5178 (Ausstoßstatistiken).

259 Vgl. Privatbrauerei Thier & Co.: 100 Jahre Brauerei Thier & Co., Dortmund 1954, nicht paginiert.

260 Vgl. Tappe, Bierproduktion, S. 61 f.; WWA, F 122 Nr. 5101 (Briefing zur Agenturwahl 69/70, S. 7).

261 Vgl. WWA, F 122 Nr. 5101 (Briefing zur Agenturwahl 69/70, S. 7); WWA, F 122 Nr. 5178 (Ausstoßstatistiken); Bessler-Worbs, Annäherung, S. 148.

262 Vgl. WWA, F 122 Nr. 5221 (Bierausfuhr nach Geschäftsjahren). Ausfuhrmengen von Thier-Bier für spätere Jahre waren nicht aufzufinden. Zum Dortmunder Bierexport nach dem Zweiten Weltkrieg vgl. auch Tappe, Bierproduktion, S. 72 ff.

263 Vgl. WWA, F 122 Nr. 5078 (Aktennotiz zum Gespräch mit der Agentur HHK, S. 2); Bessler-Worbs, Annäherung, S. 154.

264 Vgl. Artikel Richtfest Flaschenkeller-Neubau bei Thier & Co., in: Brauwelt 63 (1969), S. 1200.

265 Vgl. WWA, F 122 Nr. 5038 (Bericht zum Flaschenkeller-Neubau (1968) und Bericht über die Entwicklung der technischen Einrichtung der Brauerei Thier & Co. seit 1945).

266 Vgl. WWA, F 122, Nr. 5314/3 (Vorschlag einer Werbekonzeption der Dettmar-Werbung KG, 1967) sowie Tab. 2 am Textende.

267 Vgl. Artikel Brauerei Thier & Co, Dortmund: Einweihung des Flaschenkeller-Neubaus, in: Brauwelt 54 (1970), 1034 f.; Artikel Richtfest, S. 1200.

268 Vgl. WWA, F 122 Nr. 5178 und Nr. 5179 (Ausstoßstatistiken).

269 Vgl. WWA, F 122 Nr. 5101 (Briefing Agenturwahl 69/70, S. 7).

270 Vgl. WWA, F 122 Nr. 5314/3 (Vorschlag einer Werbekonzeption der Dettmar-Werbung KG, S. 12 ff.); Pschorr, S. 41.

271 Vgl. Greiner, S. 56.

272 Vgl. Wiese, S. 183.

273 WWA, F 122 Nr. 5174 (Konzeption/Etatkürzung 1967/68, Rede zur Verkaufstagung am 28. 10. 1967).

274 Vgl. WWA, F 122 Nr. 5174 (Empfehlungen zur Vertriebspolitik, BBDO, 1967).

275 WWA, F 122 Nr. 5314/3 (Vorschlag einer Werbekonzeption der Dettmar-Werbung KG, S. 12 ff.).

276 Vgl. WWA, F 122 Nr. 5177 (Werbung und Verkaufsförderung 1971/72, S. 26); Bessler-Worbs, Annäherung, S. 149.

277 Zur Kategorie „Klassische Werbung“ gehören Radio- und TV-Spots sowie Anzeigen in Zeitungen und Zeitschriften (vgl. WWA, F 122 Nr. 5179 (Kommunikationsetat 1976/77)).

278 Vgl. WWA, F 122 Nr. 5179 (Kommunikations-Etat 1976/77).

279 Vgl. WWA, F 122 Nr. 5179 (Werbeetat-Kürzung im Geschäftsjahr 1967/68, S. 22).

280 Vgl. WWA, F 122 Nr. 5179 (Kommunikations-Etat 1976/77).

281 Vgl. WWA, F 122 Nr. 5314/3 (Vorschlag einer Werbekonzeption 1967/68, S. 15).
282 Vgl. WWA, F 122 Nr. 5314/3 (Vorschlag einer Werbekonzeption 1967/68, S. 25 f.).
283 Vgl. WWA, F 122 Nr. 5174 (Empfehlungen zur Vertriebspolitik, BBDO, 1967).
284 Vgl. WWA, F 122 Nr. 5174 (Besprechungsbericht BBDO/Thier, 1968) und Nr. 5078 (Aktennotiz zum Gespräch mit der Agentur HHK, S. 2).
285 Vgl. WWA, F 122 Nr. 5216 (Flaschenausstattungstest GFK, 1970, S. 43)
286 Vgl. Hans Jürgen Teuteberg: Vom „Kramladen" zum „Elektronischen Kommerz", in: Michael Haverkamp und ders. (Hg.): Unterm Strich. Von der Winkelkrämerei zum E-Commerce, Bramsche 2000, S. 17–32, hier S. 29.
287 Vgl. WWA, F 122 Nr. 5166 (Mitteilung BBDO vom 16.4.1970).
288 Vgl. WWA, F 122 Nr. 5175 (Werbung und Verkaufsförderung für das Jahr 1970, S. 8).
289 Von 1974 bis 1990 betrug die durchschnittliche jährliche Veränderungsrate beim Bierausstoß -0,06 %. Der gesamte Rückgang wies in diesem Zeitraum -1,01 % auf (vgl. Pschorr, S. 30).
290 Vgl. Wiese, S. 340; Stötter, S. 24.
291 Vgl. Tab. 1 am Textende und Wiese, S. 352.
292 Vgl. Wiese, S. 352 f. Bis 1974 hatten alkoholische Getränke einen Anteil von 32,1 % am gesamten Getränkeverbrauch erreicht. Danach sank dieser Wert wieder auf etwa 25,5 % bis zum Jahr 1990 ab (vgl. Pschorr, S. 31).
293 Vgl. Pschorr, S. 32 f.; Wiese, S. 242 ff.
294 Vgl. Pschorr, S. 35; Wiese, S. 242.
295 Pilsener (56,4 %) und Altbier (16,5 %) konnten bis 1980 weitere Marktanteile hinzugewinnen (vgl. Müller/Schwalbach, Brauereiindustrie, S. 444). Einige Branchenexperten hatten entgegen dieser Entwicklung den während der 1960er Jahre aufgekommenen Altbier-Trend schon Anfang der 1970er Jahre für beendet erklärt (vgl. Berger, S. 906).
296 Vgl. Wiese, S. 243 f.; Pschorr, S. 35.
297 Vgl. Stötter, S. 33; Artikel Brauereien. Erwachen aus dem Tiefschlaf, in: Wirtschaftswoche 17 (1975), S. 38.
298 Vgl. Wiese, S. 340.
299 Auch im Lebensmittel-Handel setzte sich der Wandel fort. Neben dem andauernden Konzentrationsprozess wurden aufgrund des Flächenzuwachses in den Geschäften neue Standorte häufig außerhalb der Städte auf der „grünen Wiese" realisiert (vgl. Ottfried Dascher (Hg.): Kammer und Region. 125 Jahre Industrie- und Handelskammer zu Dortmund (1863–1988), Dortmund 1988, S. 101 f.).
300 Vgl. Teuteberg, S. 28.
301 Vgl. Pschorr, S. 47.
302 Vgl. Bruno Tietz: Markt & Marketing für Bier. Eine Analyse aus Anlaß des 125jährigen Jubiläums der Privatbrauerei Thier. Dortmund 1854–1979, Dortmund 1979, S. 82.

303 Vgl. Bessler-Worbs, Annäherung, S. 146; WWA, F 122 Nr. 5176 (Werbung und Verkaufsförderung für das Braujahr 1970/71, S. 12).
304 Vgl. Müller/Schwalbach, Brewing Industry, S. 365 f.; WWA, F 122 Nr. 5176 (Werbung und Verkaufsförderung für das Braujahr 1970/71, S. 5); Stötter, S. 31.
305 Vgl. Stötter, S. 41.
306 Die Zahl der Brauereien mit einer Jahresleistung zwischen 30 000 und 500 000 hl erhöhte sich im gleichen Zeitraum von 369 auf 392 Betriebe. Die Anzahl der Kleinbetriebe sank von 1962 bis 1976 um 38,4 % von 1770 auf 1090 Braustätten (vgl. Wiese, S. 41).
307 Vgl. Müller/Schwalbach, Brauereiindustrie, S. 429; König, S. 151.
308 Vgl. Müller/Schwalbach, Brewing Industry, S. 365.
309 Berger, S. 906; Wiese, S. 44.
310 Vgl. Müller/Schwalbach, Brauereiindustrie, S. 435 ff.
311 In dieser Rechnung sind die Braukonzerne DUB-Schultheiss, Oetker, Reemtsma, Wicküler, Holsten und Beck eingerechnet (vgl. Stötter, S. 47). Zu DUB-Schultheiss und Oetker vgl. auch Abschnitt 5.2.
312 Von den weiteren 16 Brauereien standen sieben Betriebe unter dem Einfluss von Banken, fünf Brauereien gehörten zu Reemtsma (Deutsche Brau AG), drei Betriebe zum Oetker-Konzern und eine weitere Brauerei zu einem englischen Investor (vgl. Stötter, S. 54 f.).
313 Vgl. Müller/Schwalbach, Brauereiindustrie, S. 437 ff.
314 Vgl. Müller/Schwalbach, Brewing Industry, S. 357.
315 Vgl. Pschorr, S. 66; Müller/Schwalbach, Brauereiindustrie, S. 437 ff.
316 Vgl. Berger, S. 906; Müller/Schwalbach, Brauereiindustrie, S. 445; Artikel 33 Brauereien mit 8,5 Mio. hl in Deutscher Brau Koop, in: Brauwelt 78 (1972), S. 1605.
317 Vgl. Wiese, S. 58 ff.; Artikel Kooperativer Zusammenschluss von 12 Brauereien konzipiert nationale Biermarke, in: Brauwelt 34 (1969), S. 623.
318 Vgl. Tietz, S. 80 ff.; Werner L. Oppelt: Zum Beispiel: Eine absatzpolitische Trendbetrachtung, in: Brauwelt 54 (1973), S. 1167 f.
319 Vgl. Müller/Schwalbach, Brewing Industry, S. 365 f.; Tietz, S. 82 f. und S. 106.
320 Vgl. Oppelt, S. 1167.
321 Vgl. Hans Otto Eglau: Frühstück mit Wumm, in: Die Zeit 39 (1970), S. 28.
322 Vgl. Wiese, S. 173.
323 Vgl. VRWB-Geschäftsbericht 1971, S. 89, WWA, S 7 Nr. 589.
324 Vgl. Oppelt, S. 1167.
325 Vgl. Stötter, S. 84.
326 Vgl. VRWB-Geschäftsbericht 1971, S. 40, WWA, S 7 Nr. 589.
327 Vgl. WWA, F 122 Nr. 5179 (Kommunikations-Etat 1976/77).
328 Vgl. Stötter, S. 148.
329 Vgl. Tietz, S. 531.
330 Vgl. Wiese, S. 114 f.
331 Vgl. Müller/Schwalbach, Brauereiindustrie, S. 442; Tietz, S. 155; Wiese, S. 114 f.

332 Vgl. Tietz, S. 156; Müller/Schwalbach, Brewing Industry, S. 366.
333 Vgl. Artikel Von der Pils- zur Premium-Welle, in: Brauwelt 46 (1976), S. 1532.
334 Vgl. Artikel „Prinz-Bräu"-Aktion aller Oetker-Brauereien ab 1. September, in: Brauwelt 34 (1971), S. 673.
335 Vgl. Pschorr, S. 39.
336 Vgl. Stötter, S. 66.
337 Vgl. Kapitel 5.2.
338 Vgl. Artikel Vor nationalen Biermarken nur zu warnen, in: Brauwelt 79 (1973), S. 1689; Artikel Bier, S. 89; Stötter, S. 147.
339 Vgl. Artikel 33 Brauereien, S. 1605 und Abschnitt 5.1.1.
340 Vgl. Artikel Bier, S. 89.
341 Vgl. Wiese, S. 115; Scheffran, S. 46; Bamfaste, S. 139.
342 Vgl. Artikel Bier, S. 89; Wiese, S. 116.
343 Vgl. Artikel Verbrauchermärkte – Realitäten, Prognosen, in: Brauwelt 71 (1974), S. 1518; Artikel Zunehmendes Gewicht der Verkaufsförderung, in: Brauwelt 71 (1974), S. 1518. Zur Verkaufsförderung gehören vor allem zeitlich begrenzte Maßnahmen, um bei Letztabnehmern durch zusätzliche Anreize Absatzsteigerungen zu erwirken. In der Brauwirtschaft gehörten zu solchen Maßnahmen unter anderem die Ausstattung der Einzelhändler, Aktionsangebote im Handel, Gutschein-Aktionen und Preisausschreiben.
344 Zu Spitzenzeiten betrug der Dortmunder Marktanteil in NRW fast 40 % und in der Bundesrepublik etwa 10 % (vgl. Tab. 2 am Textende).
345 Eine Ausnahme bildete das Kalenderjahr 1972: Hier hatte der Dortmunder Ausstoß einen Zuwachs von 2,1 %, wohingegen erstmals seit dem Braujahr 1964/65 bei den acht Brauereien eine höhere Steigerungsrate festzustellen war als im Bundesgebiet (+1,1 %). Der Ausstoßzuwachs in NRW lag dagegen etwas höher bei 2,2 % (vgl. VDB-Geschäftsbericht 1972/73, S. 8, WWA, S 7 Nr. 590).
346 Vgl. VDB-Geschäftsberichte 1970/71 und 1972/73, S. 11 und S. 8, WWA, S 7 Nr. 590; Dascher, S. 93 ff.
347 So kritisierte die DUB, dass sich auch namhafte Dortmunder Brauereien an diesem Geschäft beteiligen würden, ohne die Firmen namentlich zu nennen (vgl. DUB-Geschäftsbericht 1971, S. 17, WWA, S 7 Nr. 135). Definitiv hatte die Brauerei Kronenburg zur Auslastung ihrer Kapazitäten ein Niedrigpreisbier auf den Markt gebracht (vgl. Bessler-Worbs, Annäherung, S. 155).
348 Vgl. Artikel Pils-Stadt Dortmund, in: Brauwelt 34 (1974), S. 705 und Abb. 9.
349 Vgl. IHK Dortmund-Geschäftsbericht 1972, S. 20 und Geschäftsbericht 1973, S. 24, WWA, S 6 Nr. 949; Müller/Schwalbach, Brauereiindustrie, S. 444.
350 VDB-Geschäftsbericht 1972/73, S. 8, WWA, S 7 Nr. 590.
351 Unter rückläufigen Ausstößen hatte bei der DUB vor allem die Dortmunder Braustätte zu leiden, auch wenn dort kurzzeitig die Ausstoßmarke von 2 Mio. hl überschritten werden konnte (vgl. DUB-Geschäftsbericht 1969, S. 16, WWA, S 7 Nr. 135; Artikel Vierfacher Hektoliter-Millionär, S. 63;

Artikel Dortmunder Union-Brauerei AG. Expansion bei den Alkoholfreien. Nach Konzentration in die Konsolidierung, in: Der Volkswirt 2 (1969), S. 52 f.).

352 Vgl. Artikel Dortmunder Actien-Brauerei. Investitionen auf Rekordhöhe. Ergebnis gedrückt – Ertragskraft aber ungebrochen, in: Der Volkswirt 18 (1968), S. 63 ff.

353 Vgl. Karl-Peter Ellerbrock: Die Familie Mauritz und die DAB, in: Ruhrwirtschaft 9 (2006), S. 11; Artikel DAB übernimmt 30 % der Aktien bei der Dortmunder Hansa, in: Brauwelt 3 (1971), S. 17.

354 Vgl. Artikel DAB, S. 17; Artikel Dortmunder Hansa-Mehrheit „in Kürze" bei Oetker/DAB, in: Brauwelt 8 (1971), S. 105; Artikel DAB-Hansa – Belegschaftsabbau um 300, in: Brauwelt 83 (1972), S. 1718.

355 Vgl. VDB-Geschäftsbericht 1971/72 und 1972/73, S. 9 und S. 5, WWA, S 7 Nr. 590.

356 Vgl. VDB-Geschäftsbericht 1972/73, S. 5, WWA, S 7 Nr. 590.

357 Vgl. DUB-Geschäftsbericht 1972, S. 13, WWA, S 7 Nr. 135 und VDB-Geschäftsbericht 1972/73, S. 5, WWA, S 7 Nr. 590.

358 Die Bayerische Hypotheken- und Wechselbank hielt rund 40 % am DUB-Kapital und hatte im Hinblick auf die Fusion mit Schultheiss zuvor 21 % an die Dresdner Bank abgegeben. Beide Banken waren mit jeweils 30 % am Schultheiss-Kapital beteiligt (vgl. Artikel Fusion DUB-Schultheiss noch in diesem Jahr, in: Brauwelt 47 (1972), S. 977). Vgl. auch DUB-Geschäftsbericht 1972, S. 14, WWA, S 7 Nr. 135.

359 Vgl. Tappe, Bierproduktion, S. 361.

360 Vgl. VDB-Geschäftsbericht 1973/74, S. 9, WWA, S 7 Nr. 590.

361 Absatzschwierigkeiten bekamen die Betriebe ebenso auf den Auslandsmärkten zu spüren. Ohne detailliert auf das wichtige Ausfuhrgeschäft der Dortmunder Brauereien eingehen zu können, soll erwähnt werden, dass sich auch der Bierexport zunehmend problematischer gestaltete. 1965 stammten noch 21,7 % der westdeutschen Bierausfuhr aus Dortmund, die im gleichen Jahr in der gesamten Bundesrepublik etwa 1,8 Mio. hl betrug. Die bundesdeutschen und Dortmunder Ausfuhrmengen stiegen danach zwar noch an, jedoch ging darin der Anteil der Dortmunder Brauereien langsam zurück. Konzentrationsprozesse auf den Biermärkten traditioneller Ausfuhrländer ließen auch im Ausland den Markt enger werden (vgl. VDB-Geschäftsbericht 1973/74, S. 26, WWA, S 7 Nr. 590; Tappe, Bierproduktion, S. 74; Gourvish, S. 80 ff.).

362 Vgl. Tab. 2 am Textende.

363 Vgl. Tappe, Bierproduktion, S. 361 f.

364 Vgl. VDB-Geschäftsbericht 1971/72, S. 22, WWA, S 7 Nr. 590 sowie IHK Dortmund-Geschäftsbericht 1972, S. 20 und Geschäftsbericht 1973, S. 24, WWA, S 6 Nr. 949.

365 Vgl. VDB-Geschäftsbericht 1970/71, S. 11, WWA, S 7 Nr. 590. Aufgrund der 1970 und 1971 ausgeführten Bierpreiserhöhungen wurde ein Kartellverfahren gegen die Dortmunder Brauereien eröffnet, das 1974 mit Geldbußen

in einer Gesamthöhe von 6,9 Mio. DM für die beteiligten Braustätten endete (vgl. VDB-Geschäftsbericht 1973/74, S. 12, WWA, S 7 Nr. 590).

366 Aufgrund der negativen Ausstoßentwicklung wurden seit 1974 in der Gemeinschaftswerbung neue Einsparmöglichkeiten gesucht und die Ausgaben in den folgenden Jahren weiter reduziert (vgl. VDB-Geschäftsbericht 1973/74, S. 16, WWA, S 7 Nr. 590; WWA, F 122, Nr. 5372 (Schriftverkehr WDB) und Nr. 5229 (Schriftverkehr WDB)).

367 Vgl. DUB-Geschäftsberichte 1969 und 1971, S. 16 und S. 18, WWA, S 7 Nr. 135.

368 Vgl. WWA, F 122 Nr. 5176 (Werbung und Verkaufsförderung 1970/71); Artikel Bier, S. 89.

369 Vgl. WWA, F 122 Nr. 5180 (Pressemeldung „Dortmunder Union pusht neue Biermarke auf den nationalen Markt" vom 12. September 1977). Der Name „Brinkhoff's No. 1" geht auf Fritz Brinkhoff zurück, der im 19. Jahrhundert erster Braumeister der DUB war (vgl. Ellerbrock/Tappe, S. 6). Die Marke wird bis heute durch die DAB als Premium-Pilsener vertrieben, beschränkt sich jedoch auf einen regionalen Absatz in NRW (vgl. Radeberger-Gruppe, http://www.brauereierlebnis-dortmund.de, Recherche am 23.10.2010).

370 Vgl. DUB-Geschäftsberichte 1969 und 1970, S. 17 und S. 18f., WWA, S 7 Nr. 135.

371 Vgl. WWA, F 122 Nr. 5177 (Übersicht Konkurrenz-Werbung).

372 Vgl. WWA, F 122 Nr. 5177 (Übersicht Konkurrenz-Werbung); Artikel Ein neues Marketing-Konzept..., in: Brauwelt 16 (1971), S. 282.

373 Das „Meister-Pils" hatte sich zur Leitmarke der DAB entwickelt und im Jahr 1975 sogar einen Absatz von 1 Mio. hl erreicht (vgl. Artikel DAB/Hansa leichte Absatzeinbußen, in: Brauwelt 14 (1972), S. 255; Artikel Ausstoßminderung bei der DAB, in: Brauwelt 19 (1971), S. 357; Artikel DAB/Hansa-Gruppe, in: Brauwelt 12 (1976), S. 354.

374 Vgl. Wiese, S. 116.

375 Vgl. Artikel Stifts: Ausstoßrückgang soll wettgemacht werden, in: Brauwelt 33 (1974), S. 679.

376 Vgl. Artikel Neuer Biertyp bei Kronen, in: Brauwelt 26 (1975), S. 889; Artikel Kronen, in: Brauwelt 30 (1976), S. 986.

377 Vgl. Bessler-Worbs, Annäherung, S. 155 f.

378 Vgl. WWA, F 122 Nr. 5179 (Kommunikationsetat 1976/77).

379 Vgl. Artikel Praktisches Marketing in der Brauwirtschaft in den siebziger Jahren, in: Brauwelt 75/76 (1970), S. 1400 f.

380 Befragt wurden in der Studie 557 Personen aus dem gesamten Bundesgebiet, wobei ein größerer Kreis der Befragten aus dem Raum Dortmund und Nordrhein-Westfalen kam (vgl. WWA, F 122 Nr. 5077 (Marktanalyse Oppermann, S. I)).

381 Vgl. WWA, F 122 Nr. 5077 (Marktanalyse Oppermann, S. II).

382 Vgl. WWA, F 122 Nr. 5077 (Marktanalyse Oppermann, S. 82). Die Hervorhebung der Unternehmensgröße gehörte in den 1960er Jahren bei Dortmunder Brauereien noch zu einem typischen Werbemittel. So stellte zum

Beispiel die DAB in Werbeanzeigen heraus, dass die Brauerei zu den Hektoliter-Millionären in der Branche gehört (vgl. Die Ernährungswirtschaft 8 (1961), S. 493).

383 Zum internen Wachstum vgl. Stötter, S. 43. Zur Werbeetat-Planung der Thier-Brauerei im Zeitverlauf vgl. WWA, F 122 Nr. 5179 (Kommunikations-Etat 1976/77).

384 Vgl. WWA, F 122 Nr. 5178 und Nr. 5179 (Ausstoßstatistiken).

385 Vgl. Bessler-Worbs, Annäherung, S. 148.

386 Vgl. WWA, F 122 Nr. 5175 (Werbung und Verkaufsförderung für das Jahr 1970, S. 7) und Nr. 5177 (Werbung und Verkaufsförderung für das Braujahr 1970/71, S. 33).

387 Vgl. WWA, F 122 Nr. 5177 (Zusammenfassung der konzeptionellen Überlegungen, S. 2).

388 Vgl. WWA, F 122 Nr. 5166 (Werbung 1969/70) und Nr. 5177 (Zusammenfassung der konzeptionellen Überlegungen, S. 2).

389 Vgl. WWA, F 122 Nr. 5167 (Werbung und Verkaufsförderung 1970/71). In den 1890er Jahren begann Thier als erste Dortmunder Brauerei mit der Produktion eines neuen „Bitterbieres", das die Firma als Vorläufer des heutigen Pilseners betrachtete (vgl. Privatbrauerei Thier & Co., nicht paginiert; WWA, F 122 Nr. 5101 (Briefing zur Agenturwahl 69/70)).

390 Vgl. WWA, F 122 Nr. 5078 (Aktennotiz zum Gespräch mit der Agentur HHK, S. 3).

391 Vgl. WWA, F 122 Nr. 5177 (Werbung und Verkaufsförderung 1971/72, S. 26 f.).

392 Vgl. WWA, F 122 Nr. 5177 (Werbung und Verkaufsförderung 1971/72, S. 26 f.) und Nr. 5101 (Briefing Agenturwahl 1969/70, S. 10).

393 Stötter, S. 151; WWA, F 122 Nr. 5167 (Vitamalz, Brief an die Geschäftsfreunde), Nr. 5070 (Vitamalz) und Nr. 5038 (Aktennotiz zur Umstellung auf Vitamalz). Der Gesamtausstoß von Vitamalz betrug 1973 bei allen beteiligten Brauereien 350 000 hl (vgl. WWA, F 122 Nr. 5070 (Vitamalz)).

394 Vgl. WWA, F 122 Nr. 5166 (Werbung 1969/70).

395 Vgl. WWA, F 122 Nr. 5078 (Aktennotiz zum Gespräch mit der Agentur HHK, S. 3) und Nr. 5177 (Zusammenfassung der konzeptionellen Überlegungen, S. 1).

396 Zur ausführlichen Beschreibung des Werbeplans 1970/71 vgl. Bessler-Worbs, Annäherung, S. 150 ff.

397 Zu den Aktionen während der Pils-Wochen zählten neben der Abschlussfeier in der Westfalenhalle unter anderem eine Intensivierung der Werbeanzeigen in Tageszeitungen, der Einsatz von Werbewagen, Gutscheinaktionen, Sponsorentätigkeiten bei Sportveranstaltungen und Konzerte der Werkskapelle (vgl. Bessler-Worbs, Annäherung, S. 152).

398 Vgl. Abb. 11 sowie WWA, F 122 Nr. 5078 (Aktennotiz zum Gespräch mit der Agentur HHK, S. 5) und Nr. 5166 (Werbung 1969/70).

399 In der Werbung und Produktausstattung wurde das Wort „Privat" deutlicher forciert. Der Sortimentsführer Pilsener wurde seit 1973 als „Dortmunder Thier Pils Privat" mit dem Slogan „Thier braut Ihr Privatvergnügen"

vermarktet (vgl. Artikel Neue Produktausstattung bei Thier, in: Brauwelt 37 (1973), S. 826).

400 Vgl. Tietz, S. 531; WWA, F 122 Nr. 5073 (Verkaufstagung 1977).

401 Vgl. Artikel Brauerei Thier & Co., Dortmund: Pils-Wochen 1972, in: Brauwelt 41 (1972), S. 863; Artikel Thier-Pils-Wochen 1975, in: Brauwelt 42 (1975), S. 1416. 1979 gab es zudem Party-Aktionen in den angeschlossenen Gaststätten, die auf das Altbier der Brauerei ausgerichtet waren (vgl. Tietz, o. P. (Mittelteil)).

402 Vgl. Bessler-Worbs, Annäherung, S. 154; Artikel Regionale Aktionen und Zeitungswerbung – das Erfolgsrezept der Thier-Brauerei, in: ZV + ZV, Das Organ für Presse und Werbung 28 (1972), S. 1276 f.; Artikel Brauerei Thier & Co., Dortmund, Pils-Wochen vom 30.8. bis 25.9.1971, in: Brauwelt 64 (1971), S. 1385.

403 Vgl. Reinhardt, S. 60.

404 Zur Unterstützung des Wildparks durch die Brauerei gehörten Architekturleistungen sowie Hilfestellung und Beratung bei der Öffentlichkeitsarbeit (vgl. Artikel Brauerei Thier & Co. Kooperationsvertrag mit Wildpark Voss-Winkel, in: Brauwelt 61 (1972), S. 1246).

405 Vgl. Reinhardt, S. 60; WWA, F 122 Nr. 5235 (OSC Thier); Tietz, o. P. (Mittelteil).

406 Vgl. WWA, F 122 Nr. 5102 (Notizen und Korrespondenz mit GGK).

407 Vgl. WWA, F 122 Nr. 5179 (Ausstoßstatistiken); Bessler-Worbs, Annäherung, S. 156. Genaue Ausstoßzahlen für die folgenden Jahre liegen nicht vor. Allerdings wurde bei der Berechung der Werbeinvestitionen für das Jahr 1976/77 eine Ausstoßzahl von 460 000 hl als Berechungsgrundlage angegeben (vgl. WWA, F 122 Nr. 5179 (Kommunikationsetat 1976/77, S. 55)).

408 Vgl. WWA, F 122 Nr. 5229 (Pressemitteilung 120 Jahre Thier); Artikel Brauerei Thier & Co., in: Brauwelt 5 (1975), S. 123. Der weitere Ausstoß verteilte sich im gleichen Jahr zu 26 % auf Exportbier, 9 % auf Malzbier und 3 % auf Altbier (vgl. Artikel Geringfügige Ausstoßerhöhung bei Thier, in: Brauwelt 10 (1976), S. 273).

409 Vgl. WWA, F 122 Nr. 5081 (Image und Marktstudie 1976).

410 In einer Briefvorlage an Einzelhändler, die Thier-Bier zu einem sehr niedrigen Verkaufspreis anboten, äußerte die Brauerei zwar Verständnis für diese Verkaufsmaßnahmen, stellte aber heraus, dass die Markenpflege des Unternehmens durch solche Billigangebote in Frage gestellt werde, da die Marke „Thier" dadurch in die Nähe von anderen Produkten gelange, von denen sich die Brauerei in ihrer Absatzpolitik eher abzusetzen versuche (vgl. WWA, F 122 Nr. 5169 (Protokolle Marketing-Gruppe) sowie Teuteberg, S. 29).

411 Vgl. Tappe, Bierproduktion, S. 75 ff.

412 Vgl. Brandfass, S. 17.

413 Vgl. Pschorr, S. 96.

414 Vgl. Abb. 6.

415 Vgl. Josef Scheck: Stifts-Pläne: In Hörde werden bald Spezialitäten gebraut, in: Ruhr-Nachrichten vom 1. 6. 1985.

416 Vgl. Brau und Brunnen-Geschäftsbericht 1992, S. 39 und Geschäftsbericht 1995, WWA, S 7 Nr. 135.

417 Vgl. Bessler-Worbs, Annäherung, S. 157.

418 Vgl. Ellerbrock, Familie Mauritz, S. 11.

419 Neben der DAB existiert als weiterer Braubetrieb in Dortmund die Hausbrauerei Hövels, die aus der Thier-Brauerei hervorgegangen ist. Außerdem wird seit kurzer Zeit durch eine kleine Firma wieder „Bergmann-Bier“ gebraut, das an die Tradition der gleichnamigen 1972 geschlossenen Dortmunder Brauerei anknüpft (vgl. Bergmann-Brauerei Dortmund, http://harte-arbeit-ehrlicher-lohn.de/blog/?page_id=24, Recherche am 23. 10. 2010).

Ausgewählte Literatur

250 Jahre Familienbesitz. 550 Jahre Brautradition. Eine Jubiläumsschrift der Privatbrauerei Dortmunder Kronen, Dortmund 1979.

Adams, William James: Beer in Germany and the United States, in: Journal of Economic Perspectives, Bd. 20 Nr. 1 (2006), S. 189–205.

Auffermann, Johann D.: Finanzreform und Bierbesteuerung, Giessen 1930.

Backer, Eduard: Geschichte der Brauereiarbeiterbewegung, Berlin 1916.

Bamfaste, Elmar: Portrait Privatbrauerei Veltins Grevenstein, in: Brauen und Brennen im kurkölnischen Sauerland, hg. vom Schieferbergbau- und Heimatmuseum Schmallenberg-Holthausen, Fredeburg 1991, S. 137–140.

Baumann, L. C.: Die Brauwirtschaft Nordrhein-Westfalens, in: Statistische Rundschau für das Land Nordrhein-Westfalen (1952), Heft 1, S. 22.

Beckmann, Fritz: Die Wirkung der Getreidezölle des Bülowtarifs von 1902, o. O. 1913.

Behringen, W.: Artikel Bier, in: Enzyklopädie der Neuzeit, Bd. 2 (2005), Sp. 182–190.

Berentzen, Jan-Bernd: Wettbewerb, Kooperation und Konzentration in der Brauwirtschaft. Eine empirische Analyse im nordwestdeutschen Raum, Münster 1983.

Berger, Roland: Absatzpolitik der Brauereien zwischen Tradition und Wandel, in: Brauwelt 44 (1971), S. 907.

Bessler-Worbs, Tanja: Die Annäherung an den Verbraucher. Werbe- und Marketingkonzeptionen Dortmunder Brauereien von den 1920er bis zu den 1970er Jahren, in: Christian Kleinschmidt und Florian Triebel (Hg.): Marketing. Historische Aspekte der Wettbewerbs- und Absatzpolitik, Essen 2004 (= Bochumer Schriften zur Unternehmens- und Industriegeschichte 13), S. 135–157.

Bessler-Worbs, Tanja: Werbung für Dortmunder Bier im Wandel eines Jahrhunderts, in: Heimat Dortmund 3 (2003), S. 45–49.

Bierbrauerei und Bierbesteuerung im Rechnungsjahr 1913, in: Vierteljahrshefte zur Statistik des Deutschen Reichs 4 (1913), S. 83.

Böhmer, Joseph: Beiträge zur Entwicklungsgeschichte der Dortmunder Brauerei-Industrie vor dem Weltkriege, Münster 1926.

Borchard, Kurt: Die Wirkungen der Getreidezölle auf die Getreidepreise, Diss. Berlin 1913.

Borkenhagen, Erich: 100 Jahre Deutscher Brauer-Bund e. V. 1871–1971. Zur Geschichte des Bieres im 19. und 20. Jahrhundert, Bonn 1971.

Borkenhagen, Erich: 125 Jahre Schultheiss-Brauerei. Die Geschichte des Schultheiss-Bieres in Berlin von 1842 bis 1967, Berlin 1967.

Borkenhagen, Erich: Aus Liebe zum Bier. 100 Jahre DAB, Dortmund 1968.

Brand, Günter: Aus der Geschichte des Verbandes Rheinisch-Westfälischer Brauereien, in: Gesellschaft für die Geschichte und Bibliographie des Brauwesens e. V. (Hg.): Jahrbuch 1960, Berlin 1959, S. 141–153.
Brauen und Brennen im kurkölnischen Sauerland, hg. vom Schieferbergbau- und Heimatmuseum Schmallenberg-Holthausen, Fredeburg 1991.
Brinkmann, Karl: Geschichte des Brauwesens und der Brauindustrie in Bochum, in: Bochumer Heimatbuch 6 (1954), S. 24–33.
Bruns, Alfred: Die Historie von Bier und Branntwein im Sauerland, in: Brauen und Brennen im kurkölnischen Sauerland, hg. vom Schieferbergbau- und Heimatmuseum Schmallenberg-Holthausen, Fredeburg 1991, S. 9–52.
Busemann, M.: Über die Lage und Aussichten des deutschen Braugewerbes, in: Tageszeitung für Brauerei Nr. 165 (16. 7. 1920), S. 511.
Caspary, Rudolf: Die Wirkungen des Krieges auf die deutsche Brauindustrie, Stuttgart/Berlin 1927.
Chodounsky, Franz: Zur Oekonomie der Brauindustrie, Prag 1900 (= Berichte der Versuchsanstalt für Brauindustrie in Böhmen II, 4).
Danziger, Kurt: Die Konzentration in der badischen Brauwirtschaft, Karlsruhe 1913.
Das „Taschenbuch Romberg". Die Grafschaft Mark in der preußischen Statistik des Jahres 1804, bearbeitet von Wilfried Reininghaus und Jürgen Kloosterhuis, Münster 2001, S. 237–240.
Delbrück, Max und Struve, Emil: Beiträge zur Geschichte des Biers und der Brauerei. Gesammelte Vorträge, Berlin 1903.
Der Deutsche Brauer-Bund 1871–1921, verfasst von M. Busemann, o. O. o. J. [Berlin 1921].
Die Schultheiss-Brauerei in Vergangenheit und Gegenwart, Berlin 1910.
Dortmunder Ritter-Brauerei Aktiengesellschaft (Hg.): Bier wie es sich gehört – Dortmunder Ritterbier, Dortmund/Stuttgart o. J. [1964].
Dortmunder Ritter-Brauerei Aktiengesellschaft (Hg.): In einer der modernsten Braustätten Europas mit Erfahrung und Sorgfalt gebraut, Stuttgart 1969.
Dortmunder Union-Brauerei Aktiengesellschaft (Hg.): Die Dortmunder Union-Brauerei im Wiederaufbau 1945–1959. Eine Sammlung der auf den Hauptversammlungen der Dortmunder Union-Brauerei Aktiengesellschaft gehaltenen Reden, Dortmund 1960.
Dösseler, Emil: Die Wirte, Bierbrauer und Fuselbrauer im Amte Altena 1717, in: Der Märker 7 (1958), S. 363–365.
Droste, Fritz: Bierbrauen in Dörfern der Stadt Olsberg im 17. Jahrhundert, in: Brauen und Brennen im kurkölnischen Sauerland, hg. vom Schieferbergbau- und Heimatmuseum Schmallenberg-Holthausen, Fredeburg 1991, S. 195–196.
Eberhardt, Ilse: Die Grutamtsrechnungen der Stadt Münster von 1480 und 1533. Edition und Interpretation, Münster 2002.

Ecker, Joseph: Artikel Bier und Bierbrauerei, in: Handwörterbuch der Staatswissenschaften, Bd. 2, 4. Aufl., Jena 1924, S. 838.
Ellerbrock, Karl-Peter und Tappe, Heinrich: Von der „Hektoliterwut" zum Strukturwandel. Entwicklungslinien der Dortmunder Brauereiwirtschaft im 19. und 20. Jahrhundert, in: Heimat Dortmund 3 (2003), S. 6–8.
Ellerbrock, Karl-Peter: An der Schwelle zur Konsumgesellschaft. Traditionelle Nahrungswirtschaft und die Anfänge der industriellen Nahrungsmittelproduktion in Preußen im ausgehenden 18. und im 19. Jahrhundert, in: Michael Prinz (Hg.): Der lange Weg in den Überfluss. Anfänge und Entwicklung der Konsumgesellschaft seit der Vormoderne, Paderborn u. a. 2003, S. 273–289.
Ellerbrock, Karl-Peter: Das „Dortmunder U". Vom industriellen Zweckbau zu einem Wahrzeichen der westfälischen Industriekultur, Münster 2010.
Ellerbrock, Karl-Peter: Geschichte der deutschen Nahrungs- und Genußmittelindustrie 1750–1914, Stuttgart 1993 (= Zeitschrift für Unternehmensgeschichte Beiheft 76).
Ellerbrock, Karl-Peter: Company archives and globalization: the case of the brewing industry, in: Imprese e storia 35 (2007), S. 115–126.
Frisch, Heinrich: Die Konzentration in der Dortmunder Brauindustrie, Dortmund 1934.
Gosdek, Rolf: Bottroper Bier, Bottrop 1978.
Gourvish, T. R. und Wilson, R. G. (Hg.): The Dynamics of the International Brewing Industry since 1800, London 1998.
Greve, Josef: Das Braugewerbe der Stadt Münster bis zum Ende der fürstbischöflichen Herrschaft im Jahre 1802, Leipzig 1907.
Grüber, Dorothee: 175 Jahre Brauerei Veltins. Geschichte und Gegenwart, Hamburg 1999.
Grübl, Josef: Kosten und Bierpreis im 19. und 20. Jahrhundert, in: Brauwelt 63 (1961), S. 1438–1462.
Grun, Ulrich und Sommer, Friedhelm: Bier und Branntwein in Rüthen, in: Brauen und Brennen im kurkölnischen Sauerland, hg. vom Schieferbergbau- und Heimatmuseum Schmallenberg-Holthausen, Fredeburg 1991, S. 189–194.
Hartl, C.: Die wirtschaftliche Organisation des deutschen Braugewerbes in Vergangenheit und Gegenwart, Diss. Erlangen 1911, Langensalza o. J.
Heizmann, Berthold: Trinkhallen. Versuch einer volkskundlich-historischen Annäherung an die Alltagskultur, in: Volkskultur an Rhein und Maas 8 (1984), Heft 1, S. 16–24.
Hellemanns, Markus: Das Brauwesen im mittelalterlichen Dortmund, in: Heimat Dortmund 3 (2003), S. 3–5.
Herbert Greiner: Bier als Markenartikel, Berlin 1969.
Herborn, Wolfgang: Bierbrauen im Mittelalter, in: Uta Lindgren (Hg.): Technik im Mittelalter 800 bis 1400. Tradition und Innovation, 3. Aufl., Berlin 1998, S. 451–464.

Heymann, Olga-Elisabet: Der Bier- und Spritkonzern. Die Interessengemeinschaft Ostwerke-Schultheiß-Patzenhofer-(Pschorr-)Kahlbaum GmbH, Berlin 1923.

Hoecht, Alexander: Die Organisation und Technik des Bierabsatzes im Braugewerbe, Diss. München 1929.

Huntemann, Hans: Bierproduktion und Bierverbrauch in Deutschland vom 15. bis zum Beginn des 19. Jahrhunderts, Diss. Göttingen 1970.

Hurck, Walter: Dortmunder Kronen. 250 Jahre in Familienbesitz, in: 250 Jahre Familienbesitz. 550 Jahre Brautradition. Eine Jubiläumsschrift der Privatbrauerei Dortmunder Kronen, Dortmund 1979, S. 45–72.

Irsigler, Franz: „Ind machden alle lant beirs voll". Zur Diffusion des Hopfenbierkonsums im westlichen Hanseraum, in: Günther Wiegelmann und Ruth-E. Mohrmann (Hg.): Nahrung und Tischkultur im Hanseraum, Münster/New York 1996, S. 377–398.

Jakob, Volker: Westfälisches Bier, Münster 2006.

Käseborn, Bernhard: Dortmund als Brauereistandort, Dipl.-Arbeit, Köln 1960.

Knoblauch, Hanns: Die Organisation der Deutschen Brauindustrie, Berlin 1920.

Koch, Gerhard: Die Absatzpolitik deutscher Brauereien unter besonderer Berücksichtigung der Absatzfinanzierung und der Preispolitik, Freiburg 1965.

Köppe, H.: Artikel Biersteuer, in: Handwörterbuch der Staatswissenschaften, Bd. 2, 4. Aufl., Jena 1924, S. 848–868.

Köster, Roman: Die Konzentrationsbewegung in der Dortmunder Brauindustrie 1914–1924. Das Beispiel der Dortmunder Actien-Brauerei, Essen 2003 (= Bochumer Schriften zur Unternehmens- und Industriegeschichte 10).

Künstler, Leopold: Der Bierlieferungsvertrag unter besonderer Berücksichtigung bedeutsamer Gegenwartsfragen, 2. Aufl., Nürnberg 1929.

Lenz, Paul: Die Entwicklung des Dortmunder Brauwesens, in: Beiträge zur Geschichte Dortmunds und der Grafschaft Mark 33 (1926), S. 129–169.

Linde, Roland: Ländliche Krüge. Wirtshaus-Kultur in der Grafschaft Lippe im 18. Jahrhundert, in: Beiträge zur Volkskunde und Hausforschung 7 (1995), S. 7–50.

Machtan, Lothar und Ott, René: „Batzebier!" Überlegungen zur sozialen Protestbewegung in den Jahren nach der Reichsgründung am Beispiel der süddeutschen Bierkrawalle vom Frühjahr 1873, in: Heinrich Volkmann und Jürgen Bergmann (Hg.): Sozialer Protest. Studien zu traditioneller Resistenz und kollektiver Gewalt in Deutschland vom Vormärz bis zur Reichsgründung, Opladen 1984, S. 128–166.

Mansfeld, Robert: Die Kapitalkonzentration im deutschen Braugewerbe, Berlin 1913.

Müller, Jürgen und Schwalbach, Joachim: Brauereiindustrie, in: Peter Oberender (Hg.): Marktstruktur und Wettbewerb in der Bundesrepublik Deutschland, München 1984, S. 421–455.
Nathan, Hermann: Aus der Praxis eines Brauereibetriebs. Verschiebung in Produktion, Absatz und Kalkulation, in: Die Wirtschaftskurve 1928, S. 60–65.
Otto, Hermann: Die Konzentrationsbewegung in der deutschen Brauindustrie, Diss. Msch. o. O. 1923.
Overbeck: Bierbrauereien (Festschrift zur 24. Jahreshauptversammlung des Vereins deutscher Ingenieure in Dortmund), Dortmund 1883.
Privatbrauerei Thier & Co.: 100 Jahre Brauerei Thier & Co., Dortmund 1954.
Pschorr, Josef: Marketing von Markenbieren unter besonderer Berücksichtigung wettbewerbsorientierter und markentechnischer Gesichtspunkte, Krefeld 1992.
Rausch, Erich: 30 Jahre Lastkraftwagen in der Brauerei unter besonderer Berücksichtigung der bei der Versuchs- und Lehranstalt für Brauerei in Berlin gemachten Erfahrungen, Teil 1, in: Tageszeitung für Brauerei Nr. 93 (20. 4. 1930), S. 437–439.
Rausch, Erich: 30 Jahre Lastkraftwagen in der Brauerei unter besonderer Berücksichtigung der bei der Versuchs- und Lehranstalt für Brauerei in Berlin gemachten Erfahrungen, Teil 2, in: Tageszeitung für Brauerei Nr. 102 (2. 5. 1930), S. 485–488.
Reimann, Norbert: Braukunst und Bier in der Reichsstadt Dortmund, in: 250 Jahre Familienbesitz. 550 Jahre Brautradition. Eine Jubiläumsschrift der Privatbrauerei Dortmunder Kronen, Dortmund 1979, S. 7–20.
Roerkohl, Anne: Hungerblockade und Heimatfront. Die kommunale Lebensmittelversorgung in Westfalen während des Ersten Weltkriegs, Stuttgart 1991.
Roesicke, Richard: Arbeiterschutz, Dessau 1887.
Ruppaner, Hans: Das Flaschenbiergeschäft im Braugewerbe. Untersucht nach seiner Entwicklung, seiner technisch-biologischen und wirtschaftlichen Bedeutung, Diss. München, Murnau 1935.
Scheffran, Barbara: Die Warsteiner Brauerei 1753–2003, in: Gesellschaft für Geschichte des Brauwesens e. V.: Jahrbuch 2003, Berlin 2002, S. 7–52.
Scheffran-Pieper, Barbara: 250 Jahre wahre Warsteiner Tradition und Innovation 1753–2003, o. O. [Warstein] 2003.
Schmischke, Walter: Das Dortmunder Braugewerbe in Geschichte und Gegenwart, in: Brauwelt 47/48 (1957), S. 815–820.
Schoellhorn, Fritz: Bibliographie des Brauwesens, Einsiedeln o. J. [um 1926].
Schubert, Ernst: Essen und Trinken im Mittelalter, Darmstadt 2006.
Schulte, Aloys: Vom Grutbiere. Eine Studie zur Wirtschafts- und Verfassungsgeschichte, in: Annalen des Historischen Vereins für den Niederrhein 85 (1908), S. 118–146.

Simon, Theobald: Werbung für Bier, Nürnberg 1960.

Speckle, Birgit: Streit ums Bier in Bayern. Wertvorstellungen um Reinheit, Gemeinschaft und Tradition, Diss. München 1999, Münster u. a. 2001.

Spiekermann, Uwe: Biermarkt und Bierkonsum im 19. und 20. Jahrhundert (Tagungsbericht), in: Archiv und Wissenschaft 40 (2007), S. 153–158.

Starke, Holger: Vom Brauerhandwerk zur Brauindustrie. Die Geschichte der Bierbrauerei in Dresden und Sachsen 1800–1914, Köln 2005.

Stresemann, Gustav: Die Entwicklung des Berliner Flaschenbiergeschäfts, Diss. Msch. Leipzig 1902.

Struve, Emil: Der Berliner Bierboykott von 1894. Ein Beitrag zur Geschichte der sozialen Klassenkaempfe der Gegenwart aktenmaessig dargestellt, Berlin 1897.

Struve, Emil: Die Bierbrauerei und die Bierbesteuerung in den Hauptkulturländern, Berlin 1909.

Suntrup, Franz: Dortmunds Braugewerbe im Wandel der Zeit, in: Brauwelt 45 (1964), S. 822–829.

Tappe, Heinrich: Auf dem Weg zur modernen Alkoholkultur. Alkoholproduktion, Trinkverhalten und Temperenzbewegung in Deutschland vom frühen 19. Jahrhundert bis zum Ersten Weltkrieg, Stuttgart 1994 (= Studien zur Geschichte des Alltags 12).

Tappe, Heinrich: Dortmunder Bierproduktion und -ausfuhr, in: Gesellschaft für Geschichte des Brauwesens e. V.: Jahrbuch 2005, Berlin 2004, S. 49–84.

Teich, Mikuláš: Bier, Wissenschaft und Wirtschaft in Deutschland 1800–1914. Ein Beitrag zur deutschen Industrialisierungsgeschichte, Wien 2000.

Teich, Mikuláš: Biertrinker, Brauereiunternehmer und Staat. Deutschland 1800–1914, in: Hannes Siegrist, Hartmut Kaelble und Jürgen Kocka (Hg.): Europäische Konsumgeschichte. Zur Gesellschafts- und Kulturgeschichte des Konsums (18. bis 20. Jahrhundert), Frankfurt/M. 1997, S. 671–677.

Teuteberg, Hans J. und Wiegelmann, Günter: Der Wandel der Nahrungsgewohnheiten unter dem Einfluß der Industrialisierung, Göttingen 1972.

Teuteberg, Hans J. und Wiegelmann, Günter: Unsere tägliche Kost. Geschichte und regionale Prägung, Münster 1986.

Thiemann, Hans: Die Konzentrationsbewegung in der deutschen Brauindustrie, Diss. Msch. Leipzig 1927.

Thoma, Leo: Die Änderungen der Konsumgewohnheiten in ihrem Einfluss auf die Dortmunder Brauindustrie, Dipl.-Arbeit, Köln 1954.

Tietz, Bruno: Markt & Marketing für Bier. Eine Analyse aus Anlaß des 125jährigen Jubiläums der Privatbrauerei Thier. Dortmund 1854–1979, Dortmund 1979.

Tilse, Gunther: 75 Jahre Verband Dortmunder Bierbrauer 1898–1973, in: Gesellschaft für Geschichte des Brauwesens e. V.: Jahrbuch 1975, Berlin 1974, S. 83–107.

Union-Brauerei Aktiengesellschaft (DUB): Ansprachen und Festvortrag anlässlich des 100-jährigen Bestehens der Dortmunder Union-Brauerei Aktiengesellschaft, o. O. o. J. [Dortmund 1973].
van Uytven, R. und Plümer, E.: Artikel Bier und Brauwesen, in: Lexikon des Mittelalters, Bd. 2 (1983), Sp. 135–140.
von Blanckenburg, Christine: Die Hanse und ihr Bier. Brauwesen und Bierhandel im hansischen Verkehrsgebiet, Köln/Weimar/Wien 2001.
von Keussler, Gerhard: Die Staffelung der Biersteuer. Ihre finanztheoretische und wirtschaftliche Begründung in Vergangenheit und Gegenwart, in: Gesellschaft für die Geschichte und Bibliographie des Brauwesens e. V.: Jahrbuch 1966, Berlin 1965, S. 161–318.
Vormberg, Martin: Die Bier- und Branntweinproduktion im Kirchhundemer Land, in: Brauen und Brennen im kurkölnischen Sauerland, hg. vom Schieferbergbau- und Heimatmuseum Schmallenberg-Holthausen, Fredeburg 1991, S. 57–81.
Wibiral, Robert: Kapitalkonzentration im Brauereigewerbe, Berlin 1908.
Wiedenmayer, Gabriele: Die Entwicklungsdynamik in der deutschen Brauindustrie. Eine empirische Überprüfung des organisationsökologischen Ansatzes, Frankfurt/M. u. a. 1992.
Wiese, Frank: Strukturwandel im deutschen Biermarkt. Eine Analyse unter besonderer Berücksichtigung des Konsumentenverhaltens und der Absatzpolitik der Brauereien, Köln 1993.
Wischermann, Clemens: Zur Industrialisierung des deutschen Braugewerbes im 19. Jahrhundert: Das Beispiel der Reichsgräflich zu Stolbergschen Brauerei Westheim in Westfalen 1860–1913, in: Zeitschrift für Unternehmensgeschichte 30 (1985), S. 143–180.
Wolff, Emil: Die Denkschrift über das Kartellwesen und die Brauereivereinigungen, in: Allgemeine Brauer- und Hopfen-Zeitung 46 (1906), S. 513–514; 47 (1906), S. 525–528; 48 (1906), S. 545–547.
Wolff, Emil: Lohnsystem und Löhne in der deutschen Brauindustrie, Berlin 1912.
Zatsch, Angela: Die Brauwirtschaft Westfalens. Ein Wegbereiter modernen Getränkekonsums, in: Hans Jürgen Teuteberg (Hg.): Durchbruch zum modernen Massenkonsum. Lebensmittelmärkte und Lebensmittelqualität im Städtewachstum des Industriezeitalters, Münster 1987 (= Studien zur Geschichte des Alltags 8), S. 237–275.

Autorenverzeichnis

Bodden, Nancy: Jahrgang 1982, wissenschaftliche Mitarbeiterin im Westfälischen Wirtschaftsarchiv, Dortmund

Böse, Christian: Jahrgang 1981, wissenschaftlicher Mitarbeiter im Montanhistorischen Dokumentationszentrum / Bergbau-Archiv beim Deutschen Bergbau-Museum, Bochum

Ellerbrock, Dr. Karl-Peter: Jahrgang 1957, Direktor des Westfälischen Wirtschaftsarchivs, Dortmund

Köster, Dr. Roman: Jahrgang 1975, wissenschaftlicher Mitarbeiter am Lehrstuhl für Wirtschafts-, Sozial- und Technikgeschichte der Universität der Bundeswehr, München

Pradler, Klaus: Jahrgang 1955, Dipl.-Archivar (FH), LWL-Archivamt für Westfalen, Außenstelle Westfälisches Wirtschaftsarchiv, Dortmund

Reininghaus, Prof. Dr. Wilfried: Jahrgang 1950, Präsident des Landesarchivs Nordrhein-Westfalen, Düsseldorf

Untersuchungen zur Wirtschafts-, Sozial- und Technikgeschichte
herausgegeben von der Gesellschaft
für Westfälische Wirtschaftsgeschichte e.V.

Band 1 bis 2 vergriffen

Band 3: Herbig, Wolfgang: Wirtschaft und Bevölkerung der Stadt Lüdenscheid im 19. Jahrhundert, Dortmund 1977, XX, 213 S., mit 63 Tabellen und 17 Graphiken, 14,– EUR, ISBN 978-3-87023-216-0

Band 4: Ditt, Karl: Industrialisierung, Arbeiterschaft und Arbeiterbewegung in Bielefeld 1850–1914, Dortmund 1982, XV, 322 S., mit 65 Tabellen und 8 Karten, gebunden, 19,– EUR, ISBN 978-3-87023-217-7

Band 5: Schüren, Reinhard: Staat und ländliche Industrialisierung. Sozialer Wandel in zwei Dörfern einer deutsch-niederländischen Textilgewerberegion 1830–1914, Dortmund 1985, IX, 242 S., mit 30 Tabellen, 7 Schaubildern und 8 Abbildungen, gebunden, 20,– ISBN 978-3-87023-23-7; broschiert, 17,50 EUR, ISBN 978-3-87023-218-4

Band 6: Teuteberg, Hans-Jürgen (Hg.): Westfalens Wirtschaft am Beginn des „Maschinenzeitalters“, Dortmund 1988, X, 406 S., broschiert, 21,– EUR, ISBN 978-3-87023-219-1

Band 7: Bratvogel, Friedrich W.: Stadtentwicklung und Wohnverhältnisse in Bielefeld unter dem Einfluß der Industrialisierung im 19. Jahrhundert, Dortmund 1989, XIV, 494 S., broschiert, 24,50 EUR, ISBN 978-3-87023-220-7

Band 8: Petzina, Dietmar / Reulecke, Jürgen (Hg.): Bevölkerung, Wirtschaft, Gesellschaft im Wandel. Festschrift für Wolfgang Köllmann zum 65. Geburtstag, Dortmund 1990, XIV, 428 S., gebunden, 19,50 EUR, ISBN 978-3-87023-221-4

Band 9: Dascher, Ottfried / Kleinschmidt, Christian (Hg.): Die Eisen- und Stahlindustrie im Dortmunder Raum. Wirtschaftliche Entwicklung, soziale Strukturen und technologischer Wandel im 19. und 20. Jahrhundert, Dortmund 1992, 589 S., broschiert, 24,– EUR, ISBN 978-3-87023-222-1

Band 10: Kaudelka-Hanisch, Karin: Preußische Kommerzienräte in der Provinz Westfalen und im Regierungsbezirk Düsseldorf (1810–1918), Dortmund 1993, 364 S., broschiert, 20,– EUR, ISBN 978-3-87023-223-8

Band 11: Reininghaus, Wilfried (Hg.): Wanderhandel in Europa. Beiträge zur wissenschaftlichen Tagung in Ibbenbüren, Mettingen, Recke und Hopsten vom 9.–11. Oktober 1992, Dortmund 1993, 231 S., broschiert, 16,– EUR, ISBN 978-3-87023-224-5

Band 12: Köllmann, Wolfgang / Reininghaus, Wilfried / Teppe, Karl (Hg.): Bürgerlichkeit zwischen gewerblicher und industrieller Wirtschaft. Beiträge des wissenschaftlichen Kolloquiums anläßlich des 200. Geburtstags von Friedrich Harkort vom 25. bis 27. Februar 1993, Dortmund 1994, 170 S., broschiert, 14,– EUR, ISBN 978-3-87023-225-2

Band 13: Reininghaus, Wilfried: Die Stadt Iserlohn und ihre Kaufleute (1700–1815), Dortmund 1995, 687 S., broschiert, 24,– EUR, ISBN 978-3-87023-226-9

Band 14: Liebelt, Katrin: Die Sozialstruktur der Residenzstadt Arnsberg im 17. Jahrhundert, Dortmund 1996, XXVIII, 160 S., broschiert, 12,50 EUR, ISBN 978-3-87023-227-6

Band 15: Reininghaus, Wilfried / Stremmel, Ralf (Hg.): Handwerk, Bürgertum und Staat. Beiträge des zweiten handwerksgeschichtlichen Kolloquiums auf Schloß Raesfeld, 12. bis 14. Januar 1995, Dortmund 1997, 189 S., broschiert, 14,– EUR, ISBN 978-3-87023-228-3

Band 16: Hoock, Jochen / Reininghaus, Wilfried (Hg.): Kaufleute in Europa. Handelshäuser und ihre Überlieferung in vor- und frühindustrieller Zeit. Beiträge der Tagung im Westfälischen Wirtschaftsarchiv, 9. bis 11. Mai 1996, Dortmund 1997, 218 S., broschiert, 16,– EUR, ISBN 978-3-87023-229-0

Band 17: Lauschke, Karl: Die Hoesch-Arbeiter und ihr Werk. Sozialgeschichte der Dortmunder Westfalenhütte während der Jahre des Wiederaufbaus 1945–1966 (zugleich: Veröffentlichungen des Instituts für soziale Bewegungen, Schriftenreihe A, Bd. 11), Klartext Verlag, Essen 2000, 444 S., gebunden, 34,– EUR, ISBN 3-88474-746-0

Band 18: Reininghaus, Wilfried / Teppe, Karl (Hg.): Verkehr und Region im 19. und 20. Jahrhundert. Westfälische Beispiele (zugleich: Forschungen zur Regionalgeschichte des Westfälischen Instituts für Regionalgeschichte Landschaftsverband Westfalen-Lippe Münster, Bd. 29) Ferdinand Schöningh, Paderborn 1999, VIII, 436 S., gebunden, 44,– EUR, ISBN 3-506-79601-1

Band 19: Wischermann, Clemens / Borscheid, Peter / Ellerbrock, Karl-Peter (Hg.): Unternehmenskommunikation im 19. und 20. Jahrhundert. Neue Wege der Unternehmensgeschichte, Dortmund/Münster 2000, 253 S., broschiert, 19,– EUR, ISBN 978-3-87023-230-6

Band 20: Ellerbrock, Karl-Peter / Bessler-Worbs, Tanja (Hg.): Wirtschaft und Gesellschaft im südöstlichen Westfalen: die IHK zu Arnsberg und ihr Wirtschaftsraum im 19. und 20. Jahrhundert, Dortmund/Münster 2001, 608 S., broschiert, 33,– EUR, ISBN 978-3-87023-192-7

Band 21: Albers, Helene / Pfister, Ulrich (Hg.): Industrie in Münster 1870–1970. Lokale Rahmenbedingungen – Unternehmensstrategien – regionaler Kontext, Dortmund/Münster 2001, 256 S., broschiert, 19,– EUR, ISBN 978-3-87023-193-4

Band 22: von Delhaes-Guenther, Linda: Erfolgsfaktoren des westdeutschen Exports in den 1950er und 1960er Jahren, Dortmund/Münster 2003, 544 S., broschiert, 35,– EUR, ISBN 978-3-87023-194-1

Band 23: Wischermann, Clemens unter Mitwirkung von Nieberding, Anne und Stücker, Britta (Hg.): Unternehmenskommunikation deutscher Mittel- und Großunternehmen. Theorie und Praxis in historischer

Perspektive, Dortmund/Münster 2003, 280 S., broschiert, 28,– EUR, ISBN 978-3-87023-195-8

Band 24: Ellerbrock, Karl-Peter / Wischermann, Clemens (Hg.): Die Wirtschaftsgeschichte vor der Herausforderung durch die New Institutional Economics, Dortmund/Münster 2003, 296 S., broschiert, 28,– EUR, ISBN 978-3-87023-196-5

Band 25: Stremmel, Ralf: Kammern der gewerblichen Wirtschaft im „Dritten Reich“. Allgemeine Entwicklungen und das Fallbeispiel Westfalen-Lippe, Dortmund/Münster 2005, 672 S., broschiert, 39,– EUR, ISBN 978-3-87023-197-2

Band 26: Koch, Peter: Geschichte der westfälisch-lippischen Versicherungswirtschaft und ihrer Unternehmen, Dortmund/Münster 2005, 184 S., broschiert, 18,– EUR, ISBN 978-3-87023-198-9

Band 27: Berger, Andreas: Die Industrialisierung im Hagener Raum zwischen 1815 und 1914, Dortmund/Münster 2010, 544 S., broschiert, 35,– EUR, ISBN 978-3-87023-199-6

Band 28: Lange, Gisela: Ländliche Bevölkerung der Grafschaft Mark 1680 bis 1750, Dortmund/Münster 2011, 416 S., 35,00 EUR, ISBN 978-3-87023-200-9

Vortragsreihe / Kleine Schriften

herausgegeben von der Gesellschaft
für Westfälische Wirtschaftsgeschichte e.V.

Band 1 bis 7 siehe http://www.ardey-verlag.de/texte/Kleine-Schriften-der-Gesellschaft-fuer-Westfaelische-Wirtschaftsgeschichte.php.

Band 8 bis 14 vergriffen

Band 15: Richard H. Tilly: Die Industrialisierung des Ruhrgebiets und das Problem der Kapitalmobilisierung, 1969, 19 S., 4,– EUR, ISBN 978-3-87023-009-8

Band 16: Wolfgang Zorn: Das Unternehmerporträt – ein Stück Sozialgeschichte, 1970, 35 S., 4,– EUR, ISBN 978-3-87023-010-4

Band 17: Jacob van Klaveren: Die Industrielle Revolution und das Eindringen des Fabrikanten in den Handel, 1972, 24 S., 4,– EUR, ISBN 978-3-87023-011-1

Band 18: Rolf Sprandel: Die Betriebsformen der Eisenproduktion in Westdeutschland in vorindustrieller Zeit; Albrecht Timm: Bergbau und Wissenschaft – ihre wechselseitige Beeinflussung zwischen dem 16. und 19. Jahrhundert, Dezember 1974, 32 S., 5,– EUR, ISBN 978-3-87023-024-1

Band 19 vergriffen

Band 20: Karl H. Kaufhold: Das Metallgewerbe der Grafschaft Mark im 18. und frühen 19. Jahrhundert, 1976, 104 S., 4,75 EUR, ISBN 978-3-87023-012-8

Band 21: Dietmar Petzina: Krisen gestern und heute. Die Rezession von 1974/75 und die Erfahrungen der Weltwirtschaftskrise, 1977, 35 S., 4,– EUR, ISBN 978-3-87023-013-5
Band 22 bis 23 vergriffen
Band 24: Hans-Jürgen Teuteberg: Westfälische Textilunternehmer in der Industrialisierung. Sozialer Status und betriebliches Verhalten im 19. Jahrhundert, 1980, 93 S., 6,25 EUR, ISBN 978-3-87023-015-9
Band 25: Friedrich W. Henning: Vorindustrielles Gewerbe und wirtschaftlicher Wandel im Paderborner Land im 19. Jahrhundert; Sidney Pollard: Region und Industrialisierung im Vergleich – Minden-Ravensberg und die englischen Industriegebiete, 1983, 67 S., 5,– EUR, ISBN 978-3-87023-016-6
Band 26: Harald Winkel: Der Glaube an die Beherrschbarkeit von Wirtschaftskrisen (1933–1970). Lehren aus der Weltwirtschaftskrise, 1984, 40 S., 4,– EUR, ISBN 978-3-87023-017-3
Band 27 vergriffen
Band 28: Friedrich W. Henning: Soziale Struktur und soziale Verhältnisse vom 15. bis zum 20. Jahrhundert im Hilchenbacher Raum, 1988, 48 S., 5,– EUR, ISBN 978-3-87023-018-0
Band 29: Eckart Schremmer: Über »stabiles Geld«. Eine wirtschaftshistorische Sicht, 1992, 64 S., 6,– EUR, ISBN 978-3-87023-019-7
Band 30: Ottfried Dascher, Gabriele Unverferth (Hg.): Vorträge zur Sparkassengeschichte. Wissenschaftliches Kolloquium der Stiftung Westfälisches Wirtschaftsarchiv und der Stadtsparkasse Dortmund am 26. Februar 1992, 1994, 80 S., 7,50 EUR, ISBN 978-3-87023-020-3

Die Kleinen Schriften setzen die Vortragsreihe der GWWG fort.

Band 31: Tanja Bessler-Worbs, Karl-Peter Ellerbrock: Industriepioniere, Wirtschaftsbürger und Manager. Historische Unternehmerpersönlichkeiten aus dem Märkischen Südwestfalen, Dortmund/Münster 2007, 176 S., 14,80 EUR, ISBN 978-3-87023-288-7
Band 32: Wilfried Reininghaus (Hg.): Ein westfälischer Kaufmann in Amerika 1783/84. Johann Heinrich Basses Bericht über seinen Konkurs in Philadelphia, Dortmund/Münster 2004, 128 S., 8,50 EUR, ISBN 978-3-87023-253-5
Band 33: Karl-Peter Ellerbrock (Hg.): Erster Weltkrieg, Bürgerkrieg und Ruhrbesetzung. Dortmund und das Ruhrgebiet 1914/18–1924, Dortmund/Münster 2010, 200 S., 12,80 EUR, ISBN 978-3-87023-289-4

Bd. 1–16 und Bd. 19–28 der Untersuchungen zur Wirtschafts-, Sozial- und Technikgeschichte sowie sämtliche Titel der Vortragsreihe und der Kleinen Schriften der GWWG sind zu beziehen über den Ardey-Verlag, An den Speichern 6, 48157 Münster. Weitere Angaben zu den Titeln bietet unsere Internetseite www.ardey-verlag.de.